湖南少数民族文献概论

湖南图书馆◎编著

国家图书馆出版社

新刻溪蛮丛笑 全

木契

宋 桐卿 朱辅 季□□ 撰

明 钱唐 胡文焕 德父 校

出入坐卧必以刀自随小者左铦利名尨黨

钓藤酒

酒以火成不醉不匆两缶柬西以藤吸取名钓藤酒

图书在版编目(CIP)数据

湖南少数民族文献概论/湖南图书馆编著. —北京:国家图书馆出版社,2020.4
ISBN 978 - 7 - 5013 - 6785 - 6

Ⅰ.①湖…　Ⅱ.①湖…　Ⅲ.①少数民族—文献—研究—湖南　Ⅳ.①K280.64

中国版本图书馆 CIP 数据核字(2019)第 099650 号

书　　名　湖南少数民族文献概论
著　　者　湖南图书馆　编著
责任编辑　邓咏秋
封面设计　程言工作室

出版发行　国家图书馆出版社(北京市西城区文津街 7 号　100034)
　　　　　(原书目文献出版社　北京图书馆出版社)
　　　　　010 - 66114536　63802249　nlcpress@ nlc. cn(邮购)
网　　址　http://www.nlcpress.com
排　　版　凡华(北京)文化传播有限公司
印　　装　北京金康利印刷有限公司
版次印次　2020 年 4 月第 1 版　2020 年 4 月第 1 次印刷

开　　本　787×1092(毫米)　1/16
印　　张　18.25
字　　数　346 千字
书　　号　ISBN 978 - 7 - 5013 - 6785 - 6
定　　价　180.00元

《湖南少数民族文献概论》
编纂委员会

主　任：贺美华

委　员：伍　艺　雷树德　邹序明　伍　涛

　　　　王旭明　任　重　寻　霖　王兰伟

编纂办公室

主　编：王旭明

副主编：寻　霖　李　娇

撰　稿（按姓氏笔画排序）：

　　　　宁　阳　刘雪平　许志云　寻　霖

　　　　李　娇　侯永慧　夏雨雨　龚雨璐

目　录

前　言

湖南是中国的少数民族大省,55个少数民族在湖南都有分布。

商周及以前,湖南主要是苗蛮系民族(苗、瑶等族的直系先民)、百越系民族(壮、侗等族的直系先民)聚居地。春秋战国时期,湖南基本属楚国疆域,楚人与当地土著蛮人、越人及自川东鄂西迁来的巴人(土家族的直系先民)共同生活在这块土地上,形成了湖南的土著氏族。秦灭楚后,在湖南设立郡县,部分土著氏族已融入华夏民族。秦汉至魏晋南北朝,湖南蛮族按地域可分为武陵蛮、五溪蛮、槃瓠蛮、溇中蛮、澧中蛮、零阳蛮、酉溪蛮、长沙蛮、零陵蛮、桂阳蛮、荆雍州蛮等。随着时代的发展,这些地区的土著氏族大部分已汉化,只有一小部分僻处于湘西、湘南的蛮族仍保留其独特的生活文化习俗,即今日湖南的土家族、苗族、侗族、瑶族。这些民族是湖南乃至全国少数民族的主要组成部分。

除土家族、苗族、侗族、瑶族等土著少数民族外,在湖南人口较多、聚族而居的少数民族尚有白族、回族、壮族、维吾尔族、蒙古族、畲族等。白族为宋末元初自云南迁入,今多聚居于桑植县。回族、维吾尔族、蒙古族多为明初自北方随军迁入,今多聚居于常德、邵阳等市县。壮族多为自与湖南毗邻的广西宾州、贺县迁入,今多聚居于江永、江华二县。畲族为明末清初自福建、广东迁入,分布于湘东南汝城、桂东等县。其余少数民族则多为中华人民共和国成立以后因工作或婚嫁而迁入湖南,人口较少。

湖南土家族、苗族、侗族、瑶族文献,是湖南地方文献的重要组成部分,也是本书研究的重点。白族、回族、壮族、维吾尔族、蒙古族、畲族等也产生了一些文献,本书稍有涉及。其余少数民族在湖南没有产生文献。

湖湘文化源远流长。史籍中的"炎黄战蚩尤"是有关湖湘文化及湖南少数民族文化最早的传说。因此湖南少数民族文化是早期湖湘文化的重要组成部分。

有关先秦时期湖南少数民族的记载主要来源于春秋战国、汉晋时的典籍,如《尚书》《国语》《战国策》《吕氏春秋》《逸周书》《管子》《楚辞》《史记》等。由于资料零星不详,这类文献还不能称为湖南少数民族文献。

《汉书》中已出现涉及湖南的篇章,如《吴芮传》《景十三王传》。《后汉书·南蛮西南夷列传·南蛮》是中国史籍中最早的系统介绍湖南蛮族的文献。

唐代产生了目前所知最早的湖南少数民族专文——唐懿宗撰《以南蛮用兵特恩优

恤制》。

宋代产生了湖南当今少数民族区域最早的地方志书,惜皆已失传。南宋时期还产生了历史上第一部关于湖南少数民族的专著——朱辅撰《溪蛮丛笑》。《宋史·蛮夷·西南溪峒诸蛮　梅山峒　诚徽州　南丹州》是继《后汉书》后又一篇将湖南少数民族列入正史的文献。

明代社会矛盾集中于"北虏""流贼",南方"苗乱"多被忽略,湖南少数民族专著、专文并不很丰富。明清二代的地方志是明代湖南少数民族文献的主要来源。

清代湖南少数民族文献大致可分为记录军事镇压苗民起义的平苗文献和介绍苗区地理、风土、民俗的抚苗文献。湖南少数民族专文较前代有明显增加,除广泛散见于个人别集外,还相对集中于清代各种"经世文编"、湖南地方艺文总集中。官修地方志及乡土志仍是清代湖南少数民族文献的主要来源。私纂族谱是了解少数民族家族迁徙、人口发展、族中人物、家族制度等最原始的资料。

民国期间,政府标榜民族平等与五族共和,民族对立趋于缓和。当时的湖南少数民族文献以少数民族区域介绍、建设、开发为主。政府机关、学校团体、公营机构成为湖南少数民族文献的主要创作者。政府公文及档案是湖南少数民族文献的大宗。

中华人民共和国成立以后,湖南少数民族文献不仅数量庞大,而且在载体形式、内容结构、出版方式、文献类型上都呈现出多元并存的局面。除传统的纸质型文献及金石文献外,还出现了缩微文献、电子音像文献、数字文献等文献类型。各级政府成立了专门的少数民族文献整理机构,如湖南省少数民族古籍办公室及各市(州)县相应的古籍办或古籍小组。

对湖南少数民族文献的研究产生于当代。或对某一具体的少数民族文献进行研究,其成果以论文为主;或以书目、辞典的形式对若干重要的少数民族文献进行介绍,其成果理论性不足。至于系统研究湖南少数民族文献的历史、类型及各类文献特征的学术理论专著则至今缺乏。这也是我们要编著一部《湖南少数民族文献概论》的缘由。

由于各时期湖南少数民族文献数量巨大,种类繁多,本书仅将主要的文献类型如专著、专文、地方志、族谱、金石文献、音像文献等列为专章,论述各类型文献的历史、现状及特征。后附二表,罗列新中国成立前重要的专文及新中国成立以来重要的专著。

文献是文化的载体,文献状况体现了文化的程度。对各时期湖南少数民族文化的认识须结合当时的文献状况,不能超脱文献而对文化进行拔高或贬低。本书首次对湖南少数民族文献发展的概况进行了分析总结,对湖南少数民族主要的文献类型进行了梳理,对各类型现存的文献进行了大量收集并列举,其中部分文献不为人所知。因此,本书既是第一部综合研究湖南少数民族文献的专著,又是一部湖南少数民族文献书目的汇编,可为学者研究起到按图索骥的作用。

编　者

2018 年 12 月

第一章　湖南少数民族概述

湖南是一个多民族的省份。据 2010 年第六次全国人口普查统计,全省有 56 个民族,55 个少数民族的人口为 655 万人,占全省人口的 10%。据《中国 2010 年人口普查分民族人口资料》(民族出版社,2013 年),湖南有土家族 2 632 452 人,苗族 2 060 426 人,侗族 854 960 人,瑶族 713 191 人,白族 115 678 人,回族 94 705 人,壮族 30 387 人,维吾尔族 6716 人,蒙古族 3693 人,畲族 3059 人。

省内少数民族分布广泛,遍及全省 14 个市州及所辖各县市区。在 14 个市州中,少数民族人口 100 万以上的有湘西土家族苗族自治州、怀化市、张家界市;100 万人以下、10 万人以上的有永州市、邵阳市、常德市。省内少数民族呈现出大分散、小聚居的态势。至 2018 年 12 月,全省建有 1 个民族自治州(湘西土家族苗族自治州,辖 1 市 7 县)、7 个民族自治县(城步苗族自治县、麻阳苗族自治县、新晃侗族自治县、芷江侗族自治县、通道侗族自治县、靖州苗族侗族自治县、江华瑶族自治县)和 83 个民族乡。此外,张家界市桑植县、永定区和武陵源区也享受民族自治地方优惠政策待遇。沅陵、会同、绥宁、江永、慈利、石门 6 县少数民族人口超过半数。

在湖南 55 个少数民族中,土家族、苗族、侗族、瑶族的先民在先秦即已居住于湖南,是湖南较为古老的土著居民,也是湖南少数民族的主体。

土家族自称"毕兹卡",意为"族""家"或"人"。土家族先民在不同的时期有不同的他称。夏商以前称为古羌人,殷周以后称为羌戎或巴人、彭人,战国以后称为"禀君蛮""板楯蛮"等[①]。对土家族的族源问题有多种说法,迄今尚无定论。但大多学者认为"湖南土家族的来源是以史前时期就居住在湘西一带的土著居民为主体,在从商周、秦汉历经魏晋南北朝至隋唐长达千余年的时期内,逐渐融合了先后迁入和定居于湘西山区的巴人、濮僚、蛮蜒、楚人、乌蛮等古代部族的一部分,在唐宋年间形成了一个以湘西武陵山区为共同地域,以土家语为主体,吸收其他部族的词汇最后形成的土家族语言为共同语言,同时在互相交往中形成了共同的经济生活和风俗习惯的民族共同体"[②]。自 20 世纪 70 年代开始,在湘西自治州的泸溪县、龙山县等地陆续发现了多处属于旧石器时代、新

---

① 彭官章.土家族族称演变[J].民族研究,1998(2):64.
② 游俊,李汉林.湖南少数民族史[M].北京:民族出版社,2001:34.

石器时代及商周时期的文化遗址。这说明远在旧石器时代,就有古人类居住在湘西地区,其中必定包含着土家族的祖先。

苗族由于分布广泛,有多种自称,如"果熊""模""缩"等。"苗"的名称,由于其地处南方,往往与其他少数民族统称为"蛮"或"南蛮"。春秋战国时期,因其所在地域为"荆州",也被称为"荆蛮""髦""髳"等。关于苗族的来源,有多种说法,如"三苗"说、"髳人"说、苗汉同源说、武陵蛮说等,迄今尚难定论。但目前大多数学者认为苗族先民与炎帝、黄帝时期的"九黎"部落,尧、舜、禹时代的"三苗"部落,殷商和西周之际的"荆蛮",春秋战国时期的"楚人",秦汉时期的"黔中蛮"等,都有较深的历史渊源。

侗族同样是湖南境内历史悠久的古老民族,目前居住在湖南境内的侗族是整个侗族的重要组成部分。侗族自称为"干""金"或"更",有山冲、平坝等含义。侗族也有他称,其他民族称其为"侗家""侗人"等。侗族的族源问题同样也是众说纷纭,大致有土著说和外来说两种。前者认为侗族先民自古居住于湘、黔、桂一代,应是"骆越(或瓯越)"人一支;后者则认为侗族先民的原始居住地在东南沿海一带,后因多种原因离开故地,所以应是"干越"人一支。

瑶族是湖南境内一个古老的山地民族。瑶族自称繁多,大致可分为两大系统。一是自称为"优"的瑶族,如优勉、冬本优、土优、谷岗优等,属盘瑶支系,占整个瑶族人口的60%以上;二是自称为"布努""布诺""布育"的布努瑶,占整个瑶族人口的30%左右[①]。瑶族的他称种类也较多,按语言可分为三类:一是讲勉语的,称为"盘瑶";二是讲拉珈语的,称为"茶山瑶";三是讲布努语的,称为"花篮瑶"。瑶族的族源也有多种说法。一说源于山越,即瑶族先民的居地原是古越人居住地;二说源于"长沙武陵蛮",其原始居住地在长江中游地区;三说源于夏商之时的"尤人";四说源于古"摇民";五说瑶族来源是多元的。

湖南的主要少数民族都有自己的民族语言。土家族语言属于汉藏语系藏缅语族土家语支,分为南北两个方言,其分歧主要表现在语音方面。苗族语言属于汉藏语系苗瑶语族苗语支,但由于长期迁徙及分布较广的原因,形成了许多区别较大的方言区。湖南境内的苗族语言大部分属于湘西方言,而靖州苗族侗族自治县境内的苗族语言属于黔东方言。侗族语言属于汉藏语系壮侗语族侗水语支,分为南北两个方言,每个方言又各自划分为三个土语区。瑶族也因分布广等原因,语言差别较大。白族语言属于汉藏语系藏缅语族彝语支。壮族语言属于汉藏语系壮侗语族壮泰语支。以往这些少数民族在本民族内部多使用本民族语言,但由于长期与汉族人民交流与杂居,现在湖南境内的少数

---

① 游俊,李汉林.湖南少数民族史[M].北京:民族出版社,2001:51.

民族已通用汉语。

湖南各少数民族大多已经没有自己的文字,而是使用汉字记事。有的少数民族虽然历史上曾创制过自己的文字,如清代末年的板塘苗文和古丈苗文,但由于种种原因未能推广使用而逐渐消失。新中国成立后,党和政府十分关心少数民族地区的语言文字发展工作,出台了一系列政策,成立了相关机构开展少数民族文字的创制及改革工作。湖南部分少数民族地区也作为试点进行推广,但至今新创制的少数民族文字仅作为一种文化传承而并未在日常生活中使用。

第一节　先秦时期湖南少数民族

中国历代史籍中关于先秦时期湖南少数民族的文献极其缺乏,目前有关此时期湖南少数民族的研究成果主要来源于中华人民共和国成立后的考古发掘工作。

1986 年至 1988 年期间,湘西土家族苗族自治州文物工作队在沅水上游的泸溪县上堡乡九家杨村、白沙村、天门溪村、刘家滩村和酉水中游的保靖县拔毛乡东洛村等地,发现旧石器地点 7 处,采集出土了各种石制品,其中以砍砸器最多,其地质年代大体在旧石器时代的中晚期。1987 年 4 月,怀化地区文物普查队在新晃县的大桥溪处一个砖瓦窑场,发现了 2 件打制石器,属于旧石器时代晚期的遗物。尔后,又在新晃的新村、长乐坪,芷江的小河口、过马田,怀化的荆坪、枫木,黔阳的卜顺、黔城,会同的坛子、黄茅,辰溪的青不浪,泸溪的玉皇阁、半山坪和保靖的东洛等地,发现旧石器地点 30 余处。在此期间,对新晃的大桥溪、芷江的小河口地点进行了试掘。在调查和试掘中,采集和出土各种石制品 300 余件。器型主要有砍砸器、刮削器和尖状器,其中以砍砸器最具特色,属于旧石器时代的中晚期。这些遗迹证明,该时期五溪地区的先民是处于一种采集和渔猎而食,构木为巢而居的状态①。

湖南省内新石器时代的文化遗址分为早、中、晚三期。早期以新晃县姑召溪遗址和麻阳县烟墩坡遗址为代表。姑召溪遗址出土的石器全系打制的,烟墩坡遗址除个别的石器刃部稍加磨制外,其余的也全系打制的。两地都未见陶器(片)出土。从出土石器的成形情况和使用效果看,属于农业生产工具,说明姑召溪一带可能出现了早期的农业。中期遗址分为前后两段。前段与洞庭湖区的大溪文化年代相当,主要文化遗址有辰溪的征溪口、台坎大地,麻阳的火车站,黔阳的高庙,溆浦的枫香,怀化的荆坪,新晃的大

① 舒向今."五溪蛮"地的先秦文化[J].民族研究,1990(5):58.

洞坪和泸溪的浦市等。从泸溪浦市发掘的文物看,石器数量较多,其中长条形石斧、有肩石器、平直有把石镰很有地方特色。另外,陶器以褐色和红色陶为大宗,有少量的白陶和灰陶,器型多圜底器和圈足器,不见三足器。浦市遗址出土的薄胎夹砂褐陶或红陶绳纹罐、橙黄陶上施赭色彩的陶罐,这是洞庭湖区大溪文化中所没有的。浦市遗址所反映的沅水中上游较早的新石器时代面貌既与大溪文化有密切的关系,但又有显著的区别,已构成一个独立的文化①。新石器时代后段的文化与屈家岭文化年代相当,其代表为怀化市高坎垄遗址。该遗址已正式挖掘,出土各类遗物数百件,以石器和陶器为大宗,同时也出土了一批很精美的玉制品。石器不但数量多,品种也很齐全,为各式生产工具和生活用具,这说明生产力有了较大的发展。陶器以圈足器为主,有少量的圜底器和平底器,极少见三足器。陶质大多为泥质黑陶,灰陶次之,有少量的橙黄陶和红陶。在陶器的制作上已普遍实行了轮制,其工艺和烧造技术,已达到了很高的水平。特别是出土了与图腾崇拜有关的大型陶塑,则更进一步体现了高坎垄遗址的地方性和民族性。从随葬的器物看,已有好坏之分和多少之别,可见贫富差别已明显。这一切说明这时高坎垄一带,已经有了较发达的农业,人们已经过着定居的以农为主的经济生活②。晚期的文化遗址,与长江中游的龙山文化年代相当,代表有靖州的斗篷坡,通道的大荒,新晃的百州滩,麻阳的步云坪、上洲,沅陵的青云包等遗址。在百州滩遗址发掘的陶器大多为夹砂褐陶、夹砂红陶,有少量的灰陶、黑陶和泥质橙黄陶,以圈足器和圜底器居多,不见三足器。由此来看,这一地区已受到强烈的中原文化因素的影响,这应与禹征服了"三苗"、中原部落南下有关③。

商周(包括春秋战国)时期的文化遗址,在湖南境内也都有发现,如在古丈、保靖、龙山就发现多处商周时期文化遗址,这批遗址中最常见的是夹砂红陶和大口缸。在辰溪张家溜及芷江岩桥乡倒塘湾的商周遗址中都出土了青铜器,说明沅水流域在商周时代生产力发展出现了新的飞跃。另外,在溆浦马田坪、保靖四方城、古丈白鹤湾等地都有春秋战国时期的文化遗址被发现,尤其在沅陵太常乡窑头,发现了一座规模较大的城址,很有可能就是楚黔中故城旧址。尤其值得一提的是,1986年在靖州进行文物普查时,在江东乡发现一处战国墓群,时间为战国中期或稍晚。出土的陶器均夹砂,呈灰褐色,也不见三足器,出土的壶为假圈足,罐为平底,无饰文,出土的剑全是截了锋的短剑,这与当地习俗有关,说明这批墓葬主人不是楚人,也与越人无关,众多学者分析认为这一带很有

① 彭官章.土家族族称演变[J].民族研究,1998(2):90.
② 舒向今."五溪蛮"地的先秦文化[J].民族研究,1990(5):60.
③ 舒向今."五溪蛮"地的先秦文化[J].民族研究,1990(5):61.

可能就是五溪蛮的先人之一——濮人的活动区域①。

第二节 秦汉三国两晋南北朝时期湖南少数民族

在秦汉以后,史书上往往把非华夏族的各少数民族称为"蛮夷",而且多以地域命名。秦汉时湖南境内土家族先民被称为"武陵蛮""澧中蛮""溇中蛮""零阳蛮",三国两晋南北朝时期被称为"五溪蛮""溇中蛮""酉溪蛮""零阳蛮"等。苗族、侗族在秦时被称为"黔中蛮",两汉时也属"武陵蛮"。在"武陵蛮"内,又按不同地区而有"澧中蛮""溇中蛮""零阳蛮"等若干称呼。东汉后又将"武陵蛮"称为"五溪蛮"。侗族在魏晋之际演变为"乌浒"或"僚浒"。瑶族两大支系之一的盘瑶在秦汉之际已南迁到洞庭湖沿岸,自然也就包含在"荆雍州蛮""长沙、武陵蛮""桂阳、零陵蛮"等诸蛮之内,三国时代又演变为"由人"。瑶族的另一支系在秦汉时仍称为"摇",三国时称为"山越"。

秦汉时期,中央王朝在全国推行郡县制,在少数民族地区实行"初郡""边郡"政策,各少数民族首领的统治地位和方式不变,被封为王、侯等,但是中央王朝又任汉族官吏为太守、县令等,前往少数民族分布区,对首领进行监督和控制,这是羁縻政策的雏形。魏晋南北朝时期,这一政策得以进一步完善。

湖南土家族聚居区在秦代属于黔中郡;在西汉,黔中郡析为武陵郡,设置13个县;东汉时,在溇中等地,增设"里""亭"基层行政机构;三国时,又分属武陵郡和天门郡;南北朝时期,又属各州、郡之下。湖南苗族聚居区在秦代属于黔中、长沙两郡;汉代改为武陵郡;三国时,属增设的昭陵郡;南北朝时,属沅陵郡。侗族、瑶族在这个时期的分布地区大致也是属于黔中郡、武陵郡等。

秦汉以后,随着铁制工具的普遍使用,武陵、五溪一带农业有所发展,史书中均有"蛮夷"缴纳贡赋的记载,但因各少数民族基本上被纳入中央封建王朝的直接统治,遭受了封建国家赋税和徭役的剥削,这也引发了各少数民族连绵不断的反抗斗争。东汉初,"武陵蛮"首领相单程率众反抗,东汉统治者三次大规模征剿均以失败告终。后通过软硬兼施,才将此次事件平息。之后,苗族、瑶族等少数民族均因赋税或徭役过重而发起起义。三国时,武陵各族也因不满东吴的严苛统治而爆发多次起义。两晋和南北朝时期,各少数民族的反抗斗争也不断发生。

---

① 游俊,李汉林.湖南少数民族史[M].北京:民族出版社,2001:96.

第三节　隋唐五代两宋时期湖南少数民族

一、政治概况

唐宋时期,由于建制的变化,各少数民族的族称也有了一些变化,出现了区别于其他族类的"土兵""土人"等名称。这些冠以"土"字的称谓,是区别于当地的"苗""瑶"民族而出现的,应是专指土家族而言①。苗族在这一时期发展壮大,引起了中央王朝的重视,由此,作为族名的"苗"开始出现。南宋朱辅所撰《溪蛮丛笑》是第一部反映湖南湘西少数民族风情的专著,书中区分五溪之蛮为"猫""猺""獠""獞""犵狫"。虽然这时期的"苗"不仅有苗族,还包括其他少数民族,但是"苗"作为一专门族名,在宋代已十分明确。瑶族在这一时期被称为"莫徭""蛮徭"等,尤其"莫徭"在这时期的文献中大量出现,标志着瑶族名称已开始确立。侗族在唐代被称为"乌浒""僚浒",同时,开始出现"峒氓"之名。到宋代,出现了侗族的专称——"仡伶"或"仡佬"。白族并非湖南的土著民族,湖南省桑植县境内的白族是在南宋宝祐年间从云南大理迁来的。当时蒙古军队占领大理后,组建了一支以白族为主的军队由西往东进攻南宋。后忽必烈继承大汗位,命令军队解散,于是一部分已到达湖南桑植县一带的将士就地落居。

隋唐时期,结束了南北朝分裂割据的局面,迎来了大一统的中央集权统治。隋朝时,将全国州郡县三级地方行政机构改为郡县两级,湖南设置长沙、武陵等6郡。在边疆少数民族地区设立羁縻州,实行有别于内地的特殊政策。唐朝时,国力强盛,各少数民族纷纷归附,怀柔羁縻政策也得到进一步推行。开元时,设置黔中道,其中又设五溪诸州经略史,专门负责处理羁縻州的民族事务,加强中央王朝对该地区的统治。

羁縻政策的基本内容是封建王朝以少数民族部落为基础,不打乱其社会结构和聚居区域,也不改变其生产方式和风俗习惯,利用各少数民族首领的势力对其进行控制。中央王朝根据势力的强弱,分别赐其首领以刺史、县令、峒官等封号,实行土职代管或参与所设郡县治理。受封的刺史、县令、峒官等,世袭其职,世率其民,但并不属于国家的正式官吏。双方的这种统治与被统治的关系主要体现在"朝贡"与"回赐"的关系上,少数民族定期"朝贡",表明了各族首领臣服和接受中央王朝的统治,其辖地成为王朝版图有机组成部分的政治意义②。另外,朝廷对各少数民族的管理相当松弛,未形成严格的管

---

① 游俊,李汉林.湖南少数民族史[M].北京:民族出版社,2001:30.
② 游俊,李汉林.湖南少数民族史[M].北京:民族出版社,2001:112.

理制度,如对少数民族地区的纷争、仇杀等内部矛盾采取"和解"政策,尤其是湖南境内的各少数民族大分散、小聚居的情况,使民族成分十分复杂,各民族之间的纷争不断,朝廷一般以调解为主,不发兵介入,以免卷入双方冲突中。同时,也因为各少数民族地区经济文化落后,风俗习惯与汉族不同,因此,中央王朝对羁縻州县都实行了可按俗法来进行统治的政策。此外,在经济方面,封建王朝实行了较为宽松的经济政策,维护本地区原有土地制度和生产方式,经营边陲通常不指望经济回报,在此类地区大多象征性征收少量贡纳。

唐末五代,政局动荡不安,各种地方势力兴起,在唐昭宗年间,潭州刺史马殷已占领了湘北、湘中、湘南大部分地区。后梁建立后,马殷被封为楚王,由于马楚政权沿袭唐制,因此,湖南地区的少数民族在这一时期仍施行羁縻政策。

到了宋代,在少数民族地区仍施行羁縻政策,但对州制的行政区划分得更细,州、县两级变为州、县、峒三级。在经制州下可设羁縻县,而经制县下管羁縻峒,这适宜大分散、小聚居的少数民族地区,在少数民族集中的"五溪蛮"地,宋朝设置了 30 个羁縻州。总之,宋朝的羁縻州制度在机构设置和官吏任命方面比唐代更完善,更制度化。南宋时,由于王朝偏安一隅,无力控制羁縻州地,羁縻州制逐步丧失其作用。元朝以后,逐渐被土司制度所代替[1]。

羁縻政策的基本特点是封建王朝承认边远地区与王朝腹地之间存在差别,对其必须以相对宽松、灵活的方法应对,不能强求形式及策略上的整齐划一,以保证或维系封建王朝对边远地区的有效控制[2]。

二、经济概况

这一时期,政局相对稳定,加之羁縻政策的实施,促进了少数民族与汉族的交流,使湖南少数民族地区的生产技术不断提高,铁器在这时已被广泛使用,进一步促进了少数民族地区经济的发展。农业方面,五溪蛮地区由于开垦荒地增加了耕地面积,粮食产量有所增加,武冈、沅陵等地少数民族拥有大量肥沃的田地,尤其是龙山在宋代已普遍使用耕牛耕地,使用筒车、龙骨车提水灌田。手工业方面,土家族善织土锦,唐宋时以峒锦、峒被等作为贡赋。侗族善刺绣,手工业品中的锦、绸也颇负盛名,妇女首饰有较为精致的银、锡钗。瑶族地区手工业也有所发展,传统的手工纺织品有白苎布、斑绸布、葛布等。苗瑶山区矿藏丰富,其中以朱砂、水银最为著名。侗族聚居区产黄金,并以之作为贡品。

① 游俊,李汉林.湖南少数民族史[M].北京:民族出版社,2001:106.
② 方铁.论羁縻治策向土官土司制度的演变[J].中国边疆史地研究,2011(2):68.

瑶族的蜂蜜、杉板等土特产品常用来与汉族人民进行交易。随着商业贸易的发展繁荣，在少数民族聚集地出现了许多圩场，后来就演变成为当地的政治文化中心。当然，在这一时期，由于社会和自然条件等诸多原因，少数民族地区经济发展极不平衡，有些地方的经济发展极为缓慢，留有较多原始残余的"生蛮"地区。

随着经济的发展，封建生产关系也有了进一步变化和发展。羁縻州郡的各级官吏，将大片山林、土地占为己有，成为封建领主，他们有私人武装，有行政司法权，在领地内政治上是统治者，经济上是剥削者，过着奢侈的生活。广大农民只能依附领主，成为农奴，他们政治上受人奴役，经济上被人剥削，没有人身自由。到了唐末五代时期，封建领主经济日渐发展。北宋后期，实行土兵屯田制，也称乡兵制。乡兵是封建政府的臣民，有封建政府授予的份地。份地按律不能随便买卖，但后期由于朝廷对地方管制渐趋松弛，乡兵因各种原因出卖份地，土地就由官府手中转到少数富有者和权贵手中，新兴地主由此产生，而失去土地的乡兵则变成租佃农民，封建领主制经济向封建地主制经济转变。宋代还实行民屯制，以解决军队粮食供应和开垦荒地问题。民屯者耕作朝廷余田，只要按期交税，两年内不欠租税者便可世代享用其田，从此摆脱对封建领主的人身依附关系，成为受控于国家的自耕农，而这种自耕农最不稳定，他们或上升为中小土地所有者，或下降为租佃农，新的地主和佃农由此产生。

第四节　元明清时期湖南少数民族

一、政治概况

元明清时期，由于土司制度的建立，土家族专以"土家""土民""土兵"等名称称呼，由此与其他民族有了较明显的区分。苗族在这一时期的记载也较多，但往往把与苗族比邻而居的一些少数民族也误作苗族，如"夷苗""仲家苗"是布依族，"侗苗""水家苗""倮倮苗"则分别是侗族、水族、彝族，而真正属于苗族的，应是按其服装颜色而称的"红苗""白苗""黑苗"，按其地域而称的"乾州苗""靖州苗""城步苗"等，以及按其习俗差异而称的"生苗""熟苗"等①。瑶族在这一时期有"徭""蛮徭"等称呼。侗族在这一时期多称为"洞""峒"，而"洞蛮""洞民""洞人"也逐渐成为侗族的专称。

明朝初年，朱元璋进军湖南及西南地区，从北方带来了许多回族、维吾尔族、蒙古族士兵。这批从军入湘的回族、维吾尔族、蒙古族士兵，主要落户于邵阳和常德两个军事重

---

① 游俊，李汉林.湖南少数民族史[M].北京:民族出版社,2001:43.

镇,形成了湖南的回族、维吾尔族。现今湖南境内的壮族大部分是在元明时期从广西宾州和桂林、平乐等地迁徙而来,今主要居住于与广西毗邻的江华、江永二县。

土司制度是指元代以后,在少数民族地区实施的,与内地郡县相比在政治、经济上享有一定特殊待遇且土司官长可世袭的政治制度。土司制度是一种军政合一的政治制度,而湖南少数民族地区土司制度特别是永顺、保靖土司制度又最为典型与完善①。土司制度的主要内容有封建王朝任命当地首领为各级土官或土司,土司属国家正式官吏,官职和所任职务及其升迁、废除均由朝廷决定,经过批准方可世袭。土司官职分为文官和武官两类,湖南少数民族地区的土司基本属于武职。其职责包括在辖地清查户口、收取赋税、统领土军、判决纠纷、维持治安与定期朝贡等。土司拥有武装力量,其拥有的军队俗称"土兵"。湖南土司土官以土家族酋领为最多,如彭氏、向氏、田氏等。土兵多为土家族及苗族组成,如明嘉靖年间,朝廷曾征调永顺、保靖土兵至东南沿海抗击倭寇入侵,其中永顺宣慰首领彭翼南及保靖宣慰首领彭荩臣在抗倭斗争中做出了巨大贡献。同时,封建王朝为了控制土司,经常派流官进入土司辖区,进行"土流并治"。

明清两代,在较为"归化"的湖南少数民族地区实行土司制度,而对一些"化外"的湖南少数民族区域则实施镇压与隔离的政策。明清官府多次由凤凰西南五寨司地经篁子坪司、镇溪所,东北至保靖司境,半环这一地区筑起一道"边墙"。从此,常以"边墙"为界,"边墙"以外为"生苗","边墙"以内为"熟苗"。"生苗"区域即今以腊尔山为中心的凤凰、吉首、花垣及贵州松桃等苗族聚居区,又称"腊尔山苗"。其实,"生苗"和"熟苗"只是一个相对的历史范畴,随着封建中央王朝势力的深入,两个区域的划分也随之有所变化。总之,由于明清王朝对湖南"生苗"区一直采取军事镇压、封锁和隔离、防范政策,居住在"生苗"区的苗族人民一直被视为"化外",毫无政治地位可言②。

土司制度是相对独立的组织系统。土司往往于所辖之地,拥兵自重,对辖区内的土民任意掠夺、剥削、刑杀,造成社会动荡,严重阻碍了区域内的社会生产力发展。这一切既与中央王朝的大一统统治相冲突,也引起了区域内广大土民的不满与反抗。因此,在康雍年间,清王朝在湖南少数民族地区实行了大规模的"改土归流"。就湖南而言,"改土归流"主要包含两部分内容。一是对生苗地区进行开辟,改变其"化外"状态,将之纳入中央统一管理中。这一阶段主要集中在康熙四十二年(1703)及以后的一段时期,至雍正年间初步完成。二是在土司统治地区,裁撤土司土官,设置府、县,以流官代之管理。这一阶段从雍正五年(1727)至十三年(1735)。湖南少数民族地区的"改土归流"相比其

① 游俊,李汉林.湖南少数民族史[M].北京:民族出版社,2001:148.
② 游俊,李汉林.湖南少数民族史[M].北京:民族出版社,2001:155-157.

他地区而言,大规模实施时间较晚,但延续较长,改流较彻底,由于清政府主要采取"恩威并用"的措施,因此没有爆发大规模战争。改土归流的实施,有利于中央王朝的统一管理和民族团结,有利于民族地区的经济、文化发展。

二、经济概况

实行土司制度后,湖南各少数民族的经济相比唐宋时期有了一定的发展,而在明清之际的"改土归流"后,各民族的往来日益密切,促进了该地区经济的进一步发展。农业方面,土家族已广泛使用铁器与牛耕,农作物品种增多,产量也有所提升。湘西地区以油桐、油茶、生漆为出口大宗,还盛产杉木、楠木、五倍子、五加皮等经济价值较高的木材和药材。苗族已开垦土地,兴修水利,同时还发展桑、麻、茶、蜡等经济作物。瑶族也广泛使用铁制工具,农业有所发展,加强了对油桐、茶叶、木耳等土特产品的栽培。手工业也有所发展,土家族、苗族的各种丝、麻织品工艺较高,纺织工具也有所改善。少数民族地区的矿产资源较为丰富,以手工方式小规模开采。同时,这一时期,商业贸易日渐兴旺,土司衙所已成为重要的商品贸易地。这一时期,腊尔山一带的"生苗"地区虽为"化外",但由于免除各种剥削,经济也有一定发展。从清康熙年间湖南布政使阿琳主持绘制的二十五幅"红苗归流"图可看出,"生苗"地区的农业、畜牧业、手工业都有一定的发展,还出现了苗汉之间的商品贸易。

随着湖南少数民族地区社会经济的发展,土地买卖开始盛行,封建地主制经济发展起来。大量土官依靠剥削来的财物购买田地,剥削方式转为实物地租或货币地租。一些商人也用聚集的财富购置田地,并与土司争夺人手。同时,土司制度下的各少数民族或多或少也得到一些土地,变为自耕农,这一切都促使封建领主制经济向封建地主制经济转化。"生苗"地区同样也出现了土地买卖情况,封建地主制经济也随之发展起来。另外,这一时期迁入湖南的回族、壮族、维吾尔族、蒙古族由于与汉人杂居,其社会的经济发展与生产关系的变化大致与汉族相同。

三、文化概况

宋元时期,湖南少数民族区域官府就已开始建立书院、学宫等教育机构,一些有识之士也自办书院,作为官学的补充。南宋著名思想家魏了翁在宝庆元年(1225)被谪贬至靖州后,建立鹤山书院,招生讲学,吸引湖湘、江浙等地的士人前来求学,风气大开。到了明朝,政府除了通过书院、学宫等机构继续加强教育外,还制定了一些相关政策,如明孝宗时规定,土官中要世袭的子弟都要入县学,否则不予承袭职位,因此,子弟们都到邻近的州县入学。随着少数民族受教育程度的提高,他们的文化水平也有所提升,出现了少数民族儒生,少数民族著述也逐渐增多,促进了少数民族地区的文化发展。清代统治者注重对少数民族进行"教化",在湖南少数民族地区设立县学、厅学、义学等开展教育活动,对参加科举考试的少数民族子弟也制定相关政策给予照顾,因此,中举的少数民族子弟逐步增多。至清光绪二十九年(1903),废科举,兴学堂,湖南各少数民族地区也兴办了一些中小学学堂。与此同时,在土家族、侗族聚居区,私塾也在同步发展,出现了公办学校和私塾共同发展的局面。

第五节　民国时期湖南少数民族

一、政治概况

辛亥革命前后,湖南少数民族参与了反清斗争、反对袁世凯复辟帝制的斗争、护法运动、反对军阀和土匪残暴统治的斗争。

由于辛亥革命历史进程的复杂性、中国国情的独特性以及特殊的国际环境,革命并未加速当时中国的现代化进程,相反出现了军阀混战、专权的动荡局面。湖南地处南北要冲,在北洋军阀与西南军阀对垒中举足轻重,是各派势力争夺的重点。民国成立后的八九年间,湖南的都督、督军、省长先后九易其手,形成南北军阀交替统治的政治格局①。湘西地区更是形成了军阀割据的局面。

第二次国内革命战争时期,中共中央在湖南少数民族地区分别建立了湘鄂边革命根据地和湘川黔革命根据地。

1935年,国民政府在沅陵设立湘西绥靖处,辖19县;1938年,撤销绥靖处,设立"沅陵行署",同年,还设立"湘川鄂边区公署";1940年湖南全省划分为10个行政督察区,永顺、龙山、保靖、桑植、大庸、古丈六县属于第八督察区,在永顺还设立专员公署,专员兼任县长。

由于国民政府在湘西继续实行屯田制,苗民不堪沉重的经济剥削,1936年至1939年间,湘西"屯田"七县以永绥(今花垣)、凤凰、乾城(今吉首)苗族人民为主体,掀起了大规模抗缴屯租、革除屯田的武装斗争。经过长期斗争,虽然废除了屯田制,摧毁了腐朽的苗官制度,但并未废除各种苛捐杂税,加之频繁征召丁壮,少数民族仍苦不堪言。

---

① 游俊,李汉林.湖南少数民族史[M].北京:民族出版社,2001:231.

二、经济概况

民国时期,湖南少数民族地区经济有了明显的发展。农业方面,土家族、苗族、瑶族等使用铁制农具的种类不断增加,耕作技术有所提高。侗族特别重视稻田养鱼,苗族还懂得使用天然肥料。少数民族聚居地由于多为山林密集地,因此林业和药材业发展相对较快,永顺、古丈、桑植等县木材储量大,尤其是瑶族林区木材资源丰富,江华瑶族所产杉木品质优良,素有"南国杉乡"之称。同时,经济林木也得到进一步发展,尤其是桐油、油茶发展更快。国际市场对桐油需求量的激增,激发了聚居在沅水流域的土家族、苗族、侗族生产桐油的积极性,外销量剧增。此外,湘西的五倍子、茶叶,瑶族地区的香菇、木耳、八角等药材和土特产产量、质量都不断提高。手工业方面,土家族、苗族、侗族的手工纺织业都有所发展,苗族制碱最为著名,侗族的造纸、织染、陶器、铁器等手工业也相继得到发展。随着手工业的发展,湖南少数民族地区还出现了一些规模不等的工厂。同时,这一时期的矿产业和交通业也被带动发展。民族地区矿产资源丰富,一些地主、富商自筹资金或集资合股开矿。交通运输方面,最具代表性的是1935年贯穿土家族、苗族地区的湘川公路的建成。农业、林业、手工业的发展促进了湖南少数民族地区商品经济的发展。各种农、林、副产品逐渐商品化,并大量投入市场。各种集市、圩场兴盛,湘川公路建成后,所里(今吉首)成为湘黔川物资集散中心,晃县龙溪口是黔东各县物资的一大集散市场。商业的繁荣发展促使了以商品流通为谋生手段的商人队伍的逐渐壮大以及维护手工业者和商人利益的帮会、行会、商会组织的出现。

总之,在这一时期,虽然湖南少数民族地区与汉族地区经济联系日益密切,落后的生产技术及生产工具得到改善,抗日战争时期,湖南作为战时的后方工业基地,其经济得到了短暂的繁荣,但湖南少数民族地区整体的经济发展水平还是落后于本省汉族地区。

三、文化概况

民国时期,学校教育兴起,但湖南部分少数民族地区,如土家族、维吾尔族聚居的农村仍以私塾教育为主。1923年,湘西巡防军统领陈渠珍在保靖县颁布《湘西十县教育案》,推动当地建立小学及中学。1929年,国民政府设置"边教"机构,创办蒙藏学校,随后各级学校逐渐兴办于各省少数民族地区。1936年7月,湖南省政府委员会常务会议通过了石宏规草拟的《湘西苗民文化经济建设方案》,在苗区培养师资力量并设立苗区小学,之后还有专项经费补助。晃县、芷江县等侗族聚居区还在这一时期建立了民众图书馆。在第三次国内革命战争前,湖南少数民族地区的一些书院、学堂改称为学校,中小学校纷纷建立,培养了一批师资力量和教育学家,为发展少数民族地区教育文化事业作出了积极贡献。第三次国内革命战争开始后,社会动荡不安,教育经费没有着落,教育事业急剧衰落,直到中华人民共和国成立,才迎来曙光。

第六节　当代湖南少数民族

一、政治概况

中华人民共和国成立前后,湖南少数民族地区相继解放,还进行了大规模的剿匪活动、禁烟禁毒运动以及反对恶霸地主和减租减息的斗争。通过以上斗争,人民政权得以建立。

1951 年 8 月成立的湖南省民族事务委员会是湖南省人民政府主管民族事务工作的机构,主要担负协助省委、省政府贯彻落实执行党的民族政策,保障少数民族的平等权利,协调各民族间的关系,促进民族团结,帮助少数民族地区加快发展的任务。2014 年,根据《湖南省政府职能转变和机构改革方案》,湖南省民族事务委员会与湖南省宗教事务局合并组建湖南省民族宗教事务委员会,主要职能为贯彻执行党和国家关于民族、宗教工作的方针、政策、法律、法规以及省委、省政府的决策部署,负责起草民族、宗教地方性法规、规章草案;组织开展民族宗教理论、政策及重大问题的调查研究;负责拟订全省少数民族事业发展专项规划,监督检查规划实施情况;研究分析全省少数民族和民族地区经济发展、社会事业方面的问题并提出特殊支持的政策建议等工作。各市州县根据本地区民族工作情况相应成立民族工作机构或民族宗教办公处室等相关机构。

机构设置的完善推动了全省各项民族工作的开展。首先,各少数民族聚集地积极开展了民族区域自治工作。1952 年湖南省成立了湘西苗族自治区,1957 年又扩大为湘西土家族苗族自治州,当时辖龙山、永顺、保靖、花垣、吉首、古丈、泸溪、凤凰、桑植、大庸十县(1982 年吉首撤县建市,1988 年桑植、大庸划为张家界市管辖,仍享受民族自治地方优惠政策)。1954 年成立通道侗族自治县,1955 年成立江华瑶族自治县,1956 年成立新晃侗族自治县、城步苗族自治县。这是湖南第一批民族区域自治县(州)。1987 年又成立了芷江侗族自治县、靖州苗族侗族自治县,1988 年成立麻阳苗族自治县。至 1988 年已建有 1 个自治州和 7 个自治县。其次,为了维护和保障少数民族的平等权利,湖南省根据国家相关政策法规,制定和修改了一系列民族法规政策,构建较完备的地方民族法规政策体系。1993 年,国家民委颁布了《民族乡行政工作条例》和《城市民族工作条例》,湖南省随即着手修改《湖南省散居少数民族工作条例》,该条例修正案于 1997 年经湖南省第八届人民代表大会常务委员会第二十九次会议讨论通过。2001 年,第九届全国人民代表大会常务委员会通过修改后的《中华人民共和国民族区域自治法》。湖南随即修改和完善《湖南省实施〈中华人民共和国民族区域自治法〉的若干规定》,2002 年,修改后的该规定经省第九届人大常委会通过。2015 年,为贯彻落实《中共中央、国务院关于加强和改进新形势下民族工作的意见》(中发〔2014〕9 号)文件精神,湖南省结合实际,出台了《中共湖南省委湖南省人民政府关于做好新形势下民族工作的实施意见》(湘发〔2015〕9 号)。同时,湖南省还陆续制定完善了民族自治地区自治条例和单行条例、专项地方性民族法规及其他地方性法规中关于民族事务的专门规定。另外,各级政府落实各项民族法规的监督执行机制,进一步保障各项制度的有效实施。第三,重视少数民族干部培养计划,加大少数民族干部的培养、使用力度。为保障少数民族参与国家事务管理的权利,湖南各级政府历来重视对少数民族干部的培养和选拔。通过制定规划、加强培训、组织参观考察等措施使全省少数民族干部的总数不断增加,一大批少数民族干部成长起来,走上领导岗位,有的被选为人大代表或政协委员,保证了少数民族参政议政的权利。第四,各级政府重视少数民族建政工作,落实少数民族自治区及少数民族人口过半县的优惠政策待遇,加强民族乡这一民族区域自治制度补充形式的各项工作,进一步推进民族乡的科、教、文、卫等社会事业,重点开展扶贫攻坚工作。一系列政策的开展,促进了民族乡的团结和稳定。同时,通过广泛调研、制定政策、规范工作,实事求是地开展了大规模的民族成分更改工作,妥善解决少数民族成分遗留问题。为了进一步加强民族团结,还开展了民族团结进步宣传活动、民族自治地区成立逢十周年庆典活动、民族团结进步表彰活动和民族协作联谊活动。同时,创办民族示范点,开展民族团结教育,发展示范点各项社会事业,开展联谊、经验交流活动等,团结、和谐的民族关系得到进一步巩固和发展。

二、经济概况

这一时期,湖南少数民族经济发展取得显著成效。改革开放以来,社会主义市场经济体制逐步确立,全面建立现代企业制度,农村各项经济改革有序推进,招商引资和对外贸易取得新成绩。同时,经济结构进一步改善,矿冶、食品加工、制药等成为主要工业体系,交通运输、旅游等成为民族自治地方重要的经济增长点。各种公路、铁路、机场以及生态建设工程相继完成,为民族自治地方经济的进一步发展搭建良好平台,提供重要保障。通过不断努力,湖南少数民族地区经济实力明显增强,人民生活水平大幅提高。根据民族宗教网数据显示:"2015 年,全省少数民族发展资金 12 410 万元。商品零售总额 435.8 亿元,城镇居民可支配收入 17 035 元,农村居民人均纯收入 5818 元。全省有

12 个民族贸易县,480 家民族贸易企业,72 家民族特需商品定点生产企业。全省有 9019 个少数民族特色村镇,进入省少数民族特色村镇项目库的有 500 个,国家少数民族特色村镇项目库的有 300 个。"[1]近年来,各级政府及部门又在多方面着手,进一步促进少数民族地区的发展。《湖南省民宗委 2015 年度整体支出绩效评价报告》指出:"首先是率先开展金融支持武陵山片区开发探索,把开发性金融理念引入武陵山片区区域发展与扶贫攻坚,有力推动该片区经济社会发展;其次是以少数民族特色村镇保护与发展为平台,打造民族地区全面建成小康社会的样板工程。近年来,已累计投入近 2 亿元少数民族发展资金,引导整合各级各部门资金近 20 亿元、社会资金近 3 亿元,扶持建设了 100 个少数民族特色村镇,有 27 个少数民族特色村镇被国家民委命名为首批'中国少数民族特色村寨'。少数民族特色村镇建设以特色产业培育为突破口,依托资源优势,以文化旅游产业为龙头,带动中药材、茶叶、反季节蔬菜、林果业、民族工艺品等特色产业发展,促进了经济的发展壮大。三是推动民族自治地方逢十庆典活动向庆典经济转化,展示民族区域自治制度的辉煌成就。近年来,通道侗族自治县和江华瑶族自治县借助 60 周年大庆机遇,加大改革开放,引进资金点项目,培育特色优势产业,推进城镇建设,发展教育卫生等社会事业,弘扬民族文化。但是,民族地区仍然是我省全面建成小康社会的最大短板。2014 年,民族地区人均地区生产总值 21 089 元,相当于全省平均水平的 52.35%,人均财政收入 1895.76 元,相当于全省平均水平的 35.19%。全省 24 个民族县市区都属于国家和省级贫困县,2014 年民族地区仍有 163.6 万贫困人口,占全省贫困人口总数的 27%,贫困发生率为 20.3%,高出全省 9.7 个百分点。实现 2020 年贫困发生率低于 4% 的小康目标,民族地区必须每年减少 31 万贫困人口,降低 4 个百分点的贫困发生率。"[2]因此,还应继续加大对民族工作的资金投入,以促进少数民族地区经济发展,提高人民生活水平。

三、文化概况

湖南少数民族在其发展过程中,创造出了自己独有的历史和文化,尤其是在中华人民共和国成立后,政府在少数民族地区实行教育体制改革,不断完善学校教育,加强扫盲教育。各地纷纷建立图书馆、博物馆、文化馆,广播电视、电影作为新兴文化事业也逐步兴起,各项文化事业得到了飞速发展。近年来,各级政府及相关部门主要通过六项措

---

[1]　湖南省民宗委基本数据[EB/OL].[2015 - 09 - 06]. http://mzw. hunan. gov. cn/xxgk_71281/czxx/ 201509/t20150906_2056738. html.

[2]　湖南省民宗委 2015 年度整体支出绩效评价报告[EB/OL].[2016 - 09 - 29]. http://mzw. hunan. gov. cn/xxgk_71281/czxx/201609/t20160929_3297513. html.

施繁荣少数民族文化事业。首先是建立民族文化示范点及少数民族文化传承示范基地,引导和培养各地民俗文化。至 2018 年,全省已有 8 个少数民族文化传承示范基地,7个少数民族传统体育示范基地。其次是积极开展少数民族文化活动,包括各少数民族的传统节日活动、圩场文化活动以及包含送戏下乡、送电影下乡、送图书下乡等文化下乡活动。少数民族自治地区设有公共图书馆、博物馆、群众艺术馆、文化馆等公共文化机构。不断完善的基层民族文化基础设施不仅丰富了群众的文化生活,还宣传了党的政策法规,传送农村实用科技。三是进一步保护和传承少数民族优秀传统文化。至 2013年,湖南省有国家级少数民族和民族地区非物质文化遗产项目 45 个,省级少数民族和民族地区非物质文化遗产项目 131 个。四是组织开展民族传统体育活动,繁荣少数民族体育事业。尤其在 2015 年第十届全国少数民族传统体育运动会上,湖南省少数民族健儿获 11 块金牌,在参赛的 34 个代表团中名列第三,并荣获"体育道德风尚奖",成绩优异。五是重视少数民族文化人才培养。通过各种培养途径,湖南少数民族文化人才总量稳步增长,素质逐步提升。六是加强精品文化产品创作,弘扬少数民族文化。湖南省民族自治地区都成立了艺术表演团体,在文艺作品创作和演出方面成绩突出。如 2012 年,大型民族歌舞《五彩湘韵》荣获全国民族文艺会演剧目金奖,同时获得最佳导演、最佳编剧、最佳音乐、最佳舞美等所有的单项最高奖。2015 年,湖南省组织湖南省第四届少数民族文艺调演,展示近年来我省少数民族文艺创作的丰硕成果,受到社会各界的广泛赞誉和高度评价,对促进各民族交流融合、繁荣我省民族文化事业起到了积极推动作用。

第二章　湖南少数民族文献综述

秦汉以前,湖南少数民族往往被统称为"三苗"或"苗""蛮",如《尚书·益稷》"苗顽弗即工",《左传·昭公元年》"于是乎虞有三苗",《韩非子》"三苗之不服者"等。唐宋以后的史籍中才出现"莫徭""苗""土人""仡伶""峒""僮"等专门称呼各少数民族的名称。由于各民族世代杂居,相互交融,许多湖南少数民族时土时苗时侗时瑶,或亦土亦苗亦侗亦瑶,故唐宋以后中国古籍仍常常以"苗"统称其时南方土家族、苗族、侗族、瑶族等少数民族。

湖南少数民族虽有语言,却无文字,其文献都以汉字记录并传承,这既为湖南少数民族文献的整理提供了便利,同时也为其鉴别增加了难度,若不熟悉其内容,则不能识别其是否为少数民族文献。

第一节　先秦时期湖南少数民族文献

先秦时期,湖南区域居民以"荆蛮"为主。"荆蛮"主要指古三苗后裔以及一些古越人、濮人部落,也包括一些东迁的巴人部落和南迁的楚人氏族部落。而三苗、古越人、濮人、巴人也是当今湖南土著少数民族如苗族、瑶族、侗族、土家族的先民。因此先秦时期的湖湘文化及湖南文献,与湖南少数民族文化及文献息息相关,密不可分。"炎黄战蚩尤"是有关湖湘文化最早的传说,而"蚩尤"一直被湖南少数民族如苗族、瑶族、侗族当作始祖,因此最早的湖湘文化实际上也就是湖南少数民族文化。

涉及先秦时期湖南少数民族的记载零星来源于春秋战国、汉晋时的典籍,如《尚书》《国语》《战国策》《吕氏春秋》《逸周书》《管子》《楚辞》,以及晋皇甫谧《帝王世纪》等,而以《史记》之《五帝本纪》《楚世家》稍多。这些典籍中有关湖南少数民族的记载难免有荒诞神怪之处。清乾隆间常宁王万澍曾汇编上自伏羲、下迄西周有关衡湘史事,辑成《衡湘稽古》一书,凡五卷,"自秦以下,凡正史有涉湖南者,率就采录"(江昱序),《四库全书总目提要》称:是书"大意以衡湘为古帝王巡狩都会之区,春秋时芈楚兼并,圣人屏之,后人遂忘其先之盛。于是历述伏羲、神农、黄帝、少昊、颛顼、帝喾、尧、舜、夏商二代以迄周昭,撰为此录,每事标举其纲,而杂引群书为目。多掇自《路史》诸书。既非地志,又非史传,与廖道南之《楚纪》,其丛杂约略相等云"。

至今湖南地区虽然出土了一些战国末期的简帛文献,但内容极为零星简略。如1983年在常德市德山夕阳坡2号战国楚墓出土的2枚竹简,一简32字,一简22字,其中一简有明确纪年,记载楚怀王二十二年(前307)越涌君嬴率众归楚之事。

战国末年,屈原作《离骚》《九歌》,为最早涉及湖南少数民族区域的文学作品。

先秦时期湖南少数民族文献,除春秋战国间各种典籍外,主要来源于中华人民共和国成立后的各次考古发现及当代学人的研究成果。

第二节　秦汉三国两晋南北朝时期湖南少数民族文献

秦朝统治时间极短,中国历史典籍中有关秦代湖南少数民族的文献也极缺乏,主要来源于《史记》。2002年,湖南省湘西土家族苗族自治州龙山县里耶镇出土了大量秦简,数量共70 000余枚,为竹木简。其中有字竹简约36 000多枚,20余万字,字体属古隶,纪年自秦王政二十五年(前222)至秦二世二年(前208),内容多为官署公文,主要是秦洞庭郡迁陵县的档案,如户口、土地开垦、物产、田租赋税、劳役徭役、仓储钱粮、兵甲物资、道路里程、邮驿津渡、奴隶买卖、刑徒管理、祭祀先农以及教育、医药等。目前里耶竹简尚在整理之中,其成果必将弥补有关秦代湖南少数民族文献的空白,也将使全国秦代文献不足的状况得到极大改善。

有关汉代湖南少数民族的文献则以正史为主。《汉书》中已出现涉及湖南的篇章,如《吴芮传》《景十三王传》。西汉时期,由于中央政府主要集中力量借道或利用湖南征讨南粤国,对湖南地区"蛮夷"多采用招抚和羁縻政策,湖南地区的民族矛盾反而显得平静,因而史籍中有关西汉时期湖南少数民族的记载并不丰富,如《汉书》中仅有《西南夷两粤朝鲜传》。随着国家周边的稳定,东汉政府加强了对湖南"蛮夷"地区的开发,民族矛盾激化,史籍中有关东汉时期湖南少数民族的记载也就相应增多,如南朝宋范晔所著《后汉书·郡国志》中"零陵""桂阳""武陵""长沙"皆列为专类,并首次将湖南少数民族收入列传中,其《南蛮西南夷列传·南蛮》介绍了槃瓠的传说、中原华夏族征服蛮族以及蛮族反叛的历史,书中列举湖南的蛮族有"武陵蛮""澧中蛮""零阳蛮""溇中蛮""长沙蛮""零陵蛮"等,蛮族首领有相单程、陈从、覃儿健、潭戎、羊孙、陈汤、詹山等。《后汉书·南蛮西南夷列传·南蛮》是中国史籍中最早的系统介绍湖南蛮族的文献。

1972年长沙马王堆3号汉墓出土帛地图三幅,均为西汉初期绘制,是世界上迄今发现的最古老的地图之一。其中一幅为西汉初期长沙国南部地形图,所绘主区为汉初长沙国南部 8 县(道),即今湖南南部瑶族相对集中的潇水流域、南岭、九疑山及附近地区。

三国两晋南北朝是中华民族大融合时期。随着国家政治、经济、文化重心的逐步南移,北方氏族大量南迁。湖南地处江南,所受兵燹相对较小,社会比较安定。两晋南北朝产生了湖南历史上最早的一批人物传记与地理著述,其中与当时湖南少数民族区域有关的有《零陵先贤传》一卷,据《隋书·经籍志》著录,其作者不详,当为西晋初年人所撰;《武陵先贤传》一卷,著者不详,亦当为晋人所作;《湘中山水记》三卷,东晋末阳罗含撰;《武陵图志》,梁武陵伍安贫撰;《武陵记》一卷,梁武陵黄闵撰,黄闵又撰《沅志》;《荆南志》二卷,梁元帝萧绎撰。以上各书皆已失传。

有关魏晋南北朝湖南少数民族的文献几乎全部来源于各种典籍,主要有《三国志》《晋书》《宋书》《南齐书》《梁书》《陈书》等正史以及《资治通鉴》等。

第三节　隋唐五代时期湖南少数民族文献

唐代以前的湖南文献多为只言片语,清人陈运溶所辑《麓山精舍丛书》多有辑录。唐代之后,雕版印刷术的发明使得大量唐人著述得以传世,文献的数量及种类由此增多,湖南人物有完整著述流传至今者也自唐代开始。

隋唐五代时期,湖南少数民族主要生活在澧、朗、辰、溪、叙、奖、晃、潭、邵、郴、永、道等州,即今湘西北、湘西、湘南及湘中部分地区。

隋至唐中期,史籍中有关湖南少数民族的记载并不丰富。唐代末年至五代时期,湖南处于马楚政权统治之下,而少数民族活动极其频繁,几有与马楚政权分庭抗礼之势。湖南现存最早的金属文献——溪州铜柱,即产生于这一时期。

隋唐时期,有关当时湖南少数民族区域的地方志书以非湖南籍人士所撰为主,如唐人撰《沅陵记》,唐人撰《五溪记》,唐元结撰《九疑山图记》一卷、《湘中诸山记》一卷,唐京兆韦宙撰《零陵录》一卷,唐人撰《道州图经》,唐人撰《武陵图经》,唐人撰《朗州图经》,唐人撰《澧州图经》等,今皆不传。

有关隋唐五代的湖南少数民族文献除《隋书》《旧唐书》《新唐书》《旧五代史》《新五代史》《资治通鉴》及杜佑《通典》等传统典籍外,还广泛存在于唐宋人所著别集、杂史、载记等中,如宋代祁阳路振《九国志》、祁阳陶岳《五代史补》、周羽翀《三楚新录》,都是记载五代湖南史事较多者。

《全唐文》中所录唐懿宗撰《以南蛮用兵特恩优恤制》,是目前所知最早的湖南少数民族专文。

第四节 宋元时期湖南少数民族文献

宋代不仅是湖湘文化的形成时期,也是湖南文献规模及种类的形成及完善时期。有关湖南少数民族的史料来源也更加广泛,官修史籍如《宋史》《宋会要辑稿》《元史》等,特别是《宋史·蛮夷·西南溪峒诸蛮 梅山峒 诚徽州 南丹州》系统介绍湖南少数民族地理、历史、民俗及其与宋代朝廷交往状况,是继《后汉书·南蛮西南夷列传·南蛮》后又一部将湖南少数民族列入正史的文献。

宋代湖南少数民族区域的地方志书有陶岳《零陵总记》十五卷、吴芸《沅州图经》四卷、佚名《沅州图经》四卷、孙显祖《靖州图经》四卷、刘子登《武陵图经》十四卷、何季羽《都梁志》六卷、郑昉《都梁志》二卷、丁介《武陵郡离合记》六卷、霍篪《澧阳图志》八卷、田渭《辰州风土记》六卷、吴致尧《九疑考古》二卷、孙懋《舂陵图志》、徐自明《零陵志》十卷、张埏《零陵志》十卷、李韦之《邵阳图志》三卷、黄沃《邵阳纪旧》一卷、巩嵘《邵陵类考》二卷、佚名《武冈军志》、佚名《朗陵地图》、佚名《朗州图经》、佚名《辰州图经》、佚名《江华图经》、佚名《黔阳图经》、饶敏学〔宝庆〕《黔阳志》、佚名《慈利图经》等,惜今皆不传。

据诸家书目,元代湖南方志当在 13 种以上,如〔延祐〕《永州路志》、〔皇庆〕《郴州路志》、〔至正〕《黔阳县志》、〔元贞〕《武陵续志》等,今亦皆不传。

宋代产生了湖南历史上少数民族区域最早有著述的人物,如江华蒋敏修,著有文稿三十卷;江华蒋谨修,著有《蒋氏家训》《座右铭》;江华唐孺,著有《阳朔集》等。但今皆不传。

南宋产生了历史上第一部关于湖南少数民族的专著——朱辅所撰《溪蛮丛笑》一卷。是书将湖南五溪少数民族区分为"猫""猺""獠""獞""犵狫"五类,叶钱序称:"五溪之蛮,皆槃瓠种也,聚落区分,名亦随异。沅其故壤,环四封而居者,今有五:曰猫、曰猺、曰獠、曰獞、曰犵狫,风声气习,大略相似。不巾不屦,语言服食率异乎人。由中州官于此者,其始见也,皆讶之,既乃笑之,久则恬不知怪。"清乾隆时收入《四库全书》中。

随着雕版印刷术的发展与完善,大量宋人著述得以流传后世。除官修史籍外,宋人所著奏疏、诗文集、笔记、小说及石刻文献等都是湖南少数民族文献的重要组成部分。非湖南籍人士在湖南仕宦、游历期间,留下大量有关湖南少数民族的文献。如魏了翁,字华父,号鹤山,四川蒲江人,历官至权工部侍郎。其于宝庆元年(1225)谪居渠阳(今湖南靖州),绍定四年(1231)复原职,在靖州七年。所著《渠阳集》(亦名《鹤山集》)就是一部重要的有关湖南少数民族的文献。他如朱熹《晦庵先生朱文公文集》卷七十一《记三苗》、洪迈《容斋四笔》卷十六《渠阳蛮俗》、陆游《老学庵笔记》卷四《辰沅州蛮》等，也有少许对于湖南少数民族的记载。范成大所著《桂海虞衡志》一卷，虽然是作者任职广南西路静江府（今广西桂林）期间对当地的风土人情、物产资源及社会经济状况的考察和记录，但对了解和研究湘桂交界处的湖南少数民族也有参考作用。另有靖州教授李诵所著《平蛮记略》，原书已失传，仅部分内容为他书所收录。

宋代有关湖南少数民族的专文内容主要集中在对湖南地区少数民族的抚剿政策上，且多与"开梅山"有关。

目前所存较早的湖南少数民族纸质实物文献是南宋景定元年（1260）所书《评皇券牒》，今藏于江华瑶族自治县档案馆。

第五节 明代湖南少数民族文献

有关明代湖南少数民族的史料，见于官书者主要有《明史》《明实录》，其中《明史》之《土司列传》下列有"湖广土司"专章。

地方志已成为明代湖南少数民族文献的主要来源。据统计，明代湖南方志当在180种以上，今存30余种，其中涉及当时湖南少数民族区域的有〔万历〕《湖广总志》、〔隆庆〕《宝庆府志》、〔嘉靖〕《常德府志》、〔万历〕《辰州府志》、〔弘治〕《永州府志》、〔万历〕《宁远县志》、〔万历〕《江华县志》、〔嘉靖〕《澧州志》、〔万历〕《澧纪》、〔万历〕《慈利县志》、〔万历〕《郴州志》等，但大半为残缺之本。清代方志也是获取明代湖南少数民族资料的重要来源。清代湖南纂修的省、府、州、厅、县志410余种，现存350种左右。湖南少数民族区域都有清代方志存世。

明人所著有关湖南少数民族的专著仍不丰富。昆山沈瓒撰《五溪蛮图志》。明成化时沈瓒任辰州教谕，"因旧图与诗，更新题咏，而又编摩事实为之志"，稿成未刊。惠安李恺撰《处苗近事》一卷。李恺，明嘉靖间官辰沅兵备副使。是书记洪武至嘉靖湖广苗民叛服征剿之事，今已失传。新安李昶撰《院试平苗善后策》一卷附《偏累议》一卷《复议》一卷。李昶，明嘉靖三十一年（1552）任湖广辰州府沅州知州。现存明嘉靖刻本，藏国家图书馆。番禺郭棐撰《酉阳正俎》十卷。郭棐，明万历十六年（1588）分司湖广。此书记常德府、辰州府二地地理及人事，以境有大酉山，故名。有明万历十七年刻本，藏国家图书馆、上海图书馆。浙江嘉兴包汝楫撰《南中纪闻》。包汝楫，明天启五年（1625）任绥宁县知县，是书记晚明湘、黔、滇少数民族之风土民情，尤以绥宁之事居多。有《砚云甲编》

本、《丛书集成初编》本。辰州推官侯加地撰《苗徼纪事》,已失传。其他著述中有篇章论及湖南少数民族者如陶宗仪《辍耕录·志苗》,专论绥宁苗族首领杨完者率军助元抵抗红巾军事。

明末社会矛盾集中于"北虏""流贼",南方"苗乱"多被忽略,产生的专文也不很丰富,主要分布于各地方志及《明经世文编》中。如〔乾隆〕《辰州府志》所载王士琦撰《苗地屯粮议》、蔡复一撰《抚治苗疆议》、侯加地撰《槃瓠辨》等;〔道光〕《凤凰厅志》所载游震得撰《边防议》、侯加地撰《边哨说》《边哨疆域考》、刘桌撰《新建五寨城记》《五寨司新建参将戍署碑记》等;《明经世文编》所载张岳撰《论湖贵苗情并征剿事宜疏》《极陈地方苗患并论征剿抚守利害疏》、李化龙撰《参楚省剿苗失律官员疏》等。明代名臣徐阶在所撰《复杨裁庵御倭机宜》中称:"苗兵勇悍,真能杀贼,但畏贼之鸟嘴铳,言及即色变。今似当于福建选调善放铳军民兵二三千人以为先锋,而因以制苗兵之骄。于乡兵中教二三千人专习此艺以助声势,而因以备福兵之缺。乃若御铳之具,福兵必知之,多方访求试验,豫为之备,庶可以破贼之长技矣。"此实为以往罕见的湖南土兵江浙抗倭之史料。又《湖南文征·元明文》录有田英产《平苗议上督师杨阁部》、龙膺《御苗僚议序》、刘鸿泰《九溪分合考》等文数篇。

明代有著述的湖南少数民族区域人物有江华胡良、费栢、费华楚,永顺彭世麒、彭明道,泸溪石鼎、李震,麻阳满朝荐,沅州刘有年、赵彬、胡靖、黄珙、胡忿、毛世鸿、向文宁、马天然、胡斌,靖州许潮、叶庭芝、唐宗元、唐宗正、宋崇简、闵朝宗,城步杨和、张大威、萧应韶等。但除麻阳满朝荐、靖州许潮外,其他人物著述基本失传。许潮所撰杂剧,其时即已有名,明吕天成《曲品》载:"许时泉所著传奇一本《泰和》,每出一事,似剧体,按岁月,选佳事,裁制新异,词调充雅,可谓满志。"

第六节　清代湖南少数民族文献

清康熙雍正间,对其时尚未纳入统辖的"生苗"地区实施武力开辟,设立永绥、乾州、凤凰三厅。又对原土司管辖地区裁革土司,设置流官,先后设置永顺、龙山、桑植、保靖、永定诸县。

清代湖南人治学,一直注重实用。道光以来,形成了以陶澍、贺长龄、贺熙龄、严如熤、魏源、唐鉴、汤鹏、周寿昌为代表的湖南新经世致用派。此时期湖南人的文献活动也由以往整理旧史、考证旧典章制度,转变为对中国当时政治制度、民族区域历史地理及国外历史地理的研究,而于民族史的研究则以严如熤为最著。严如熤,字炳文,号乐园,溆浦人,乾隆五十四年(1789)举优贡,嘉庆五年(1800)举孝廉方正,廷试策论平定川、楚、陕三省方略,拔擢为第一。次年,补陕西洵阳县知县,历升知州、汉中府知府。道光元年(1821)擢陕安道,前往勘察川、陕、楚三省边防。道光五年(1825)授贵州按察使,改陕西按察使,卒于任内,赠布政使。任内留心经世之学,精研天文、地理、兵法,尤重边政研究。所著《三省边防备览》十四卷,辑录川、楚、陕三省有关地理、军制、经济、风俗等资料。又曾入湖南巡抚姜晟幕,曾据公牍档案及湘川黔志乘辑成《苗防备览》二十二卷。

清代湖南少数民族文献,大致可分为军事镇压苗民起义的平苗文献以及介绍苗区地理、风土、民俗的抚苗文献。平苗文献如俞益谟编《办苗纪略》八卷,巴陵方显撰《平苗纪略》一卷,瞿浩撰《平苗纪事》三卷,王兆涵撰《麻阳平匪自治文书》一卷,周存义撰《平定瑶匪纪略》二卷,常宁李德骞撰《洋泉平瑶纪略》一卷,官修《钦定平苗纪略》五十二卷首四卷,官修《钦定平定贵州苗民纪略》四十卷等;抚苗文献如阿琳绘制《红苗归流图》二十五幅,鄂海编撰《抚苗录》不分卷,佚名编《苗疆屯防实录》三十六卷,永定胡先容撰《楚黔防苗》四卷,周士拔撰《防浦纪略》五卷附录一卷,但湘良纂《湖南苗防屯政考》十五卷首一卷补编一卷,吴文溥撰《苗疆指掌》一卷,吴高增撰《乾州小志》一卷,方亨咸撰《苗俗记闻》一卷,段汝霖撰《楚南苗志》六卷等。

一些官员在少数民族区域任职期间也会留下有关当地少数民族的著述,如张修府撰《溪州官牍》四集,刘如玉撰《自治官书偶存》三卷,田继昌撰《永顺敷政录》一卷,朱其懿撰《守沅集》等。还有一些专论少数民族而其中涉及湖南的著述,如陆次云撰《峒溪纤志》三卷,毛奇龄撰《蛮司合志》十五卷等。也有一些有关湖南少数民族的著述今已失传,如宁远知县萧山汪辉祖撰《善俗书》一卷,据〔光绪〕《湖南通志·艺文志》,该书自序称:“宁远南北西三面皆有猺人聚落,故邑中间染其俗。余莅事以来,随事训戒,环而听者皆知其当然之故矣。然县境方隅几六百里,凡所条示,不能家谕户晓,乃为增益数事,通四十三则,名曰《善俗书》。自伦常大纲及家人细故,具所指陈,非琐也。治邑如治家,然析之为家,合之为邑;人人能自治其家,而邑以大治,岂非亲民者之厚幸哉。”

清代一些学者开始有意识地对少数民族区域文献进行整理,如清嘉庆道光间,芷江唐可久曾拟编《辰沅耆旧集》,书未成。

如明代一样,清代湖南少数民族区域及传统少数民族区域的官修地方志、乡土志是清代湖南少数民族文献的主要来源。

少数民族族谱是一种越来越受重视的少数民族文献类型,蕴藏着大量有关人口学、社会学、经济学、历史学、民族学、教育学、人物传记及地方史资料,是了解一个家族历史与现状最重要、最原始的文献。目前存世的湖南少数民族族谱大多为清代及民国间所纂修。

清代有关湖南少数民族的专文较前代有明显增加,大致可分为经济、屯田、颂德、教育、宗教、考源、风俗、兵事、政论等内容,除广泛散见于个人别集外,还相对集中于清代各种"经世文编"、湖南地方艺文总集中,如魏源撰《道光湖粤平瑶记》,载《圣武记》卷下;刘应中撰《平苗记》,载《小方壶斋舆地丛钞》第八帙;严如煜撰《苗疆师旅考》《苗疆水道考》《苗疆城堡考》《苗疆村寨考》《苗疆险要考》《苗疆道路考》《苗疆风俗考》,载《小方壶斋舆地丛钞》第八帙;蔡锡龄撰《红苗纪略》,载《小方壶斋舆地丛钞》第十二帙;唐鉴撰《壬辰平议瑶记》、汤彝撰《壬辰征瑶记》、刘绍濂撰《后汉书南蛮传辨》、赵璘撰《平楚颂》、陈起诗撰《平瑶议》等,皆载《湖南文征》中。此外,湖南各少数民族区域地方志中都列有艺文志或经籍志,专门收录有关该地区的文章,是清代湖南少数民族专文最为集中的文献类型。

一些图书馆、档案馆也收藏了大量有关清代湖南少数民族的档案史册及公文告示,如湖南图书馆藏《兴宁县瑶峒疆界文册》《永绥厅屯防仓田册》《凤凰厅马鞍山仓田册》《湖南直隶乾州厅均田鱼鳞图册》《湖南直隶乾州厅复丈占土图册》《湖南沅州府麻阳县均田鱼鳞图册》等;凤凰县图书馆藏抄本《道光十六年镇篁兵勇滋事查办情形并苗疆善后章程》,记载清道光十六年(1836)凤凰镇篁兵变史事、清廷官员查办情形及湘西苗疆善后政策;双牌县档案馆藏《皇恩苗疆禁例》,抄录自明代成化至清代嘉庆间有关永州府零陵县瑶族管理的公文。这些都是极为重要而有待开发的湖南少数民族文献。

湖南少数民族聚居地区还存在大量石刻文献,也是少数民族文献的一个重要类型。如城步丹口镇陡冲头村刻石,有学者认为是失传已久的古苗文。目前有关少数民族的石刻文献多散置于野外,尚未纳入国家保护之中,风化毁损严重。

第七节　民国时期湖南少数民族文献

民国时期是中国文献的革命性变更时期,文献的类型、体裁及产生方式、装帧形式都发生了根本性变化:反映新学科、新思想的新学取代了传统的以经、史、子、集为内容的旧学;用机器印刷方式产生的、以平装或精装形式出现的新书取代了用雕版或活字印刷方式产生的、以线装形式出现的旧书。图书、期刊、报纸三足鼎立,成为文献的三种主要形式。民国时期,湖南人的著述以及湖南产生的文献数量超过了以往历代湖南文献的总量。

民国以前,湖南少数民族文献以剿苗、抚苗为主。民国期间,宣扬民族平等与五族共和,民族对立趋于缓和,湖南少数民族文献以少数民族区域介绍、建设、开发为主。如刘汉源著《湘西屯田之研究》《湘西屯田调查及巴县实习日记》,余范传著《第一次出巡乾凤古绥各县日记》,刘介著《苗荒小纪》,凌纯声、芮逸夫编《湘西苗族调查报告》,盛襄子著《湘西苗区之设治及其现状》,陈嘉言著《古乡风俗》,李云杭著《湘西教育之曙光》,张锦周著《辰溪方言考》等。

民国以前,湖南少数民族文献的创作者几乎全为个人。民国时期,政府机关、学校团体、公营机构成为少数民族文献的主要创作者。政府公文及档案成为湖南少数民族文献的大宗。如教育部战区中小学教师第九服务团编《湘西乡土调查汇编》,辰溪县政府编《辰溪一瞥》,湘西临时参议会编《湘西临时参议会概况书》(第一期),国民政府军事委员会委员长行辕第三处编《设置鄂湘川黔边特区计划纲要》,第九战区湘鄂赣边区战地党政委员会区会编《建设湘鄂赣新边区计划大纲》等。

民国以前,湖南少数民族文献以史料居多。民国时期,产生了一些有关湖南少数民族区域的文学作品,如沈从文著《湘行散记》《湘西》,马益吾辑《我所知道的湘西》,李震一著《湖南的西北角》等。

民国时期,湖南少数民族区域产生了一些在省内甚至全国皆有影响的著述者,代表人物有泸溪廖名缙、黄尊三、龚德柏,保靖瞿方梅、瞿方书,凤凰熊希龄、田兴奎、田名瑜、沈从文,大庸田奇璠等。

这一时期,湖南少数民族文献的整理工作取得了一定的成绩,产生了一批研究本族文化的少数民族学者,如乾州石启贵、花垣石宏规等。少数民族区域地方艺文总集也层出不穷。如:庹悲亚(大庸人)、柳亚子合编《天门山诗词》,收录庹悲亚、柳亚子、王伯丹、杨凌云等62人咏大庸天门山诗词113首。大庸侯昌钧编《古体诗丛》,辑录永定文人诗作160余首。1937年11月,邵阳申廓英编纂的《汉译苗疆民歌集》由长沙大伦印刷所出版,该书辑录苗疆民歌298首,分历史、道德、武勇、生活、劳动等类,每首前均作说明介绍,书首有《湘西苗疆考察纪要》一文,附苗疆通俗歌曲等23首。民国期间,湖南省文献委员会及各县文献委员会对湖南少数民族文献的整理也做了大量工作。如各单位所编《湖南各县苗瑶语言》《湖南各县苗瑶风俗习惯》《湖南之瑶族》《麻阳屯田考略》《湘西屯田资料汇编》《乾城县志稿》《麻阳县志稿原始材料》等抄本,今仍藏于湖南图书馆。

民国期间,一些海外学者也开始致力于中国少数民族研究。如日本学者鸟居龙藏,1905年到湘、黔、滇、蜀对苗族、瑶族、彝族进行调查,并出版《中国西南部人类学问题》。1936年,所著《苗族调查报告》由国立编译馆出版,分9章介绍苗族的名称区别及其地理分布、神话、体质、语言、土俗、土司等。

民国时期,专文已与专著一起,成为湖南少数民族文献中最主要的两种文献类型。这些专文主要刊登在各种期刊、报纸上,如:盛襄子《湖南之苗瑶》,载1934年《新亚细

亚》月刊第 8 卷 4 期;《湖南苗瑶问题考述》,载 1935 年《新亚细亚》月刊第 10 卷 5 期;
《湘南苗史述略》,载 1937 年《新亚细亚》月刊第 13 卷 4 期;贺伯烈《夷苗概况及夷苗代
表来京请愿运动》,载 1937 年《边事研究》第 5 卷。1983 年贵州民族学院编纂《民国年间
苗族论文集》,收录民国时期 59 篇苗族调查报告及学术论文等,分为综述、族源、名称、分
布、经济生活、语言文字、文化教育、习俗、其他等类,其中直接论述湘西苗族的论文和调
查报告有 10 余篇。

第八节　当代湖南少数民族文献

当代湖南少数民族文献数量之大,完全可以用"汗牛充栋"来形容。其中既有关于
湖南少数民族政治、历史等的学术著述、资料汇编,也有大量以往少见的关于湖南少数
民族民情风俗的通俗读物、文学作品。

当代湖南少数民族文献的载体形式、内容结构、出版方式、文献类型都呈现出多元
并存的局面。除传统的纸质型文献如图书、期刊、报纸外,还出现了缩微文献、音像文献、
数字文献等文献类型。

当代湖南少数民族文献包括公开出版物、非公开出版物两种主要出版方式,非公开
出版的内部资料所占比重较大,主要包括党政部门编印的会议文件、公报、决议、简报、施
政报告等,各级直属机关、团体编印的资料汇编、调查报告、统计资料及有关刊物等,企业
单位编印的厂史、厂志、产品指南和使用手册及其他有关资料,学校和科研单位编印的
学术会议论文资料等。这些非公开出版物因出版周期短、信息容量大、内容新颖、传递
快,蕴藏着丰富的原始资料。

新中国成立后,各级政府成立了专门的少数民族文献整理机构,如湖南省民委古籍
办及各市(州)县相应的古籍办或古籍小组。同时,国家民委还组织或协调一些大型少
数民族文献整理项目,如 1997 年国家民委确立了《中国少数民族古籍总目提要》这一跨
世纪的民族文化建设项目。

当代湖南少数民族文献整理的成果类型主要有:书目提要,如湘西土家族苗族自治
州民族事务委员会编纂的《湘西七家族苗族自治州土家族古籍总目提要》《湘西土家族
苗族自治州苗族古籍总目提要》《湘西土家族苗族自治州金石通纂》等;资料汇编,如谢
华编纂的《湘西土司辑略》,湖南省少数民族古籍办公室编纂的《湖南地方志少数民族史
料》《土家族土司史录》等;丛书,如湘西土家族苗族自治州民族事务委员会编纂的《湘西
民族民俗文化丛书》,中央民族大学、中南民族大学等单位编纂的《湘西苗疆珍稀民族史

料集成》等；论文集，如湘西土家族苗族自治州民族事务委员会编纂的《湘西土家族苗族自治州土家族历史讨论会论文集》，贵州民族学院编纂的《民国年间苗族论文集》等；艺文总集，如湖南省少数民族古籍办公室编纂的《历代土家族文人诗选》《苗族历代诗选》等。

对湖南少数民族文献的研究则产生于当代，或是对某一具体的少数民族文献进行研究，或以书目、辞典的形式对若干重要的少数民族文献进行介绍。至于从理论上研究湖南少数民族文献历史、类型及各类文献特征的学术专著则至今缺乏。

第三章　湖南少数民族专著综述

湖南少数民族专著是指专门记述湖南少数民族相关内容的图书。

明代及以前,有关湖南少数民族的专著并不丰富。

清代湖南少数民族专著,大致可分为军事镇压苗民起义的平苗著述以及介绍苗区地理、风土、民俗的抚苗著述。

民国时期湖南少数民族专著以少数民族区域介绍、建设、开发为主,并产生了一些有关湖南少数民族区域的文学作品。政府机关、学校团体、公营机构成为少数民族专著的主要创作者。

当代湖南少数民族专著数量庞大,既有关于湖南少数民族政治、历史等的学术著作、资料汇编,也有大量关于湖南少数民族民情风俗的通俗读物、文学作品。非公开出版的内部资料所占比重较大。

第一节　古代湖南少数民族专著

据不完全统计,古代湖南少数民族专著现存仅数十种,多藏于图书馆、档案馆等公藏单位,而散佚者已多不可考,可从方志、史书等其他文献中辑录出书名或部分原文的专著亦不甚多。

成书于南宋时期的《溪蛮丛笑》是目前所知最早的一部论述湖南少数民族的专著。作者朱辅,桐城人,《四库全书总目》误作桐乡人。据文前叶钱序,知其为政和进士朱翌之子,曾官辰州通判。全书一卷,列79个条目,内容涉及五溪地区的习俗、资源、工艺等各个方面。《四库全书总目》将其列入史部地理类,《提要》云:"溪蛮者,即《后汉书》所谓五溪蛮。章怀太子注称武陵有雄溪、㵲溪、酉溪、沅溪、辰溪,悉是蛮夷所居,故谓五溪蛮,今在辰州界者是也。辅盖尝服官其地,故据所闻见,作为是书。所记诸蛮风土物产颇备,如阑干布之传于汉代、三脊茅之出于包茅山,数典亦为详赡。至其俗尚之异、种类之别,曲折纤悉,胪列明晰。事虽鄙而词颇雅,可谓工于叙述,用资考证,多益见闻,固不容以琐屑废焉。"是书收入《续百川学海》《古今说海》《格致丛书》《夷门广牍》《说郛》《学海类编》《养素轩丛录》《古今说部丛书》《说库》等丛书,版本众多。

另一部关于"五溪蛮"的专著乃明代昆山人沈瓒所撰《五溪蛮图志》,其成化六年(1470)自序曰:"余贰辰教越三年,颇留心异域,周咨博采,乃得其俗之一二。故因旧图与诗,更新题咏,而又编摩事实为之志。……五溪遐僻险绝,人不易至。有是志,举目一览,则虽不入其境,而亦可以知其俗之大略矣。"书成而未刊。清乾隆十六年(1751)泸溪人李涌得其抄本,乃"搜往证今,重加参校"。1931年传教士陈心传在泸溪县友人处得见此稿,后抄录并进行考校、增补,重编稿初定名《五溪苗族风土记》,又更名《五溪苗族古今生活集》,分五溪图案、五溪风土、五溪诗文、五溪兵事四集,今藏邵阳市松坡图书馆。2012年,经整理、点校后,仍以《五溪蛮图志》为名收入《湖湘文库》出版。

明人李恺撰《处苗近事》一卷,记洪武至嘉靖湖广苗民叛服征剿之事。李恺,字克谐,号抑斋,福建惠安人,嘉靖十一年(1532)进士,官至辰沅兵备副使。《四库全书总目》史部杂史类存目著录天一阁藏本,今已不见,仅从《提要》中可知是书分征讨、巢穴、哨道、转运、调发、防守六目。

明代新安人李昶撰《院试平苗善后策》一卷附《偏累议》一卷《复议》一卷,亦为天一阁旧藏,今藏国家图书馆。是书成于嘉靖三十一年(1552),题"湖广辰州府沅州知州新安李昶顿首上言",乃其所上御苗之策:"辰沅为苗所苦久矣,而卑职适当其难,兹承明问所及而辄陈其愚者之虑,诚所谓见虎谈虎者也。故其言虽陋,而其事则核也。伏惟采择而赐之施行,辰沅幸甚,全楚幸甚。"

明万历十七年(1589),郭棐纂修并自刻《酉阳正俎》十卷,记常德府、辰州府二地之地理及人事。郭棐,字笃周,广东番禺人,嘉靖四十一年(1562)进士,分司湖广时纂成此书。卷一曰封疆沿革,卷二曰山川标胜,卷三曰戡绥勋烈,卷四曰经略规模,卷五曰宦业订讹,卷六曰献征纪最,卷七曰仕林绮组,卷八曰艺苑菁华,卷九曰秩官补阙,卷十曰古迹传奇。国家图书馆、上海图书馆均藏是书。

明末包汝楫撰《南中纪闻》一卷,记湘、黔、滇等地风土物志,尤以记苗、瑶等少数民族习俗和生活为详。卷端署"明禾水包汝楫公剡著",知其为江西人。书前有崇祯六年(1633)自序,书后有金忠淳识语:"包公以孝廉知绥宁县,著循吏声,此其所述绥事居多,可备邑乘也。"是书收入《砚云甲编》《古今说部丛书》《丛书集成初编》等丛书,北京大学图书馆藏旧抄本。

入清后,湖南少数民族专著渐多,略述如下。

《镇算边防末议》,今不见传。作者陈廷统,山西阳城人,陈廷敬之弟。《阳城县志》卷十载:"陈廷统,字与可……擢湖广辰沅靖道。时红苗蠢动,众数万,率铁胫,善缘壁,蜂拥先登,镇算城中兵不满数千,皆老稚不可用,而富室某甲等潜与贼通,约为内应。是时事起仓卒,武士皆股慄,不知所为。乃从容指挥,谕以祸福,捕某甲等戮之,悬首城上。

苗引去,乃空壁尾追,大败之。师旋,市井宴然,若不知有兵革者。……著《握兰草》《桑干集》《镇算边防末议》。"

《办苗纪略》八卷,记康熙四十二年(1703)镇压辰州苗民暴动及善后事宜。作者俞益谟,宁夏人,时任湖广提督。北京大学图书馆藏康熙四十四年(1705)俞氏余庆堂刻本。

《抚苗录》,作者鄂海,满人,康熙四十九年(1710)出任湖广总督,时镇算边外红苗为乱,鄂海招抚之,百余苗寨先后归服。是书不分卷,集抚苗时奏折、文牍、文告等而成,后附《沿边营汛路程》《新抚苗寨路程》《红苗归化恭纪诗》,国家图书馆、上海图书馆、北京大学图书馆藏康熙五十二年(1713)拳石堂刻本。

《桑植宣慰司使向国栋自述》,作于雍正十二年(1734),今藏桑植县档案馆。作者自称桑植土司第二十二世军民宣慰使,一生行侠仗义,多次为容美、散毛、永顺、保靖等邻近土司排解纠纷,然含辱负屈,谪戍河南而使桑植宣慰司改土归流。

《五峒风土记》二卷,新化邓琎撰。《湖南通志·艺文志》据《宝庆府志》著录,今不见传。《宝庆府志·大政纪》乾隆五年(1740)"四月绥宁瑶作乱,八月平之"条下有引文。

《算永征苗纪略》一卷《城绥征苗纪略》一卷,马灵阿辑录。马灵阿,吉林同江人,曾任湖南辰沅道道员。中国社会科学院历史研究所图书馆藏抄本。据《明清稀见史籍叙录》,是书一记乾隆四年年底至五年年初征剿镇算、永绥苗事,一记乾隆五年六月至十二月征剿绥宁、城步等地苗事,乃马灵阿随军"监纪其事"时抄录来往公文而成。

《防浦纪略》六卷,亦名《挹江轩防浦纪略》,"浦"即浦市,在泸溪县东南、沅江西岸。作者周士拔,河北滦阳(今唐山丰润区)人,乾隆三十一年(1766)进士,五十八年(1793)官辰州府通判。乾隆六十年(1795)四月"浦市惨被苗氛",周士拔奉命"办理堵御安辑事",嘉庆二年(1797)烽火平息,故将公牍汇集成编并刊刻行世。国家图书馆、湖南图书馆藏原版,1957年中央民族学院图书馆油印出版。

《楚南苗志》六卷,记苗疆形势、苗人情状及历朝剿抚之事,附瑶、土二志。作者段汝霖,湖北汉阳人,雍正举人,曾官道州知州、永绥同知。国家图书馆藏乾隆二十三年(1758)刻本,《四库全书存目丛书》据之影印出版。

《永顺小志》一卷,述永顺苗族、土家族风俗,收入《小方壶斋舆地丛钞》。作者张天如,浙江会稽人,乾隆二十四年(1759)由永绥厅同知擢升永顺知府,另纂修《永顺府志》十二卷。

《乾州小志》一卷,乾州即今湘西吉首。作者吴高增,浙江秀水人,因询湘西来客知乾州苗情,志而成书。是书收入《昭代丛书》《小方壶斋舆地丛钞》等丛书。

《楚峒志略》一卷,记楚地"犵狫""獠人""猺人""獞人""㑩人"等"苗"的习俗和语言。作者吴省兰,江苏南汇人,乾隆四十三年(1778)进士,曾视学湖南。是书收入《艺海珠尘》《丛书集成初编》等丛书。

《镇筸守城纪略》,徐大纶撰,今不见传。《湖南通志·艺文志》据《永州府志》著录:"乾隆六十年,大纶官凤凰厅巡检,时遇苗叛戕害总兵胡安泰。镇城中惟同知沈某及大纶,沈病甚,独大纶一人尽力守御之。设酖于家,别妻子,计城破则俱殉。相持兼旬,且战且守,而大兵始至。以守城功,上闻赏赉优异,后为当事所嫉,屏而弗用,困于下吏二十年始由零陵丞迁城步令,未几乞休。此编历叙守城始末,质之苗疆人士称其功如所自言,则可以传矣。大纶,浙江山阴人,与傅鼐同里,鼐显而纶隐,故知者寡焉。"

《苗防备览》二十二卷,分舆图、村寨、险要、道路、风俗、师旅、营汛、城堡、屯防、述往、要略、传略、艺文、杂识等十四门。作者严如熤,溆浦人,乾隆六十年(1795)入湖南巡抚姜晟幕。嘉庆三年(1798)湘黔川三省苗民起义事平,乃裒辑档案、方志,"以备稽览"。四年书成,二十五年自行刊刻,另有道光二年(1822)刻本、道光二十三年(1843)绍义堂刻本、光绪八年(1882)三鱼书屋刻本。此外,中国民族图书馆藏《苗防备览》五卷《图》一卷,嘉庆十年(1805)刻本。

《乾永保三厅县碉卡图》,纸本彩绘,经折装,绘制乾州厅、永绥厅、保靖县境内山川、道路及城、碉、卡、汛等清兵驻守据点,图上贴有红签,上书地理位置、军事驻防以及相邻苗寨的情况。该图绘制于嘉庆年间,未注绘者,今藏于中国科学院图书馆。

《澹静斋巡轺百日记》一卷,作者吴杰,浙江会稽人,自道光八年(1828)七月二十七日始,以御史出巡湖南,勘视澧州水灾、辰沅道苗疆屯田旱灾,十月十三日止。有道光三十年(1850)刻本,国家图书馆、北京师范大学图书馆藏。

《苗疆屯防实录》三十六卷,记嘉庆元年(1796)至道光二十年(1850)在湘西实施屯田制度之事,汇集了奏折、上谕、章程等相关原始档案资料。书中未署编纂者姓名,未见刻本,仅有1960年江苏扬州人民出版社据抄本油印者传世。

《平定瑶匪纪略》二卷,亦名《平定瑶匪述略》《平瑶述略》,周存义撰,上卷记道光十二年(1831)随湖广总督卢坤平定湖南江华瑶民赵金龙起义事,下卷述广东连州过山瑶赵子清起义、广西瑶盘均华起义事。有道光十五年(1835)刻本,据《中国古籍善本书目》,福建师范大学图书馆藏有道光十三年(1833)沈氏存吾春室抄本。周存义,字宜亭,官湖北汉阳府同知、黄州府通判。

《平瑶日纪》二卷,记镇压赵金龙起义事,并列举治瑶主张。作者张锡谦,湖北黄安(今红安)人,嘉庆十年(1805)进士,瑶民起义时官永州知府,故所记均为其亲见亲闻。是书未单独刻印,而是与张锡谦所作诗文一同收入《爱树堂藏稿》十二卷,光绪五年(1879)其子张璟槃刊于广州。

《洋泉平瑶纪略》一卷,洋泉镇位于常宁西南隅,赵金龙所率瑶民起义军即兵败于此。作者李德骞,常宁县学诸生,因平瑶有功加六品衔。有道光十四年(1834)刻本,山东省图书馆藏。

《道光十六年镇筸兵勇滋事查办情形并苗疆善后章程》一卷,凤凰县图书馆藏抄本。作者杨芳,贵州松桃人,道光十六年(1836)任镇筸镇总兵。

《宝庆蛮风纪实》一卷,作者邹召旬,字宣甫,新化人,襄理江忠濬军务。《湖南通志·艺文志》据《宝庆府志》著录,今不见传。

《皇恩苗疆禁例》,咸丰十年(1860)抄本,今藏于双牌县档案馆。是书抄录明成化十年(1474)重申先皇钦赐湖南永州府零陵县瑶山管理规定的榜文、清嘉庆九年(1804)湖南布政使司关于严禁违犯苗瑶禁例的行牌及湖南巡抚部院关于苗疆苗瑶查禁条款的牌文。

《湖南苗防屯政考》十五卷,分地理、建置、征服、均屯、营汛、碉堡、弁勇、储备、学校、勋绩等十考。作者但湘良,湖北蒲圻人,光绪年间两任辰沅道,自序曰得佚名《屯防备览》抄本二十余卷,"专载嘉庆间开建屯防与夫善后事宜章疏文移",遂详校厘次并增补嘉庆前、道光后有关苗防屯政之篇目,于光绪九年(1883)刊刻行世,又于光绪十六年(1890)刻《补编》一卷。

《麻阳平匪自治文书》一卷,附《平匪事略》《抚宪俞奏片》,国家图书馆、首都图书馆、嘉兴市图书馆、台北汉学研究中心藏光绪二十八年(1902)长沙刻本。编纂者王兆涵,四川乐山人,光绪十九年(1893)任嘉禾知县,后署蓝山、沅陵、宜章等县。

《烛撒金莲》八卷,慈利吴愈材编纂。全书分疆域、沿革、人物、食货、风俗、建置、事纪、学校、武备、兵荒诸篇目,描述慈利县土家族聚居地三官寺、索溪峪一带史事及山水风光、民族风情。今有抄本藏慈利县史志办。

《辰州土司传边录》,辰州亡名氏撰,《湖南通志·艺文志》据《辰州府志》著录:"故土司子孙所存《传边录》,言苗事颇详,参将吴长春征苗事为旧志所佚,是编乃其家祖父相传,必有所据。"

虽然今日可供参考研究的古代湖南少数民族专著数量有限,但不难发现其具有以下明显特征。

(一)从作者籍贯来说,非湘籍人士占大多数,其中主要是外籍宦湘者

上文列举的32种专著中,《乾永保三厅县碉卡图》《苗疆屯防实录》等2种作者姓名、籍贯不可考,《桑植宣慰司使向国栋自述》《五峒风土记》《苗防备览》《洋泉平瑶纪略》《宝庆蛮风纪实》《烛撒金莲》《辰州土司传边录》等7种为湘人著述,其余专著作者均非湘籍人士,而多为仕湘多年者,根据亲身经历创作。

这些专著作者中,身份最为特别的要数吴高增,作《乾州小志》时甚至未曾到过乾

州。乾隆四十三年(1778)夏,吴高增之长子吴镇授乾州苗疆同知,次年遣人迎养而未就。后"有客自永绥来者,知乾州山川风景甚悉",吴高增详问其土俗情形,"客言亹亹动听,余应之曰敬闻命矣,书之以当卧游,其治苗良法当邮寄乾州,奉为官箴"。

(二)从内容分类来说,主要集中在史部地理类和政书类

地理类中,主要记地方风俗,包括衣食住行、劳动生产、婚丧嫁娶、语言文字、信仰禁忌等,如《溪蛮丛笑》序曰:"五溪之蛮……风声气习,大略相似。不巾不屦,语言服食率异乎人。由中州官于此者,其始见也,皆讶之,既乃笑之,久则恬不知怪。通守朱公……手录溪蛮事,识其所产所习之异,目曰'丛笑'。诚可笑也! 士大夫来是方者,其可阙诸?"又如《南中纪闻》序曰:"余令绥五年,强半常辰、宝武间,数数去还。不则内境深箐奥麓,停车问俗而已,以故地方土风物志,若黔滇习俗所縰,目吸耳贮,每诧叹而异之,积久忘失且罄矣。……寻省曩日睹闻,恍若有会,因搜臆而胪其大凡,无裨于术业,聊仿昔贤方言遗意,供丹铅点缀之余焉尔。"

政书类中,意在铭功纪德、建言献策,一般作于战乱平息后,素材来源多为公文,如谕旨、上疏、咨文、军檄、告示等,兼记控御抚治之法,具有纪实、歌功性质。如俞益谟《办苗纪略》,《四库全书总目》史部杂史类存目著录,《四库全书总目提要》云:"康熙四十二年,辰州红苗为乱,诏吏部尚书席尔达督荆州驻防兵及广西、贵州、湖南三省汉土兵剿平之。益谟时率湖南兵从征,攻夺小天星寨,以临天星寨,而红苗乞降。是编详记其事,首以地图,次以明以来用兵得失及近时启衅之由,次为条议、案牍、记事之文,大意谓明事坏于'抚'字,废雕剿之法,而土豪营弁又缘以为利,酿变者非一日,至是始一举底定云。"戴名世为之作序,云:"先是楚、蜀、黔三省之交,有苗曰红苗,其地周千二百有余里,犷悍不知法度,有司驾御失宜,奸民颇常相侵害,而官兵多无故入其中夺其牛马。苗故嗜杀好劫掠,至是忿怒,遂阑出为边患,往往执兵民,要金帛赎取,于是楚之南大扰。是时俞公方为陕西总戎,天子移之全楚,使为提督,往征苗事。公引兵袭夺其险,宣上威德招来之,于是苗就抚者三百余寨,纳税粮为编氓。事既定,公乃著为《办苗纪略》一书,凡苗情苗俗、形势险阻、道路曲折、营垒军阵、攻夺方略与夫起衅之由、弭变之策及章奏文移,无不具载。……公奉命不数月而靖累年之乱,其功可不谓伟欤? 后之人披斯图也,按斯籍也,其要领可以具得,遵其成法勿致陨坠,则苗皆可渐化而为衣冠文物,岂止楚、蜀、黔三省永无震扰而已哉。吾序是书而略述公之绩,且原本于天子之威德,以见生成之造不遗于荒徼,非独内地之安,而苗亦咸安其生,各遂其性。民生是时,何其幸也,何其幸也,呜呼,岂不盛哉!"

(三)从产生时间来说,清代是一大创作高峰,特别是少数民族起义爆发时,创作尤其繁荣

目前所知的清代以前湖南少数民族专著仅数种,这固然与文献亡佚有关,但有清一

代是各种传统文化集大成时期,著述数量剧增已是各种古代文献的共性特征。

湖南少数民族多聚居于偏乡僻壤,地形复杂,交通闭塞,明代以前游离或半游离于中央王朝统治之外。明清时期,湖南少数民族地区人地矛盾加剧,社会动荡不安,危机四伏,暴乱时起,湘西苗疆就有"三十年一小反,六十年一大反"之说,甚至还有"五年一小反,十年一大反"之说。据统计,明朝276年间,苗民起义计三十余次,朝廷动辄以大军镇压,然"旋剿旋叛",难寻安定之策。而清代湖南少数民族起义更是此起彼伏,尤以乾嘉时期苗民起义声势最为浩大,乾隆六十年(1795)至嘉庆十二年(1807),湘西苗疆爆发了大规模的苗民反抗清王朝斗争,波及湘、黔、川三省,清政府先后调动了七省近二十万大军方得以平定。

"文章合为时而著,歌诗合为事而作",如此剧烈的社会变动自然催生了一批湖南少数民族专著,治苗、防苗、平苗、抚苗等成为学者们关注的重点内容。而同一个事件的不同记述,可为今日研究者提供多角度的参考资料,如《平定瑶匪纪略》《平瑶日纪》《洋泉平瑶纪略》三书均记平定江华瑶民赵金龙起义之事,可互为参证辨析。

第二节　民国时期湖南少数民族专著

民国政府成立之初即提出了"五族共和"的政治口号,强调汉、满、蒙古、回、藏和谐共处,民族政策也有所调整,如少数民族称谓去歧视化,凡属虫兽鸟偏旁之命名,一律去虫兽鸟偏旁,改为人旁,以示平等和尊重。

民国时期,国家政治、经济、文化等方面均产生了极大的变化,尤其是中西方文化不断碰撞、交融,学界大放异彩,出版业发展蓬勃,著述规模空前。此期的湖南少数民族专著呈现三大特点:

(一)民族认同和民族意识开始觉醒,民族学、人类学、民俗学、社会学等专业著述开始出现,田野调查成为研究方法的主流

20世纪初叶,民族学、人类学、民俗学、社会学等学科被引进中国,在学术界产生了巨大影响。学者们通过实地调查或田野工作开展研究,研究对象主要集中在少数民族地区和汉族农村等。而被近代学术界称为民族学"处女地"的湘西成为学者们的聚焦点,研究成果颇为丰硕。

1928年,蔡元培任中央研究院院长,先后组织力量对广西瑶族、台湾高山族、黑龙江赫哲族、湖南苗族进行调查与研究。1933年5月至8月,中央研究院历史语言研究所研究员凌纯声、芮逸夫对湘西苗族地区进行苗族文化调查,当地苗人石启贵担任调查组的

咨询,在凤凰、乾城(今吉首)、永绥(今花垣)等 3 县搜集了一批文献资料,包括故事、歌谣、文书等在内,编成《湘西苗族调查报告》一书,1947 年 7 月由上海商务印书馆出版,为国立中央研究院历史语言研究所单刊甲种之十八。全书分 12 章:苗族名称的递变、苗族的地理分布、苗疆的人生地理、苗族的经济生活、家庭及婚丧习俗、政治组织——苗官、屯田、巫术与宗教、鼓舞与游技、故事、歌谣、语言,内有插图及照片 100 余幅。这是国内学术界对湘西苗族的第一部田野调查专著,在国内外学术界影响颇大,堪称经典。

凌纯声、芮逸夫离开湘西后,石启贵被聘为中央研究院湘西苗族补充调查员,继续进行调查,搜集整理了大量苗族文化资料,并凭借所掌握的第一手资料形成了一系列研究成果。1936 年前后,湖南省政府进行了一次土著民族状况调查,石启贵被委任为省参议,专事湘西土著民族的"考察宣慰"工作,调查区域包括保靖、古丈、乾城、永绥、凤凰、泸溪等 27 县。调查内容包括"每年宗教上重要集会""有无自卫组织及其武器""本族内或与汉族发生纠纷如何解决""特殊习俗"等方面。

1940 年 4 月,石启贵编成 30 余万字的《湘西土著民族考察报告书》,凡 80 章,乃其1938 年赴保靖、古丈、泸溪、乾城、永绥、麻阳、凤凰各县苗区考察后所撰,今藏于吉首市档案馆。1986 年,该书与石启贵 1951 年所作《湘西民族兄弟介绍》一并整理,名《湘西苗族实地调查报告》,由湖南人民出版社正式出版,分 12 章:地理概貌、历史纪略、经济梗概、生活习俗、婚姻家庭、政治司法、教育卫体、文化娱乐、诗赋辞章、宗教信仰、语言文字、苗疆建设。今收入《湖湘文库》。

石启贵又搜集整理有各类湘苗文书 100 册,乃湘西巴代文化的仪式经文,今藏于台北"中央研究院"历史语言研究所。"巴代"是苗族祭祀仪式、习俗仪式及各种社会活动仪式的主持者,从某种意义上来说,他们是苗族文化的传承者与活化石。2009 年,中央民族大学与收藏单位进行合作,将这批文书译注整理,定名为《民国时期湘西苗族调查实录》,10 册,由民族出版社刊行。全书分八卷,包括椎牛卷、椎猪卷、接龙卷、祭日月神卷、还傩愿卷、文学卷、习俗卷、祭祀神辞汉译卷。

另一部湘西苗族调查报告的巨著是石宏规所撰《湘西苗族考察纪要》,1936 年由长沙飞熊印务公司出版。石宏规曾随国民政府中央考察团深入苗寨实地考察。内容包括苗族之南迁、苗族之区域及人口、苗族之种类及语言、苗族之生活及职业、苗族之婚丧及服饰、苗族之政治及教育等,后附《凤乾绥古保五县汉苗分布区域略图》《湘西苗民文化经济建设方案》。

又有《湘西乡土调查汇编》,教育部战区中小学教师第九服务团编,1940 年 1 月印行。该书辑录会同、芷江、泸溪、浦市等 15 县的调查资料汇编,分沿革、地理环境、人口、物产、人物、党政、教育、人民生活、改良意见等九部分,附湘西特种部族鸟瞰、苗人风俗照片。

（二）以少数民族地区为背景的小说、散文等文学作品大量涌现

民国时期，湘西走入大众视野得益于沈从文的创作，他作为湘西人，用小说、散文构造起"湘西世界"。1934 年中篇小说《边城》由生活书店出版，1936 年散文集《湘行散记》由上海商务印书馆出版，1939 年散文集《湘西》由长沙商务印书馆出版。

沈从文著述之外，关于湖南少数民族的文学作品尚有：

《我所知道的湘西》，马益吾辑，1945 年 8 月沅陵湖南群策社印行。此书选录《国民日报》所刊湘西之山川、物产、民情、风俗等文 18 篇，有刘虚序。

《湖南的西北角》，李震一著，1947 年 9 月长沙宇宙书局印行。此书上篇为湘西内幕，下篇为洞庭湖环行记，前有沈从文、马星野序。

《汉译苗疆民歌集》，申廓英编，1937 年 11 月长沙大伦印刷所印行。全书分历史、道德、武勇、生活、劳动等类，辑录苗疆民歌 298 首，每首前均作说明介绍，附苗疆通俗歌曲等 23 首。书前有《湘西苗疆考察纪要》一文。

（三）研究内容和范围较前代有所拓宽，发行量、存世量、传播量均有所增长

民国时期湖南少数民族地区与中央政府没有爆发大规模的冲突，民族关系趋于缓和，故湖南少数民族专著不再限于史部地理类和政书类，内容和范围都有所拓宽，除了上文所提及的地理类、文学类，其余可略分为以下几类。

1. 政治类

《麻阳屯田考略》，任时琳编，民国稿本，藏湖南图书馆。

《湘西屯田资料汇编》，民国抄本，藏湖南图书馆。

《湘西屯田之研究》，刘汉源著，1977 年 12 月台北成文出版社、（美国）中文资料中心影印本。本书著于 1938 年 12 月，介绍湘西屯田由来、屯田创设经过及分布、屯田制度、与屯田有关的教养及防务、屯政废弛与历来处理情形、屯田现状、屯田整理等。编入《民国二十年代中国大陆土地问题资料》（中国地政研究所丛刊第 67 辑）。

《湘西屯田调查及巴县实习日记》，刘汉源著，1977 年 12 月台北成文出版社、（美国）中文资料中心影印本。作者 1938 年 6 月 28 日起至 8 月 14 日由芷江出发，经麻阳、凤凰、乾城、永绥、保靖、沅陵、泸溪、浦市赴渝，途中作湘西屯田调查日记；8 月 16 日起至 8 月 30 日在四川省地政局巴县办事处实习，作实习日记。编入《民国二十年代中国大陆土地问题资料》（中国地政研究所丛刊第 154 辑）。

《湘西苗区之设治及其现状》，盛襄子著，1943 年 2 月重庆独立出版社出版。全书分湘西概述、湘西的苗胞、屯防之回溯、经济与文化、今后工作之途径、湘西各县苗胞调查等六节。

《石宏规冒充苗籍竞立委》,又名《当代苗族一页惨史》,湖南边疆民族特种文化研究会编,1948 年 2 月印行。

《第一次出巡乾凤古绥各县日记》,余范传著,1935 年 12 月新乾石印局石印本。余范传,乾凤古绥区行政督察专员,1935 年 11 月 19 日至 12 月 23 日为清剿事宜出巡 4 县,考察各县教育、保甲、禁烟、财政、仓储、义勇队、出产、交通、苗族等情形。历时近 40 天,逐日所得事实简略记之,辑为此册。

2. 语言类

《辰溪方言考》,张锦周著,1949 年 8 月出版。

《湖南各县苗瑶语言》,湖南省文献委员会编辑,民国抄本,藏湖南图书馆。

3. 教育类

《湘西教育之曙光》,李云杭著,1923 年长沙出版。

4. 民俗类

《辰溪一瞥》,辰溪县政府编,1937 年 4 月该县政府印行。

《古乡风俗》,陈嘉言著,1943 年耒阳国民日报服务社印行。本书记载湘西、乾城、凤凰、永绥、古丈、保靖等县乡村少数民族生活习俗,包括衣服装饰、日常饮食、普通住屋、水陆交通、嫁娶丧葬、圩场贸易、畜牧游猎、历年事变、藏宝调查、名胜诗篇等。有陈嘉言、石启贵、任毕明序 3 篇。

《湖南各县苗瑶风俗习惯》,湖南省文献委员会编辑,民国该会抄本,藏湖南图书馆。本书收录蓝山、宜章、凤凰三县之苗、瑶族饮食、服饰、婚丧、语言等生活习俗。

《湖南之瑶族》,周祖侯撰,民国抄本,藏湖南图书馆。本书从地位与生活、语言与风俗、心理与性情、职业与教育、将来之趋势等五方面分析和论述湖南瑶族。

第三节 当代湖南少数民族专著

新中国成立后,党和政府高度重视少数民族发展及少数民族文献创作、整理与开发,湖南少数民族专著在质量上和数量上都随之有所提升。这一时期,湖南少数民族专著呈现出新特点。

(一)作者队伍逐渐壮大,并产生了专业研究机构与研究人员

少数民族工作自新中国成立以来就得到了党和各级政府的高度重视,成立了专门的少数民族文献整理机构,如湖南省民委古籍办及各市(州)县相应的古籍办或古籍小组。同时,国家民委还组织或协调一些大型少数民族文献整理项目,如 1956 年 8 月,全

国人大民族委员会主持成立少数民族社会历史调查组,在全国范围内开展少数民族社会历史调查工作。1984 年 5 月 28 日,文化部、国家民族事务委员会、中国民间文艺研究会决定联合组织编纂《中国民间文学三套集成》,分为《中国谚语集成》《中国歌谣集成》《中国民间故事集成》三种,并分县级卷、地区级卷、省级卷。这是对民间文学的一次大规模整理,许多湖南少数民族的口碑资料得以借此第一次文字化、书面化。1997 年国家民委又确立了《中国少数民族古籍总目提要》这一跨世纪的民族文化建设项目。这些全国性工作为湖南培养出一批专业性人才,有的逐渐成长为该领域的专家学者。

(二)一些重要及大型研究、整理项目多由团体著者承担

湖南少数民族政府机关、学校团体、企事业单位成为编纂与整理少数民族文献的重要机构,特别是一些大部头文献几乎都由其主持。如《湖南省享受民族自治地方优惠政策待遇县(区)及少数民族人口过半县概况丛书》(民族出版社,2012—2013 年),由省民委领导,省古籍办规划实施,各相关县(区)民委(民宗局)组织编写。该丛书共 9 册,包括《桑植县概况》《张家界市永定区概况》《张家界市武陵源区概况》《会同县概况》《沅陵县概况》《绥宁县概况》《江永县概况》《慈利县概况》和《石门县概况》,全面反映了新中国成立以来这些地区的历史、地理、经济、社会等各方面情况,以及湖南省贯彻落实党的民族政策的光辉历程和成就、经验。《神秘湘西——湘西土家族苗族自治州非物质文化遗产集粹》(中国社会出版社,2017 年),由湘西州委宣传部、州文广新局组织专家编写。全书 8 册,200 余万字,专门研究与介绍湘西 26 个国家级非遗项目。《永顺县民族文化系列丛书》(岳麓书社,2015 年),由永顺县申遗办编纂。该丛书 8 册,有汇集非遗的《永顺县非物质文化遗产集萃》《老司城民间故事集锦》《土家语言纪实暨歌谣》,有研究习俗的《中国土家族婚俗考》《永顺县土家族丧葬习俗》,有讲述"土家第一人"田心桃故事的《田心桃和土家族》,有土司遗产专题著作《永顺土司金石录》《溪州铜柱论文辑录》。

(三)研究范围更加细致

随着认识和了解的深入,湖南少数民族专著切入点的选择更加富有创新性、科学性,内容更加细致。如这一时期的调查地域大大缩小,不再是笼统的"湘西",而是具体的某个少数民族村寨,成果有:

《土家族:湖南永顺县双凤村调查》,马翀炜、陆群主编,2004 年云南大学出版社出版。介绍该村土家族的概况与历史、生态环境、人口、经济、社会政治、婚姻家庭、法律、文化、民族风俗、教育、科教卫生、宗教。

《湖南侗族村寨调查简报》,孙华、王红光编,2017 年巴蜀书社出版。包含湖南省通道县高步村、阳烂村、坦坪村、横岭村、中步村、芋头村、上堡村的调查简报,总体介绍各村的地理环境、传说历史、空间结构、社会结构、经济结构、生活方式、宗教信仰等方面的情

况,对村寨的保护与管理状况以及价值作了初步评估,对于保护侗族村寨的物质文化及非物质文化具有重要意义。

《中国民族经济村庄调查丛书》,刘永佶总主编,中国经济出版社陆续出版。该丛书旨在通过村庄经济的调查,系统梳理新中国成立以来,特别是改革开放以来村庄的经济社会发展变迁,并说明民族文化在村庄经济社会发展中的重要地位及作用。其中,以湖南少数民族村庄为研究对象者有:

《大园古苗寨调查:苗族》,冯彦明主编,2010 年 10 月出版。大园古苗寨位于邵阳市绥宁县关峡苗族乡,苗族人口占全村总人口的 97.8%。

《塘坊村调查:瑶族》,李书锋主编,2014 年 9 月出版。塘坊村位于郴州市宜章县莽山瑶族乡,瑶族人口占全村总人口的 92%。

《田家洞村调查:土家族》,李长友、于印辉、马琴主编,2014 年 11 月出版。田家洞村位于湘西土家族苗族自治州古丈县断龙乡,土家族人口占九成以上。

《石堰坪村调查:土家族》,冯彦明主编,2015 年 2 月出版。石堰坪村位于张家界市永定区王家坪镇,土家族人口接近七成。

(四)研究对象不再局限于苗族、瑶族、土家族等人数较多的少数民族,其他少数民族也逐渐进入学界视野,成为专门研究对象

1. 白族

《桑植白族民歌选》,陈金钟、王子荣主编,2003 年云南美术出版社出版。收集桑植白族源流歌、山歌、小调、花灯调、锣鼓调等 400 多首。

《桑植白族史》,谷忠诚编,2005 年光明日报出版社出版。内容包括白族族源、政治、经济、教育、文艺、信仰、习俗、名胜、人物、大事追忆等。

《湖南白族风情》,谷中山主编,2006 年岳麓书社出版。介绍湖南白族的风光胜迹、习俗、文化、信仰、风味饮食、工艺花絮、渔猎方技、轶事趣闻等。

《散杂居背景下的族群认同:湖南桑植白族研究》,张丽剑著,2009 年民族出版社出版。对桑植白族历史、文化进行深入探讨,选取族群认同为研究切入点,从而在散杂居和族群认同的大背景下开展对桑植白族的研究,有助于正确处理散杂居民族关系,促进散杂居民族的发展。

《桑植白族风情》,谷俊德编,2011 年民族出版社出版。分历史、文化、宗教、习俗、人物、语言六大类,涉及面广,可读性强,具有民族性、知识性、趣味性、鉴赏性等特点。

《桑植白族民家腔口语词典》,谷利民编,2011 年民族出版社出版。湖南桑植白族被称为"民家人",他们使用的语言被称为"民家腔"。该书收录了民家腔常用的口语词汇近 6000 条,并用汉语拼音和国际音标注音,部分词条还配有图片和谚语、歇后语、俗语例

句,涵盖了民家人衣食住行、生产生活、民俗社交等各个方面。

《桑植白族博览》,谷利民编,2012年民族出版社出版。全书分族源、历史、习俗、宗教、文化、人物、景物等七章,系统、全面地介绍了桑植白族的历史、文化,并附录了《桑植白族大事记》。

《湖南白族传统文化小百科》,李林、谷利民主编,2017年岳麓书社出版。内容涵盖了湖南白族的族称族源、语言文学、民法规范、宗教信仰、风俗习惯、饮食服饰、文娱体育、医疗奇术、工艺建筑、古迹风物、典籍楹联等。

2. 维吾尔族

《湖南维吾尔族》,陈遵望、见闻著,1994年岳麓书社出版。介绍湖南维吾尔族的历史源流、宗教信仰与习俗、艰难岁月与光辉业绩、民族政策、经济发展、教育与卫生、文学艺术以及重要人物等,书后附录湖南维吾尔族大事年表。

《湖南维吾尔族(维吾尔文)》,陈遵望、见闻著,阿不来提、居玛洪译,1998年新疆人民出版社出版。

《客观文化、主观认同与民族意识——来自湖南维吾尔族的调查与分析》,佟春霞著,2011年中央民族大学出版社出版。通过在湖南翦姓维吾尔族中所做的调查,讲述了湖南维吾尔族特殊的历史发展历程。

《湖南维吾尔族的社会变迁与文化调适》,黄丽著,2014年世界图书出版公司出版。全书从维吾尔先民落籍湖南的历史着手,探讨其特征和变迁。

3. 回族

《湖南回族》,马亮生主编,1988年湖南人民出版社出版。介绍湖南回族的来源、迁徙、习俗信仰、政治经济、文化教育等方面的情况。

《湖南回族人物录》,马亮生主编,1993年湖南出版社出版。记述在湖南有成就的回族人的业绩和简历。

《湖南回族史料辑要》,马亮生主编,1995年湖南出版社出版。分为族源迁徙、家规庭训、寺墓碑铭、人物传略、文化教育、社团组织、商贸经济等部分。

《湖南回族百年》,马亮生主编,2000年岳麓书社出版。内容包括回族在湖南的来源、分布特点、曲折的发展历程、传统的回族经济、文化教育源远流长、民族人物异彩纷呈以及附录等。

4. 侗族

《湖南侗族百年》,王建荣主编,1998年岳麓书社出版。记述侗族人民反抗压迫奴役的斗争历史,介绍侗族在新中国成立后的飞速发展和文化特点、风俗习惯、沿革变迁、著名人物及欣欣向荣的生活。

《湖南侗族风情》，吴祥雄主编，2003 年岳麓书社出版。分上、下两篇，上篇从饮食、居住、生产、服饰等方面展示了侗族的习俗；下篇展示了侗族聚居地自然环境的山水、建筑等名胜。

《中国湖南通道侗族文化遗产集成》丛书，陆中午、吴炳升主编，2004—2006 年民族出版社出版。包括《做客大观》《侗寨大观》《侗歌大观》《侗戏大观》《体育大观》《饮食大观》《侗药大观》《建筑大观》《信仰大观》等。

《芷江侗族》，何平华撰文，王爱玲、吴云川翻译，杨志东摄影，2005 年民族出版社出版。介绍芷江侗族自治县的民居、婚姻、节日、礼仪、禁忌、信仰、丧葬、文艺、饮食、服饰、特产和景点等。

《古夜郎湖南新晃侗族》，新晃县民族宗教委员会编，2006 年民族出版社出版。以图文并茂、中英文对照的形式，介绍新晃侗族自治县的历史文化、民宅民居、民俗风情、宗教信仰、名优特产、风景名胜等方方面面。

《湖南侗族史料：节俗》，李根富、史文志编著，2007 年线装书局出版。全面介绍侗族节日文化。

《湖南通道侗乡风情史料》，杨秀涛、杨旭昉编著，2007 年线装书局出版。分为侗乡神韵、多情山水等部分。

《湖南新晃侗族自治县县庆史料》，张超、陈锡智编著，2007 年线装书局出版。记录湖南新晃侗族自治县 50 年县庆盛况。

《新晃侗族歌谣集锦》，杨琼辉、姚明光主编，2007 年中国医学出版社出版。收录大量情歌、酒歌、嫁歌、盘歌等侗族传统民歌和礼仪吉语，反映了新晃侗族民歌的概貌。

《新晃侗语语词》，赵小鹏主编，2012 年岳麓书社出版。分凡例、检词表、侗语语词总表、侗语语词应用、新晃侗语概述等五部分，包括植物类、人体类、动物类、生产类、生活类、祭祀类、地理类等内容。

《通道侗语词语》，石愿兵著，2014 年湖南人民出版社出版。包括编写说明、通道侗语概述、侗语音节检索表、汉语译文检索表、通道侗语词语五个部分。

《通道侗语 300 句》，石愿兵、林良斌、吴文志主编，2014 年湖南人民出版社出版。精选通道侗族自治县侗族同胞在生产生活中的常用语三百余句，分为基本用语，称呼称谓用语，服饰用语，歌舞用语，饮食用语，生活用具用品用语，常用生产用语，自然现象用语，动物名称用语，建筑名称用语，节日、节气用语，人体、数词、量词用语等十二个部分。

《非遗保护与通道侗族芦笙研究》，朱咏北著，2015 年苏州大学出版社出版。对侗族芦笙音乐的所处地理位置、芦笙音乐来源、历史演变过程、芦笙音乐的艺术形式特征及其传承人和代表曲目进行介绍。

《非遗保护与通道侗戏研究》,杨和平著,2015 年苏州大学出版社出版。主要内容包括通道自然与人文生态、侗戏研究与历史发展、侗戏剧本与代表剧目、侗戏唱腔与乐队伴奏、侗戏音乐与表演特色、侗戏舞美与演出习俗等。

值得一提的是,关于湖南其他少数民族的专著仍然较少,研究空间较大。

(五)文献数量庞大,内容丰富,形式多样

从数量上来说,当代湖南少数民族专著空前繁荣。内容与形式上亦百花齐放,既有对前代专著的整理与研究,也有今人的创造性成果,主要集中在历史、语言、哲学、宗教信仰、民间习惯法、文化艺术、经济、人口、教育、风俗习惯、医药等领域,其中部分为这一时期所独有,或虽非独有但此时为盛。

1. 语言类

针对湖南少数民族语言,当代学者著述颇丰。或编写词典,如《汉苗词典(湘西方言)》(四川民族出版社,1992 年)、《土家语汉语词典》(贵州民族出版社,2002 年);或描写和分析语音、词汇、语法等,如《现代湘西苗语语法》(中央民族学院出版社,1990 年)、《泸溪土家语》(中央民族大学出版社,2000 年)、《湖南城步青衣苗人话》(中国社会科学出版社,2004 年)、《湘西古丈瓦乡话调查报告》(上海教育出版社,2010 年);或调查濒危现象,探讨保护措施,如《民族文化传承的危机与挑战——土家语濒危现象研究》(民族出版社,2006 年)、《湖南西部四种濒危语言调查》(民族出版社,2011 年)、《湘西地区少数民族语言态度研究》(民族出版社,2017 年)。

2. 宗教类

在民族成员间,往往有着共同的宗教信仰,将本民族的守护神或传说中的始祖奉为崇拜的神灵,今日生活中仍有大量遗留,彰显出远古先民的宗教遗风。以此为研究对象的专著,有对宗教仪式的研究,如《苗族祭仪"送猪"神辞》(民族出版社,2007 年)、《乡民们的庆典:湖南桑植县土家族民间宗教"还傩愿"仪式实录》(中央民族大学出版社,2009 年)、《湘西苗族椎牛祭》(湖南师范大学出版社,2015 年)、《湘西土家族还土王愿》(湖南师范大学出版社,2015 年);也有对宗教文化的研究,如《湘西苗族鬼神崇拜探幽》(中国文联出版社,2001 年)、《湘西原始宗教艺术研究》(民族出版社,2012 年)、《湘西原始宗教文化论》(湖南人民出版社,2014 年)。

3. 历史地理类

既有学术性的史学专著,如《湘西苗民革屯史考》(中国文联出版社,1999 年)、《湖南少数民族史》(民族出版社,2001 年)、《溪州土司八百年》(民族出版社,2001 年)、《湖南民族关系史》(民族出版社,2006 年)、《边城葷军》(岳麓书社,2014 年);也有经整理后的资料汇编,如《湘西土司辑略》(中华书局,1959 年)、《湖南地方志少数民族史料》

（岳麓书社,1991 年）、《明史湘西史料钩沉》（湖南人民出版社,2016 年）、《明实录湘西史料钩沉》（湖南人民出版社,2016 年）、《湘西苗疆珍稀民族史料集成》（学苑出版社,2013 年）等;更有大量介绍少数民族及少数民族地区的历史、人物、习俗、名胜等的通俗读物,如《湘西苗族婚俗》（岳麓书社,1996 年）、《芷江民族风情》（岳麓书社,1997 年）、《溪州名胜拾萃》（民族出版社,1997 年）、《湘西民族风情》（岳麓书社,1999 年）、《凤凰县民族风情录》（中央民族大学出版社,2000 年）、《湘西民俗映像》（东方出版中心,2006 年）。

4. 医药类

由于独特的自然条件和生活习俗,通过长期的实践,少数民族对某些疾病有着独特的治疗经验,对某些药用植物的栽培与利用有着独到的认识。学者或聚焦医药历史,著有《湖南民族医药发展史》（光明日报出版社,2005 年）、《湖南民族医学史》（中医古籍出版社,2009 年）;或聚焦民族药方,著有《湘西苗药汇编》（岳麓书社,1990 年）、《湖南世居少数民族医药宝典》（光明日报出版社,2005 年）、《湘西土家族医药调查与临床研究》（科学技术文献出版社,2013 年）;或聚焦药用植物资源,著有《湘西药用植物概览》（青海人民出版社,2004 年）、《湘西药用植物资源开发利用研究》（湖南科学技术出版社,2005 年）、《湘西药用植物资源开发与可持续利用》（西南交通大学出版社,2015 年）。

5. 艺术类

少数民族多才多艺,能歌善舞,艺术繁花似锦,精彩绝伦。按照表现形式,可细分为四类:一是音乐艺术,包括山歌、器乐等,专著有《湘西兄弟民族的山歌》（中南人民出版社,1951 年）、《湘西民间歌曲选》（湖南人民出版社,1960 年）、《湘西土家族苗族民间歌曲乐曲选》（上海文艺出版社,1983 年）、《湘西土著音乐丛话》（中国文史出版社,2004 年）、《非遗保护与通道侗族芦笙研究》（苏州大学出版社,2015 年）等;二是舞蹈艺术,专著有《中国民族民间舞蹈集成湖南卷》（中国舞蹈出版社,1991 年）、《湘西土家族毛古斯舞》（湖南师范大学出版社,2015 年）、《湘西苗族鼓舞》（湖南大学出版社,2015 年）等;三是戏剧艺术,专著有《桑植傩戏演本》（岳麓书社,1998 年）、《大庸阳戏研究》（中国文史出版社,2011 年）、《非遗保护与通道侗戏研究》（苏州大学出版社,2015 年）、《非遗保护与新晃傩戏研究》（苏州大学出版社,2015 年）等;四是美术艺术,包括绘画、摄影、民间工艺等,专著有《湖南少数民族图案集》（湖南人民出版社,1957 年）、《湘西民间工艺美术精粹》（学苑出版社,2007 年）、《湘西土家族织锦技艺》（湖南师范大学出版社,2015 年）、《湘西苗族刺绣》（湖南大学出版社,2015 年）、《图解湘西苗族民间印染》（西南交通大学出版社,2016 年）等。

6. 文学类

少数民族文学源远流长，多姿多彩，包括口头文学和书面文学两部分。神话、传说、故事、叙事诗、歌谣、谚语、谜语等民间文学逐步从口头走向书面,对于传承民族传统文化意义重大,也是文学工作者的一大任务和使命。早在 20 世纪 50 年代,即整理出版了一批民间文学作品,如《常青树的故事(湘西苗族民间传说)》(湖南通俗读物出版社,1954年)、《花妹的故事(湘西苗族民间传说、故事)》(湖南人民出版社,1957 年)、《锦鸡(土家族民间叙事诗)》(湖南人民出版社,1958 年)、《湘西苗族民间故事》(贵州民族出版社,1958 年)。而当代文人创作的文学作品也不断涌现,小说、散文、诗词、报告文学等不一而足,并产生了一些地方艺文总集,如《历代土家族文人诗选》(岳麓书社,1991 年)、《湘西散文选》(湖南文艺出版社,1997 年)、《历代文人咏泸溪诗词选》(中国文联出版社,2002 年)、《江华历代诗文选》(珠海出版社,2003 年)、《湘西旅游诗词选》(青海人民出版社,2007 年)、《神秘大湘西——民俗散文撷萃》(线装书局,2015 年)。

(六)文献内容既具有一贯性,又富有时代特色

在地理位置上,湖南少数民族多分布在武陵山、雪峰山、南岭山脉及罗霄山等边远山区,经济相对落后。新中国成立以来,党和政府十分重视少数民族地区的经济建设,制定了一系列优惠政策,采取了各种有力措施,致力于提高当地的生活水平,加快经济发展速度,改变穷困面貌。这一政策也促进了一些"扶贫"专著的产生,如《世纪决战:湘西自治州扶贫攻坚纪实》(五洲传播出版社,2000 年)、《潜网中的企求:湘西贫困与反贫困的理性透视》(贵州民族出版社,2001 年)、《情满青山绿水间:湘西土家族苗族自治州建整扶贫写真》(湖南科学技术出版社,2005 年)、《抉择:湘西扶贫开发若干问题思考》(湖南人民出版社,2009 年)、《民族贫困地区扶贫开发战略创新研究:基于湘西土家族苗族自治州扶贫开发实践的思考》(湖南人民出版社,2015 年)、《逐梦·湘西扶贫纪事》(湖南文艺出版社,2015 年)、《社会资源禀赋视域下湘西教育精准扶贫路径研究》(北京理工大学出版社,2017 年)等。

第四章　湖南少数民族专文综述

湖南少数民族专文是指内容专论或主要论述湖南少数民族的文章。

《全唐文》所录唐懿宗李漼《以南蛮用兵特恩优恤制》是目前所知最早的湖南少数民族专文。

宋代湖南少数民族专文的内容主要集中在对湖南地区少数民族的抚剿政策上，其中多与"开梅山"有关。

明代湖南少数民族专文存世数量较宋元二代为多，内容涉及兵事、政论、屯田、考源等。

清代湖南少数民族专文的存世数量为古代最多，内容涉及也最广泛，大致可分为经济、屯田、颂德、教育、宗教、考源、风俗、兵事、政论等。

民国时期湖南少数民族专文数量丰富，内容可分为历史、风俗与生活、女性、时政、精神信仰、医药卫生、语言、综论八类，与古代湖南少数民族专文相比，具有"目的新、距离近、形式多"的特点。

当代湖南少数民族专文种类多，数量大，内容大致可分为法学、风俗、工艺、建筑、教育、政治经济、历史、旅游、生态环境、思想哲学、体育健康、文化、文献整理、文学研究、舞蹈、戏剧、医药卫生、音乐、语言等。按其与古代和民国时期湖南少数民族专文的关系，又可分为沿革类与创新类。与古代和民国时期湖南少数民族专文相比，当代湖南少数民族专文具有"清晰、新颖、调适"的特点。

第一节　古代湖南少数民族专文

一、概述

唐代之前，与湖南少数民族相关的内容只散见于一些历史文献中。

《全唐文》卷八十三中所录唐懿宗李漼《以南蛮用兵特恩优恤制》[1]是目前我们所知现存最早的湖南少数民族专文，文中对兴兵频繁的潭桂两道予以恩赏，多加抚慰。

---

[1]　(唐)懿宗李漼.以南蛮用兵特恩优恤制[G]//(清)董诰.全唐文:卷83.清嘉庆内府刻本.

　　宋代湖南地区少数民族最重大的事件为神宗开南江,又称章惇开梅山。现存宋代湖南少数民族专文有很大一部分与此事件相关。又有罗泌《盘瓠辨》①开创了对湖南少数民族源流考证的先河。该文对蛮人祖先为犬盘瓠的说法持怀疑态度,认为蛮人的祖先是黄帝的曾孙卞明。

　　元代湖南少数民族专文的数量远不及宋代,内容主要集中在对湖南少数民族起义的平叛剿抚之事上。如杨恪《平蛮记》②,记录了平章政事行枢密院刘国杰两征辰澧二州,平定少数民族首领田万叛乱的经过。又有阳尚《平蛮始末》③,记录的事情与杨文相同,但采用了编年的形式,所记征蛮过程更加详细。

　　明代湖南少数民族专文的内容可大致分为兵事、政论、屯田、考源四类。以兵事类和政论类数量居多,且主要围绕三类事情展开。

　　第一类,平定湖南少数民族的叛乱。

　　明代湖南地区少数民族动乱多和贵州、四川、广西等地区的少数民族相呼应,使得平定少数民族的叛乱不再是一省、一官之事。如嘉靖二十八年(1549)龙许保、吴黑苗等率腊尔山地区苗族人民起义,持续13年之久。张岳《论湖贵苗情并征剿事宜疏》《极陈地方苗患并论征剿抚守利害疏》,萧端蒙《特建总督重臣疏》《条陈地方事宜四事疏》等文都为此次征剿出谋划策。

　　第二类,湖南城步地区的改土归流。

　　湖南城步地区早在明弘治十五年(1502)就开始改土归流,这与当时湖南城步地区少数民族"叛服"频发相关。明弘治十四年城步大地茶园寨苗民李再万领导的苗民起义,是城步苗区"改土归流"的直接原因。于谦《湖广贼情疏》、吴宗周《处置城步蛮寇事宜疏》、阎仲宇《征讨横水扶阳等四十八寨蛮寇事宜疏》等文记录了城步地区此次起义的前因后果。

　　第三类,土兵御倭。

　　明代嘉靖年间,政府征调湖广土兵前往东南沿海抗倭。永顺宣慰司彭翼南、保靖宣慰司彭荩臣、桑植宣慰司向仕禄、茅冈长官司覃尧之和九溪卫麻寮所(在今慈利县)千户唐仁曾各率土兵数千出征。明代有关此事的专文有胡宗宪《胡总督奏捷书》、杨溥《复工部侍郎赵文华论湖兵浙直功罪疏》、明世宗朱厚熜《嘉靖三十三年世宗赐云南承宣布政

　　① (宋)罗泌.槃瓠辨[G]//(清)席绍葆修,(清)谢鸣谦纂.〔乾隆〕辰州府志:艺文纂第1.1765年(清乾隆三十年)刻本.
　　② (元)杨恪.平蛮记[G]//李修生.全元文:第36册.江苏:凤凰出版社,2004:226.
　　③ (元)阳尚.平蛮始末[G]//(明)沈瓒编撰,(清)李涌重编,陈心传补编,伍新福校.五溪蛮图志.长沙:岳麓书社,2012:285-292.

使司右参政,仍管湖广保靖州军民,宣慰使司宣慰使彭荩臣进大中大夫资治少尹制》、王守仁《祭永顺保靖土兵文》等。

清代湖南少数民族专文内容大致可分为经济、屯田、颂德、教育、宗教、考源、风俗、兵事、政论等。

清代湖南少数民族经济类专文主要包括两方面内容。一方面是官府的经费使用状况,包括拨款供给苗地兵丁的口粮、拨款给苗官作为薪资、拨款建立仓库、拨款修建堡垒等军事设施等。如毕沅《奏会筹酌给新设上备弁饷银折(嘉庆二年)》、严如煜《堡工堡田经费议》、庆保等《奏请借款发商生息以资苗疆经费》等。另一方面是清朝政府为了缓解汉苗的矛盾,规范当地的经济市场,加强对湖南少数民族地区经济的管控。如杨锡绂《苗疆铜矿毋庸开采疏(乾隆十二年)》、骆为香《禁汉人买地土详(乾隆十二年)》。

清代湖南少数民族屯田类专文主要介绍屯田的起源、发展历史,清朝廷发展屯田制度的必要性,屯丁的调动、训练,屯政管理人员的薪酬、任期和选拔、考核方法等。如佚名《奏定屯丁操演章程纪略(嘉庆十年)》、佚名《奏复古丈坪屯田不能坼近碉卡》、广厚《查明苗疆均屯田土酌量减租节用并捐赔储备银谷非奏明不得擅动》等。

清代湖南少数民族颂德类专文主要是歌颂清帝王英明神武,文体多采用赋、表等,辞采华茂。如《雍正十二年镇筸总兵杨凯奏报苗疆嘉禾产双穗至四五穗不等,又侍郎蒋奏报高台县属粟谷丛生五六穗不等,并呈谷本图样》等。

清代湖南少数民族教育类专文主要包括四方面内容。一是湖南少数民族教育的重要性和可行性,如湖广学政潘宗洛于康熙四十三年(1704)《请准苗童以民籍应试疏》。二是湖南少数民族教育的基础设施建设和政府的经济支持,如傅鼐《添设最深苗寨义馆》。三是对湖南少数民族学生于学习和考试之中额外优待,如佚名《部议苗疆士子苗生乡试另编字号取中疏》。四是对湖南少数民族聚居区考试乱象的整治,如张天如《桑植县客童应考详(乾隆二十六年)》。

清代湖南少数民族宗教类专文主要关注湖南少数民族的宗教信仰,尤其是苗区对三王的崇拜和信仰。如严如煜《三王杂识》[1]提到诸书对三王的姓名事迹有不同记载,认为《沅州志》中出现的辰州杨氏三兄弟是三王原型的可能性更大。而张汉槎《三王杂识又》[2]则澄清三王为乾州鸦溪的杨氏三兄弟,解释了苗人崇拜敬畏他们的原因,并且遗憾因苗疆偏远,为史乘所不及录,致使三王事迹失传,其说歧出。

---

① （清）严如煜. 三王杂识［G］//（清）蒋琦溥修,（清）林书勋续修.〔光绪〕乾州厅志:卷之4 典礼志. 1872 年(清同治十一年)修 1877 年(清光绪三年)续修本.

② （清）张汉槎. 三王杂识又［G］//（清）蒋琦溥修,（清）林书勋续修.〔光绪〕乾州厅志:卷之4 典礼志. 1872 年(清同治十一年)修 1877 年(清光绪三年)续修本.

清代湖南少数民族考源类专文的内容更加丰富,不再如宋明时期仅考证有关槃瓠的神话传说。如孙均铨《苗蛮辨》①考证了湖南少数民族的称谓,认为蛮与苗分属不同的民族,不可混为一谈:明以前,所患者在蛮不在苗;明以后,所患者在苗不在蛮。又陶澍《驳晁补之开梅山诗论》②考证梅山溪峒之地隋唐皆为郡县,著在图籍,实非甫行开辟之地,且"彼时兵未至梅山,而瑶人即纳款从风,数百年来,民安物帖,不闻复罹犬羊之毒",认为晁补之《开梅山诗》之中夸大了章惇的功劳。

清代湖南少数民族风俗类专文不多,主要介绍湖南少数民族的生活习俗和脾气秉性,为后来的官员治理提供参考。如谭震《徭俗记》称:"予官蓝五载,习知其沐化久而皆为食德之氓也,因备详其俗,以为后之守斯土者鉴。"③

清代湖南少数民族兵事类专文数量较多,主要关注四方面内容。一是作战方略,如佚名《平苗要策》、俞益谟《行事诸略》等。二是记录清政府军队与少数民族的作战起因、经过和结果,如魏源《乙丙湖贵征苗记》《道光湖粤平瑶记》。三是历数不同朝代与少数民族作战之得失,引以为鉴,如汤彝《八排兵事考》等。四是记功,如王世隆《平苗题名记》、杨登训《滕竹轩兄弟列传》《赵守备死事纪略》等。

清代湖南少数民族政论类专文主要围绕五方面展开。一是改土归流。湖南城步地区在明代就已改土归流,但湘西地区直到清雍正年间才进行改土归流,因此清代涌现了大量与之相关的专文。如蓝鼎元《论边省苗蛮事宜书》、傅敏《改土归流奏疏》。二是战后治理,从经济、军事、政治、教育、宗教、屯田等各方面综合探讨如何管理湖南少数民族才能取得长治久安。如贺熙龄《缕陈湖南苗疆情形疏》。三是行政变动。如明亮、姜晟《请改凤乾永三厅为直隶厅并改巡检为经历兼管司狱添设县丞巡检》,建议将凤乾永三厅收回辰沅道直接管辖,以便策应。四是对湖南少数民族的规劝和禁令。如俞益谟《戒苗条约(康熙四十二年)》、傅鼐《收缴苗枪并禁椎牛通禀》等。五是禁止汉人骚扰少数民族。如陈惠畴《马贩经由苗地禀》、王钦命《示禁衙役索诈》等。

二、特点

古代湖南少数民族专文的存世数量以宋、明、清三代为多,大都保存在文集、地方志和奏章中,纂文者为皇帝、地方官员和文书、乡绅等。这些不同时期的专文特点不一,今

---

① (清)孙均铨.苗蛮辨[G]//(清)黄应培修,(清)孙均铨纂.〔道光〕凤凰厅志:卷之11 苗防志.1824年(清道光四年)刻本.

② (清)陶澍.驳晁补之开梅山诗论[G]//(清)邱育泉修,(清)何才焕纂.〔同治〕安化县志:卷2 沿革.1871年(清同治十年)刻本.

③ (清)谭震.徭俗记[G]//雷飞鹏.〔民国〕蓝山县图志:卷14 瑶俗.1933年(民国二十二年)刻本.

选取宋、明、清三朝来分析论述。

宋代的湖南少数民族专文,内容主要集中于"抚剿","抚剿"之中又更偏向于"抚"。如欧阳修《论湖南蛮贼可招不可杀札子》:"今湖南贼数虽多,然首恶与本贼绝少,其余尽是枉遭杀戮,逼胁为盗之徒,在于人情,岂忍尽杀? 惟能全活人命多者,则其功更大。"[①]余靖《论蛮事奏一》之中也写道:"与其胜之,不若安之。"[②]

明朝廷在湖南地区建哨筑堡,修缮边墙,建造主城,希望以哨、堡、墙、城四位一体,对湖南地区的少数民族实施隔离与监视。因此明代湖南少数民族专文的内容除"抚剿"之外,还多了许多关于"堡""哨""墙""城"的记录。如程材《蓝溪堡记》、侯加地《边哨疆域考》、佚名《备边考》、刘臬《新建五寨城记》等文对哨堡的建设分布、管理方法进行了详细论述。

清代湖南少数民族专文的内容涉及范围较前代更广,统治阶级除军事"抚剿"之外,又多了一项"文化教化"的手段。如袁承宠《详革土司积弊略(雍正八年)》[③]一文中,详细列举了他认为少数民族习俗中应该改变之处:土司老戏宜禁革,苗土凶徒捉拿人畜烧劫抵事宜严禁,蜂蜜黄蜡陋例宜永行厘剔,谢恩续罪宜禁绝,骨种坐床恶俗急宜严禁以正风化,不许盖瓦宜弛禁,土民客家应一例编里,杀牲饮血宜严禁,土民馈送宜禁绝,火坑钱宜严禁,保靖土人宜俱令剃头,公媳内外宜有别,等等。又如王钦命《示禁婚嫁褙负》规定:"保靖向隶土司,不知礼仪,民间嫁娶皆系背负或系徒行,殊乖体统。欲责之车迎轿接,该地素无此项。本县捐买竹轿数乘,给发乡耆,以备民间嫁娶之用。从前褙负陋习,合行示禁,为此示。"[④]

第二节　民国时期湖南少数民族专文

一、概述

民国时期湖南少数民族专文数量较多,按照内容可分为历史、风俗与生活、女性、时政、精神信仰、医药卫生、语言、综论八类。

---

① (宋)欧阳修.论湖南蛮贼可招不可杀札子[G]//曾枣庄,刘琳.全宋文:第32册.上海:上海辞书出版社,2006:192.

② (宋)余靖.论蛮事奏一[G]//曾枣庄,刘琳.全宋文:第26册.上海:上海辞书出版社,2006:311.

③ (清)袁承宠.详革土司积弊略[G]//(清)张天如纂修,(清)魏式曾增修.〔同治〕永顺府志:卷之11檄文.1873(清同治十二年)刻本.

④ (清)王钦命.示禁婚嫁褙负[G]//(清)林继钦修,(清)袁祖绥纂.〔同治〕保靖县志:卷12艺文志.1871年(清同治十年)刻本.

民国时期,对湖南少数民族起源的考证依然是专文写作的热点。如王文萱《苗人起源传说之研究》、孙诞先《苗族来源的传说》、陈国钧《生苗的人祖神话》等都对湖南地区少数民族起源的传说与神话进行了记录和考辨。除此之外,还有专文对湖南地区少数民族之迁徙以及迁徙时汉蛮杂居中双方文化濡染与血属混合的经过进行研究,如佚名《苗族之迁徙》、谭其骧《近代湖南人中之蛮族血统》。

民国时期湖南少数民族历史类专文中,有一部分综论历代少数民族叛服及朝廷镇压管理的历史,如梁聚五《苗夷民族在国史上活跃的展望》、盛襄子《湖南苗史述略》等。还有一部分专论某一时间段湖南地区少数民族的情况,或专论湖南地区少数民族某一方面的情况,如梁聚五《明史上夷苗民族变乱之原因》、凌纯声《苗族名称的递变》等。

民国时期涌现出大量介绍湖南地区少数民族风土人情和生活习俗的专文。其中有关少数民族风俗的文章,或综合论述少数民族的衣、食、住、行等方面的习俗,如《自由论谈:湘苗风俗琐谭》;或选取少数民族风俗当中的一部分来描绘,如陈赤子《生苗的食俗》、黄石《苗人的跳月》《湘西苗民之结婚与离婚》、陈国钧《生苗的丧俗》、李希今《苗族放蛊的故事》等。

在古代,未发现专门关注湖南地区少数民族女性的文章,只在介绍少数民族的风俗时顺便提到过女性的服饰、生活习惯等情况。民国时期首次出现专写湖南地区少数民族女性的文章,如璩诗方《苗夷妇女的生产劳动与社会地位》、唐兆民《猺民妇女的社会地位》等,又陈国钧《苗族妇女的特质》之中赞扬苗族妇女"可说在中国,是最艰苦耐劳,最自重自立,于社会,于国家,是最有贡献,最使我们敬佩的妇女了"。①

时政类专文与民国时期湖南地区的时事政治联系紧密,反映了时代的风云变幻。如盛襄子《最近湖南的苗民开化运动》②一文将目光投射到民国二十三年(1934)的永绥苗变,记录了动乱发生的过程,并从此事件中引申探讨了苗"匪"问题、苗区土地问题、苗民生计及卫生问题,对以后湖南苗区的治理提出了建议。贺伯烈《边疆研究:夷苗概况及夷苗代表来京请愿运动》③详细记录了夷苗民众来京请愿的动机及过程、内政部给予夷苗民众的答复、拨发西南夷族文化促进会经费的结果。

民国时期湖南少数民族宗教信仰类专文内容主要集中在对祖先盘瓠(又作"槃瓠")的崇拜和祭祀上。如岑家梧《盘瓠传说与傜畲的图腾崇拜》、罗荣宗《苗族之祖先崇拜》。

---

① 陈国钧. 苗族妇女的特质[G]//民国年间苗族论文集. 贵阳:贵州省民族研究所内部印刷,1983:363.

② 盛襄子. 最近湖南的苗民开化运动[J]. 新亚细亚,1937,13(1):51-66.

③ 贺伯烈. 边疆研究:夷苗概况及夷苗代表来京请愿运动[J]. 边事研究,1937,5(2):24-32;1937,5(5):15-26.

杨力行《湘西苗民的信仰》①提到湘西地区最著名的三种祭祀活动,即"椎牛""搋猪""打狗"三大愿,文中还重点论述了苗民对白帝天王的崇拜祭祀。

民国时期湖南少数民族医药卫生类专文极少,如陈瘦农《湘西苗民卫生习惯调查》②一文提到湘西苗民患病即请巫师,服用秘方与草药,患病后死亡率特别高。

古代对于湖南地区少数民族的语言虽有提及,但未有以专文论述者。民国时罗荣宗《苗族之语言》③等文开少数民族语言研究之先河,论述了苗语之种类、数目、变迁,并将汉苗语歌词对照举例,使之一目了然。

民国时期综论湖南少数民族的专文较多,如盛襄子《湖南苗瑶问题考述》④,从湖南苗疆故址考、苗人信仰与古代神话、湘省苗瑶之姓氏、苗瑶之民族性、苗瑶之语言、苗瑶之职业、苗瑶之家庭组织、苗瑶丧葬、祭祀之殊俗、改进苗民生活与救国之关系等十个方面来考察湖南地区的苗瑶民族。

二、特点

民国时期湖南少数民族专文有目的新、距离近、形式多的特点。

(一)目的新

"目的新"是指民国时期湖南少数民族专文与古代相比有了新的写作目的。在古代,撰写有关湖南地区少数民族的专文往往是为了镇压少数民族的叛乱,或管理、防范少数民族。但是到了民国,写作目的主要有两个:一是风俗猎奇,二是呼吁关注。

民国期间涌现了大量关于湖南少数民族风俗的专文,作者以猎奇的眼光去关注苗族、瑶族等少数民族与一般汉民所不同的风俗,对他们的婚恋、祭祀等习俗津津乐道,吸引广大读者将目光投注在这片原始又生机勃勃的土地上。

另有一些作者撰写关于湖南少数民族的专文,是为了呼吁社会对居住在偏远地区,教育、医疗等条件都较落后的少数民族给予帮助。如木铎《苗徭妇女的生活》⑤认为苗族、徭族妇女虽然体质强健,但由于卫生知识缺乏,医疗条件落后,能享有高年者却很少,因此应该改善她们的生活,增加她们的知识。此外还有专文主张提高湖南少数民族的政治地位,如盛襄子《湖南苗瑶问题考述》认为整个中国的改造不可忽略少数民族之改造,在政治上应该使苗民与汉民族立于平等之地位,给苗民以参加政治活动之机会,在

---

① 杨力行.湘西苗民的信仰[J].西南边疆,1940(11):35-42.

② 陈瘦农.湘西苗民卫生习惯调查[J].西南医学杂志,1941,1(1):50.

③ 罗荣宗.苗族之语言[J].边疆研究,1940(1):99-100.

④ 盛襄子.湖南苗瑶问题考述[J].新亚细亚,1935,10(5):11-23.

⑤ 木铎.苗徭妇女的生活[J].中国妇女,1940,1(4):19-21;1940,1(5):14-16.

文化方面应当举办苗瑶特殊教育,使苗民思想近代化,方能适存于此生存竞争之 20
世纪。

(二)距离近

"距离近"是指与古代相比,民国时期湖南少数民族专文更近距离地描绘了少数民
族人民的方方面面。古代湖南少数民族专文多取材于史书、方志等书籍,或是来源于一
些传说,和少数民族人民往往并没有接触,因此写作的文章内容并不一定真实。

民国时期,湘黔地区公路的修建密切了湖南汉人与少数民族的关系,越来越多的专
文作者走进苗区,如实地记录自己的所见所闻。如王云路《湘西的苗族》一开篇就写道:
"作者于去年春间,因为职务的关系,在汉苗杂处的湘西过了些时,对于我们杂处山林的
苗族同胞,幸获不少接触观察的机会。"①署名为"定"的作者在《湘西:苗人的生活》②一
文中介绍湘西苗人时有体格一节,非常详尽地描绘了苗人的肤色、身高、体态,这些只有
在近距离地了解了苗人之后才能写出。专文作者中,除了走入湖南少数民族地区的汉
族学者之外,还有的作者本身就是少数民族,如唐夷《苗人的真实现状》③就是一个苗族
大学生的自述,他提到了以往汉人对他们的误解,为自己的民族发声。

(三)形式多

"形式多"是指民国时期湖南少数民族专文相较于古代有更多的表现形式。古代湖
南少数民族专文都是用纯文字的形式来表述,到了民国时,有不少专文都在正文之中附
图、附表,有的还在标题之中标明这一点,以显示自己的与众不同之处。如萧国英《湖南
阳明区之瑶民生活:附照片》内有两张照片,佚名《湘西苗族的青年生活(附照片)》内有
三张照片。谭其骧《近代湖南人中之蛮族血统》④中有表格,列举湖南地区溆浦、乾州、凤
凰、麻阳、城步等 20 个县蛮姓人数占全县人数之比例,并记录每个县有哪些蛮姓以及将
这些姓定为蛮姓的依据。

第三节　当代湖南少数民族专文

一、概述

当代湖南少数民族专文种类多,数量大,内容大致可分为风俗、教育、政治经济、历

①　王云路.湘西的苗族[J].新民族,1939,3(20):11-15.
②　定.湘西:苗人的生活[J].新东方杂志,1940:1(5):91-93.
③　唐夷.苗人的真实现状[J].宇宙风,1937(41):229-231.
④　谭其骧.近代湖南人中之蛮族血统[J].史学年报,1938,2(5):231-254.

史、思想哲学、医药卫生、语言、法学、工艺、建筑、旅游、生态环境、体育健康、文化、文学研究、舞蹈、戏剧、音乐、文献整理与研究等。按其与古代及民国时期湖南少数民族专文的关系，又可分为沿革类与创新类。

（一）沿革类专文，即古代和民国时期湖南少数民族专文中曾经有过的类别，如风俗、教育、政治经济、历史、思想哲学、医药卫生、语言等

1. 风俗类

当代湖南少数民族风俗类专文不再如民国时动辄从"衣食住行"等方面泛泛而谈，而是从较小的角度来切入。如朱秀敏、宋金民《清代湖南土家族竹枝词中的民俗描写及其意义》，李丽《湖南维吾尔族族际通婚研究——基于桃源枫树回维村的调查》等。

另有文章探讨湖南少数民族风俗对当地人思想的影响。如田珺《论湘西少数民族优良民俗的思想政治教育功能》、欧梦丽《湘西土家族民俗的德育功能研究》等。还有论文专注于湖南地区少数民族传统民俗在当代社会所受到的影响，如覃元《现代化进程中的湘西苗族禁忌》提到在现代化发展进程加速的外在环境影响下，湘西地区苗族的禁忌事项发生了改变。

2. 教育类

与古代和民国时期的专文相比，当代湖南少数民族教育类专文更加关注当代湖南少数民族教育中存在的问题，并力求提出对策，如龙泉良《少数民族课程资源开发存在的问题与对策——基于湖南湘西自治州中小学民族文化资源开发现状的调查》。当代湖南少数民族教育类专文还专注于挖掘湖南少数民族的教育特色与传承方法，如秦中应《当代湘西苗族传统文化的教育传承研究——以湘西州凤凰县苗族为例》。

3. 政治经济类

少数民族是中华民族的重要组成部分，各民族一律平等，民族政策一直是专文关注的重点，如省民委少数民族妇女专题材料写作组《前进中的湖南少数民族妇女》、许鲁江《改革开放以来湖南省民族工作及其基本经验研究》。此类专文的另一个特点是与当代时事政治联系紧密，如金德光《精准扶贫战略下湘西民族传统手工艺创意产业开发研究》。

4. 历史类

当代湖南少数民族历史类专文与古代有许多相通之处，都全面关照有记载以来湖南少数民族的方方面面，但当代历史类专文不像古代专文，只是忠实地记录与湖南少数民族相关事件发生的时间、地点、原因、事情经过和结果，而是会综合与之相关的材料，来挖掘其中的联系与特点。如彭春芳《明清时期湘西苗疆"边墙"研究》、杨润《明清武陵地区赶苗拓业研究》。

此外，有的当代历史类专文以新理论来指导写作，挖掘其中的新特色。如谭必友

《清代湘西苗疆多民族社区的近代重构》①从民族社区管理的角度,使用"近代重构"的基本理论,说明清代湘西地方政府在各民族社区创新了一系列社会管理措施,使苗疆多民族社区摆脱了其与外界之间延续了上千年的"冲突与合作"的历史宿命,各民族走上了一条"和平共居"的社区发展新路。

5. 思想哲学类

当代湖南少数民族思想哲学类专文中,包含了古代专文中有关宗教的内容和民国时期专文中有关祖先崇拜与神话传说的内容,但与之不同的是,当代专文从动态角度研究了宗教信仰的发展变化。如陈倚天《湖南维吾尔族宗教信仰变迁研究》。

6. 医药卫生类

当代涌现了大量的湖南少数民族医药卫生类专文。有的对湖南少数民族传统医药进行介绍与研究,如邓星煌《薪火相传的湖南少数民族医药》,葛晓舒、曾晓进、周曦等《湘西少数民族巫医文化源流与形态的现代审视》。有的专注于湖南少数民族医药的开发,如杨帆、董兆稀、李青等《湖南侗、土家、苗、瑶族中药资源开发利用探讨》。还有一部分专文则将关注点放在湖南少数民族疾病的治疗之上,如彭芳胜《湘西蛊毒病探讨》一文探讨了湘西蛊毒病的病因、临床表现与治疗方法,并提到蛊毒病不纯属医药范围,还是流传在少数民族地区的一种与医学有关的文化现象。

7. 语言类

当代湖南少数民族语言类专文数量多,涉及范围广。在全球化和城市化大背景下,不同语言或语言变体之间的接触日益增加,世界上所有的多民族国家都不可避免地面临着双语或多语的问题。受经济利益、社会动机和地位意识等的驱动,少数民族语言的使用情况逐渐发生变化。因此湖南少数民族语言在当代的使用状况和态度成了此类专文的关注热点,如瞿继勇《湘西地区少数民族语言态度研究》。

此外,湖南少数民族语言与其他语言的相互影响和转换也成了研究热点,如孙叶林《湘南瑶语和汉语方言的接触与影响研究——以衡阳常宁塔山瑶族乡为个案》、彭清《瑶族典籍〈盘王大歌〉翻译与研究》。

(二)创新类专文,即古代和民国时期湖南少数民族专文中未曾有过或数量较少的类别,如法学、工艺、建筑、旅游、生态环境、体育健康、文化、文学研究、舞蹈、戏剧、音乐、文献整理与研究等

1. 法学类

当代湖南少数民族法学类专文主要关注两个方面。一方面是中华人民共和国成立

---

① 谭必友.清代湘西苗疆多民族社区的近代重构[D].兰州:兰州大学,2006.

以前,在湖南少数民族地区极少有正规的法律条款,其奖惩依照"习惯法",如杨焕化《"飞山蛮"少数民族法制文化刍探——以杨再思及其族人管理的诚州为例》。另一方面是习惯法与刑法之间的冲突,如田熹文、朱建华《民族风俗习惯与刑事法律适用冲突及其消解——以湖南湘西自治州土家族、苗族为例》。

2. 工艺类

古代和民国时,湖南少数民族的工艺并不受关注,只有在提到湖南少数民族人民的时候偶尔形容一下他们的穿着打扮。当代则涌现了大量的湖南少数民族工艺类专文。

湖南侗族、瑶族织锦艺术是当代专文关注的热点。这些专文大多从织锦的发展源流与分类,图案纹样类型与文化内涵、艺术特征,织造机具与工艺,创新及其文化创意产业发展,技艺传承与保护等方面进行研究,如乔松《湖南通道侗族织锦艺术研究——以传承人粟田梅作品为例》、熊诗意《湖南通道侗锦非物质文化遗产的生产性保护研究》。

湖南土家族的木雕艺术也在此类专文中被屡屡提及。有的提到了湖南土家族木雕产生与发展的背景、分类、艺术特点、功能,如燕杰《湖南土家族木雕艺术》;有的关注的是湖南土家族木质家具的具体雕刻技法和雕刻工具、制作流程,如高雄《湘西地区土家族传统民俗家具雕刻技艺研究》;有的则分析了湖南土家族传统木雕图案的种类形式、构图形式,探究了土家族传统木雕图案的风格特征,如易华《湘西土家族传统床类家具木雕图案研究》。

工艺类专文中涉及湖南少数民族头饰、服饰的文章也较多,有的写到了湖南少数民族的传统服饰特征、文化与审美情趣、服饰传统的变迁及动因、文化传承中的机遇与挑战等内容,如王艳晖《湖南靖州花苗服饰研究》;有的则关注湘西苗族、土家族服饰绘画的历史源流与发展、表现技法与艺术特征、传承与启示,如张超《湘西地区少数民族服饰绘画研究——以苗族、土家族为例》;也有的提及湖南少数民族女性头饰的审美特征、文化内涵,如杨婷《江华瑶族女性头饰审美特征研究》。

此外,湖南少数民族的印染、刺绣、剪纸等工艺也在此类专文的观照之内。如林军《湖南民间传统印染纹样的文化内涵与色彩特征分析》、潘梅《苗族刺绣中传统图案的应用研究——以湘西地区为例》、吴烨《湘西苗族巴代文化中的剪纸艺术微探》。

3. 建筑类

在古代专文中与湖南少数民族建筑相关的只有用于防御的堡垒、边墙等军事设施,民国时期专文则更关注少数民族民众的居住习惯,对居住的具体建筑涉及较少,而当代湖南少数民族建筑类专文于建筑的方方面面都有所涉及,且论之甚细。

湖南少数民族建筑结构形成的因素为当代专文所关注。如梁译文《湘西土家族传统聚落建筑文化研究》①中提出气候、山水地貌、宗族、祭祀仪式与土家族思想观念对聚落建筑的影响,探讨了聚落建筑所蕴藏的特殊文化特质,挖掘了乡村聚落景观与文化的关系及传统文化的魅力。

有的专文从湖南少数民族建筑的建造技艺和具体装饰方法的角度来研究,如胡碧珠《湖南侗族鼓楼营建技艺》、郭思云《农耕文化下的湘西土家族民居建筑装饰研究》。还有专文另辟蹊径,专注于湖南少数民族建筑的美学特色,如梁译文《湘西民居意境美的摄影表达》。

现阶段,少数民族的村落环境不断受到现代生活方式的冲击,如何在改善居民生活的前提下,保持村落建筑的基本风貌,保护其文化资源和特色,是目前需要解决的问题。湖南少数民族传统建筑在当代社会的适应与改造是此类专文关注的重点,如杨建蓉《湖南通道侗族村寨民居的改造探索》、周婷《湘西土家族建筑演变的适应性机制研究:以永顺为例》。

此外,2015 年老司城申报世界遗产成功,老司城作为国内目前规模最大、保存最完整、历史最悠久的古代土司城市遗址也成为当代学者研究的热点,如柴焕波《湖南永顺县老司城遗址》、王献水《土司遗址的活态保护——以老司城为例》。

4. 旅游类

当代湖南少数民族旅游类专文主要关注旅游资源开发与旅游产业管理两方面,前者如杨利明《湘西少数民族传统体育旅游资源开发对策研究》、扶蓉《湖南少数民族民俗旅游深度开发研究》;后者如马剑平《少数民族地区旅游产业集群治理研究——以湖南湘西自治州为例》、熊静、苏洁《"互联网＋"下张家界少数民族特色村寨体验旅游探讨》。

此外,旅游对少数民族人民的影响也是此类专文的关注重点,如王雪莲《民族旅游发展对少数民族妇女的影响研究——以湖南通道侗族自治县皇都侗寨为例》。

5. 生态环境类

当代湖南少数民族生态环境类专文主要关注两个方面。一方面是探讨古代湖南少数民族如何保护周围的生态环境,如李迎春《湘西少数民族环境习惯法研究》。另一方面则是研究当代湖南少数民族聚居地面临的生态环境保护问题,如谭子幼、牛维其、田新跃等《湖南森林恢复发展项目对少数民族地区的影响——以湘西土家族苗族自治州泸溪县为例》。

6. 体育健康类

当代湖南少数民族体育健康类专文有的重点关注湖南少数民族人民的身体素质情

---

① 梁译文. 湘西土家族传统聚落建筑文化研究[D]. 广州:广东工业大学,2013.

况及体育锻炼的现状,如黎杰《湖南侗族中小学生体质状况及其体育锻炼现状的调查研究》;有的则将着眼点放在湖南少数民族体育文化、体育项目发展现状及资源开发上,如舒颜开、刘少英《湖南少数民族聚居区域传统体育项目分类及其保护》,李菊花《湘西地区土家族传统体育文化资源创意开发研究》。

7. 文化类

当代湖南少数民族文化类专文关注点之一是湖南少数民族传统文化的传承、保护与开发,如肖丽萍《现代化进程中湖南少数民族传统文化的保护与开发》、佘屿《湘西民族歌舞文化产业化发展研究》、李然《当代湘西土家族苗族文化互动与族际关系研究》。

湖南少数民族文化的变迁与调适也是文化类专文的研究重点,如黄丽《湖南维吾尔族的社会变迁与文化调适》、陈杰《湘西土家梯玛文化变迁研究——以湘西龙山县双坪村和彭继龙为个案》。

8. 文学研究类

当代湖南少数民族文学研究类专文主要涉及两个方面。一方面是有关古代湖南少数民族人民的诗文创作,如祝注先《试论历代苗族文人诗歌》、朱秀敏《清代湖南土家族竹枝词的创作特点》、彭善麟《论清代土家族诗人彭勇行的溪州竹枝词》。另一方面是介绍当代湖南少数民族的文学创作,如谢卫平《凤凰灵韵——新时期湖南少数民族小说创作论析》《这边风景依好——当代湖南少数民族诗歌创作浅论》。

9. 舞蹈类

当代湖南少数民族舞蹈类专文关注的是湖南少数民族富有特色的传统舞蹈形式,如王昌武《城步苗族吊龙舞研究》。湖南土家族摆手舞也是研究热点,有的专文探寻历史上土家族摆手舞的相关特点,如林一言《湘西彭氏宣慰司时期摆手活动分析》;有的专文关注土家族摆手舞在当代的发展和变化,如田珂《湘西龙山土家族摆手舞的当代特征与功能》。

10. 戏剧类

当代湖南少数民族戏剧类专文中,傩戏成了研究热点。有的关注湖南傩戏的历史渊源与具体的表演形式,如李怀荪《湖南湘西少数民族傩戏》;有的则专注于湖南不同地域傩戏的比较研究,如杨大智《新晃侗族傩戏与凤凰苗族傩戏的差异性研究》;有的则关注傩戏表演之中的具体用具,如朱钰《土家族傩戏面具艺术研究》。

此外,也有当代专文作者将民俗学等学科理论引入对湖南少数民族戏剧的研究,深入分析湖南少数民族戏剧的特色与存在意义,如张联秀《湖南花垣苗剧之民俗学研究》、刘亚《湘西土家族仪式戏曲的音乐文化研究》。

11. 音乐类

当代湖南少数民族音乐类专文可以分为三类。

第一类专文关注的是乐器演奏。如危静《湖南辰溪"七姓瑶"双唢呐艺术探析》。

第二类专文关注的是歌曲演唱。有的专注于多声部合唱，如龙飞屿《湘西南多声部苗族"歌鼟"研究》；有的专注于少数民族音乐的保护与传承，如曹蕙姿《湖南侗族音乐的保护与传承》；有的专注于歌曲的主题思想，如朱吉军《湘西土家族民间歌谣生命主题研究》；有的专注于歌曲的流传版本，如盛磊《瑶族〈盘王大歌〉中的文化传统研究——以湖南"赵庚妹版"手抄本为例》。

第三类专文关注的是既有乐器演奏又有歌曲演唱的音乐仪式，如赵书峰《湖南瑶传道教音乐与梅山文化——以瑶族还家愿与梅山教仪式音乐的比较为例》。

12. 文献整理与研究类

除对某一具体少数民族文献进行整理研究外，当代湖南少数民族文献整理类专文还关注湖南少数民族文献的保护及整理的综合研究，如杨成胜、李金兰《湖南维吾尔族研究综述》，梁先学《任重道远，砥砺前行——湖南少数民族古籍保护的困境及发展方向》。

对湖南少数民族口述档案的整理与研究也成了关注热点，如徐开颜《湘西地区少数民族口述档案的开发采集研究》。

二、特点

当代湖南少数民族专文的特点可归纳为清晰、新颖、调适。

（一）清晰

1. 认定了湖南少数民族的民族成分，不再混杂通称。

古代和民国时都将湖南各少数民族统称为蛮、苗等，当代则为之一变。首先，政府组织进行了"民族识别"，明确了各族群的"正式名称"，划清了各族群在相互认同方面的族群意识边界。其次，通过居民户籍登记填写"民族成分"，又划清了各"民族"彼此之间的法律身份边界。第三，通过建立"民族自治地方"，进一步划清了各族群在行政上"当家做主"的地理行政边界。民国以前的专文中关于苗族、瑶族的论述较多，其他的少数民族则鲜少见到，而在当代出现了大量关于其他湖南少数民族的研究，这和中华人民共和国成立后的民族认定工作有着密切关系。

2. 更全面地去了解湖南少数民族的方方面面

与古代和民国时相比，当代湖南少数民族专文种类大大增加，从前极少涉及的工艺、建筑、旅游、体育健康、文化、文献、舞蹈、戏剧、音乐等内容都成为新的研究热点，覆盖了湖南少数民族的方方面面,研究力度亦是空前。

3.笔法更细致,以小见大

当代鲜见综述类专文,即便文前有综述,也往往是对湖南少数民族某一个方面的概括总结,不像民国时期专文那样铺陈开来,在一篇文章内对湖南少数民族的衣食住行等方面都有涉及。当代湖南少数民族专文相对来说篇幅更长,所包含的内容更细致、更深入。作者往往寻找一个切入点来写,以小见大,如工艺类专文,内容细致到窗户上贴的剪纸、衣服上印染的花纹、家中摆放的家具,并由此探讨其中所蕴含的文化与现实意义,下笔不可谓不细。

(二)新颖

1.新的观念

中华人民共和国成立后建立了民族区域自治制度,少数民族与汉族和平共处,因此当代不像古代一样有大量研究抵御湖南少数民族进犯的军事类专文,而是涌现出很多政治经济类、生态环境类、旅游类专文,主要研究如何提高少数民族地区人民的生活水平,改善当地的教育环境,开发旅游资源,实现人与自然的可持续发展,这些关注点是古代和民国时期所未涉及的。

2.新的理论

当代中西方交流密切,湖南少数民族专文中也引入了西方理论,如于鹏杰《族群认同的现代含义:以湖南城步苗族为例》[1]引入的族群认同(Ethnic Identity)源自于弗洛伊德的"认同"概念,通过调查了解城步苗族对本民族的习俗、服饰、语言、祭祀的认同情况来考察族群在现代社会中的整合后的特性。有的专文中还综合了中外多种理论,如李然《当代湘西土家族苗族文化互动与族际关系研究》[2]运用了弗雷德里克·巴斯的"族群边界理论"、帕克的"同化理论"、费孝通的"中华民族多元一体格局"理论等。

3.新的载体

当代湖南少数民族专文的载体与前代相比有了明显的变化。古代专文主要在奏章、文集之中,民国时期专文主要集中于报纸杂志、资料汇编之中,其载体大多为纸。到了当代,有了新技术的支持,可以通过网络资源获取有关专文,不再局限于传统的纸质载体。如硕博毕业论文,往往具有篇幅长、质量高、专业性强等特点,是当代湖南少数民族专文的重要组成部分,读者可借助各大数据库下载全文阅读使用。

① 于鹏杰.族群认同的现代含义:以湖南城步苗族为例[J].广西民族学院学报(哲学社会科学版),2004(6):94-97.
② 李然.当代湘西土家族苗族文化互动与族际关系研究[D].北京:中央民族大学,2009.

4. 新的方法

古代和民国时期专文写作主要运用文献法和参与观察法,即通过查阅、搜集、整理相关资料和深入到研究对象的生活背景中进行观察来寻找写作素材,从而完成写作。而到了当代,新的方法层出不穷,主要有问卷调查法、采访法、田野调查法、区域比较法等。问卷调查法就是通过发放问卷收集资料。采访法是由调查人员向被调查者提问,根据被访者的答复来搜集统计资料的一种方法,具有弹性大、灵活性强的特点,可弥补问卷调查的不足。田野调查法是一种对一个社会及其生活方式亲身从事的长期性的调查和体会工作。区域比较法是把两个或两个以上区域的自然要素或人文要素进行对比,比较它们的异同,从而更好地把握每一个被比较对象的特征、异同以及各要素之间的联系等。

5. 新的材料

古代和民国时期专文作者的素材主要来自其他书籍的记载或作者自己的见闻,而当代专文作者所能接触到的材料更加丰富,获取信息的渠道更加便捷多样。当代专文的附图不再是手绘图案、黑白照片,大量的彩色照片被附在文中以便读者更直观地去了解文中提到的内容,照片的内容不再限于少数民族人民的肖像图,生活用品、房屋建筑、周边环境等都囊括其中。而附表也不再限于与数据统计等相关的表格,还出现了图表,如胡碧珠《湖南侗族鼓楼营建技艺》[1]中附有鼓楼建筑的平面图、剖面图等。

6. 新的语言

在古代与民国期间,湖南少数民族专文主要都是用中文写作的,民国时有的专文中夹杂着几个英文单词,但到了当代,已经出现了全文用英文写作的情况,如梁丽《吉首苗族语言使用情况调查》[2]仅在提要部分有中文,正文部分全部采用英文写作。

(三)调适

当代社会日新月异,湖南少数民族传统的生活和思维方式与新世界、新观念难免会发生碰撞。湖南少数民族如何对本民族传统中已经不太适应当代社会的内容进行调适与改造,从而更好地传承下去,这是不同类别的专文共同关心的话题。

据前文可知,语言类专文关注了当代湖南少数民族语言的使用情况逐渐发生变化的现象;建筑类专文提到了湖南少数民族传统建筑在当代社会中的适应与改造;文化类专文探讨了在当代社会的激烈变革中湖南少数民族地区人民群众对本民族的归属感和文化认同,以及为了改变文化失调现象,适应变迁而做出种种努力等。

---

[1]　胡碧珠. 湖南侗族鼓楼营建技艺[D]. 长沙:湖南大学,2012.
[2]　梁丽. 吉首苗族语言使用情况调查[D]. 湘潭:湘潭大学,2010.

第五章 湖南少数民族地方志综述

地方志,又称方志,是具有区域性、综合性、连续性、资料性等特征的重要的地方文献,其作用以"资治、教化、存史"为主。清代史学家章学诚认为:"方志乃一方之全史。"顾颉刚在《中国地方志综录序》中说:"夫以方志保存史料之繁富,纪地理则有沿革、疆域、面积、分野,纪政治则有建置、职官、兵备、大事记,纪经济则有户口、田赋、物产、关税,纪社会则有风俗、方言、寺观、祥异,纪文献则有人物、艺文、金石、古迹。"来新夏指出,地方志"是记载某一地区自然、历史、地理、社会、经济和文化纵横各方面的情况和资料的一种著述体裁;是对地方情况进行综合性反映的百科全书;是撰述历史借以取材的资料宝库之一"。因此,探究一个地域的物质文化和精神文化,从地方志入手,就如同找到了开启思想宝库大门的那把钥匙。

地方志按其记述内容,可分为综合性、专业性两大类。前者如总志、省志、府志、州志、厅志、县志、土司志、乡志、村志等,后者如山志、水志、风土志、寺观志、名胜志、书院志、金石志、人物志等。从修志时间来看,地方志又有旧志和新志之分。习惯上将新中国成立以前所修的地方志称为旧志,新中国成立以后所修的地方志称为新志。

第一节 湖南地方志

在湖南省域建置沿革变迁的千余年历史进程中,方志成为记述、传承其地域文化的重要载体,是展示地情的重要窗口。湖南方志历史悠久,最早可追溯至三国时期魏杨元凤编纂的《桂阳记》,原书已亡佚,但《汉唐地理书钞》《荆湘地记》《汉唐方志辑佚》三书均有辑佚。两晋南北朝时期,地记盛行,其中以晋罗含《湘中山水记》、南朝宋盛弘之《荆州记》等声名最著。当时还产生了一些地方史书,多记郡国乡邦先贤耆旧节行,还有专记风俗的地理文献,如南朝梁宗懔著《荆楚岁时记》,记述古荆楚大地的节令风俗,保存了大量的民俗资料。

隋唐两宋时期,图经从多种类型的文献中脱颖而出,成为官修志书的主要形式,是方志类图书的主流。据不完全统计,唐代图经涉及湖湘者有《武陵图经》《岳州图经》《邵阳图经》《湘阴图经》《茶陵图经》,全佚,无可考。北宋真宗祥符年间纂修颁发的《祥符州县图经》,湖南一境甚多,比较重要的有《祥符衡州图经》《祥符茶陵图经》《祥符郴州图经》等。同时"图经"这个名称也开始发生变化,逐渐被"志"所代替。如陶岳《零陵总记》、张埏《零陵志》、柳拱辰《永州风土记》、佚名《道州风俗记》、马子严《岳阳甲志》、郑伸《桂阳志》、田渭《辰州风土记》等,皆宋人所撰。此外,唐代还产生了湖南现存最早的山志——《南岳小录》,道士李冲昭撰,专记南岳衡山。元朝历史不到百年,修志事业虽不似前代发达,但并未中断。

明代志书不但数量增多,品种也在增加,比较重要的新品种有边关志、都司志和卫所志等,地方志的类型已经基本齐全,形成了比较完整的体系。〔正德〕《湖广图经志书》二十卷,是现存最早的涉及湖南全省范围的一部志书。这一时期专志的编修也十分活跃,山志有《衡岳志》《九疑山志》,书院志有《岳麓书院图志》《岳麓书院志》《龙洲书院志》《石鼓书院志》《明山书院私志》。

清朝是湖南志书发展的鼎盛时期。湖南独立建省后,湖南巡抚陈弘谋、布政使杨延璋于乾隆二十一年(1756)创修《湖南通志》,这是第一部独立的湖南省志。省志之外,府厅州县志有如井喷之态,其中不乏名志,纂修者中也不乏名臣显宦、鸿儒耆宿,如章学诚、陶澍、邓显鹤、郭嵩焘、王闿运等。专志方面,品种纷呈,山水志如〔康熙〕《长沙府岳麓志》,寺庙志如〔康熙〕《大沩山古密印寺志》,书院志如〔同治〕《长沙岳麓书院志》,足见其盛。清末及民国初期,湖南各地编修了一大批乡土志,语言浅显通俗,内容贴近生活,颇有史料价值。

1946 年 8 月 1 日,湖南省府按照国民政府的要求,成立了湖南省文献委员会,聘各界名流为委员,组织了专门的工作班子,拟定了《湖南省志纂修原则及征集材料项目草案》《湖南省志材料征集办法》等文件,任务是"除计划纂修省志、导修县志外,凡关文献之征集保管、整理宣扬以及政制礼俗、人物物产与人民生活状况之调查"。民国时湖南修有县志、乡土志约 30 种。

1958 年 6 月,湖南省曾成立省志编纂委员会,开始编纂省志,后因故暂停。1979 年 8 月新的省志编纂委员会成立,在全国率先恢复修志工作。1983 年 5 月,湖南省志编纂委员会改名为湖南省地方志编纂委员会,修志工作在全省范围内普遍地开展起来。到 2000 年 11 月,全省共出版省、市、县三级志书 4280 部,约 40 亿字。此外,相关部门还编辑出版了相当数量的部门志、专业志、乡镇志等[①]。随着方志学研究热度持续升温,众多专家学者对新方志的编纂体例、方法、目的进行了新的探讨,认为社会主义新方志要有新体例,要立足当代,强调人民大众在社会建设中的作用,体现志书的"人民性"。

---

① 来新夏. 中国地方志的史料价值及其利用[J]. 国家图书馆学刊,2005(1):5 – 8.

第二节　湖南少数民族地方志

少数民族人口在湖南分布较广,呈现出大分散、小聚居的特征,主要聚居于湘西、湘西北、湘南等地的崇山峻岭之中,即今吉首、泸溪、凤凰、花垣、古丈、保靖、永顺、龙山、张家界、桑植、慈利、石门、麻阳、新晃、芷江、会同、靖州、通道、绥宁、城步、江华、溆浦、桃源等县市。这些县市的少数民族人数占全省少数民族人口总数的90%以上。

湖南少数民族作为湖南人民的重要组成部分,所创造的物质和精神文明成果是湖湘文化不可分割的一部分,其地区方志在内容上、体例上很多时候是与汉族地区方志融为一体,密不可分的。湖南少数民族地方志的发展轨道与湖南全省地方志的发展高度契合,然而其独特的民族性使得方志编纂呈现诸多与众不同的特色。

一、概述

魏晋时期,产生了湖南历史上最早的地方志书,其中与少数民族有关的有晋范汪《荆州记》记“武溪蛮”曰:“宋元嘉初,武溪蛮人射鹿,逐入石穴,才容人,蛮人入穴,见其傍有梯,因上梯,豁然开朗,桑果蔚然,行人翱翔,亦不以怪。”南朝宋盛弘之《荆州记》三卷,“述乡国灵怪,人贤物盛”。此外还有南朝宋庾仲雍《荆州记》、南朝宋郭仲产《荆州记》、南朝齐刘澄之《荆州记》、南朝梁萧世诚《荆南地志》、南朝齐黄闵《武陵记》、南朝梁伍安贫《武陵记》等。此期的荆湘地记已多亡佚,仅清人《汉唐地理书钞》《麓山精舍丛书》辑有佚文,部分内容是有关少数民族地理疆域、风俗习惯的记载。

宋代湖南方志中有不少关于少数民族活动的记载,如郑伸《桂阳志》:“峒猺斑斓其衣,侏离其言,称槃王子孙。”田渭《辰州风土记》:“皇朝太祖平荆湖,除猺人秦再雄为辰州刺史,蛮夷皆向化,郡在辰水之阳,取辰溪以为名。”

现存明代湖南方志有〔洪武〕《靖州志》、〔洪武〕《永州府志》、〔嘉靖〕《澧州志》、〔万历〕《桃源县志》、〔万历〕《慈利县志》、〔万历〕《澧纪》、〔万历〕《辰州府志》等,皆为少数民族境属方志,记载湖南古代少数民族之风貌土产、碑记诗文。

“以蛮夷治蛮夷”的土司制度系元明两代统治湖南少数民族的主要方式,土司以宣慰司为最,下辖宣抚司、安抚司、长官司、土州和土舍等。在湖南,有永顺军民安抚司、保靖安抚司、靖州安抚司、慈利安抚司等,同时还设有许多卫所,按照明朝政府要求,这些地区似应修过都司志、卫所志、土司志等,惜未见历史记载。

清代府、州、县各级方志体系齐备,少数民族区域亦不例外。如《沅州府志》《永顺府志》《凤凰厅志》《古丈坪厅志》等府、厅志,《直隶澧州志》《直隶靖州志》等州志,江华、蓝山、绥宁、城步、武陵、桃源、会同、通道、溆浦、桑植等地修有县志。其中,多种方志曾经数次修纂,如《永顺县志》,现存乾隆十年(1745)、乾隆五十八年(1797)、同治十三年(1874)等三个清代版本。

湖南少数民族地方志的内容越来越丰富,类目划分越来越细致,勘校亦越来越精审,出现了许多独立成篇的专章内容,反映出对少数民族方志编纂的重视。如〔同治〕《江华县志》共十二卷,分方域、建置、赋役、职官、学校、典祀、兵防、选举、人物、风土、艺文、杂撰等十二类,其中卷十二杂撰有"猺峒"一门;〔同治〕《桂阳直隶州志》创列"洞猺志",详纪瑶族源流、民族特征、宗教信仰、风俗习惯等情况;〔道光〕《凤凰厅志》卷十一至十二为"苗防志",序曰:"苗虽异族,亦负性情,地极蛮陬,亦通声教。……而抚绥安辑之道,正不可一日稍弛也,作'苗防志'。"

湖南少数民族聚居区各府、州、县普修方志外,还修有专门的宣慰司志、卫志,全方位反映少数民族地区的沿革、疆域、山川、形胜、屯赋、建置、学校、职官、人物、物产、风俗、艺文、事纪等情况。如《永顺宣慰司志》,旧传为清初彭姓土司所作,记土司历代源流及顺治前后境内山川、风景、物产、民俗等内容,各类情况皆翔实明晰;〔康熙〕《九溪卫志》,记载九溪卫所概略,是研究明末清初苗疆卫所制度的重要史料。乡土志如《永顺县风土志》从地理、沿革、区划、山川、道路、风俗、宗教、教育及农、工、商、金融等三十个方面介绍了永顺的风土人情,其中不乏对聚居于此的少数民族的描述。

民国时期所修湖南方志中,《慈利县志》尤值称道。该志正文分14门60目,内容详今略古、详地略天、详人略物、详俗略政、详独略同、详表略文体,方志学家瞿宣颖称其为民国志中"订例最善"者。

中华人民共和国成立后,少数民族聚居地区大都建立了修志机构。《湖南省志·民族志》对全省少数民族进行了详尽的梳理,而到20世纪90年代末,自治州、市、县志已基本出齐,以《麻阳县志》《通道县志》《新晃县志》《湘西州志》《吉首市志》《泸溪县志》《凤凰县志》《花垣县志》《保靖县志》《永顺县志》《龙山县志》等编排精良。在新方志中,人民性和民族性得到了淋漓尽致的展现。如通道侗族自治县是个林业县,侗族人口占全县人口总数的百分之七十,《通道县志》即把林业篇置于经济诸篇之首,设民族专章,突出反映民族特色。还有些专志是自发编纂的,如高中晓主编的《五雷山志》,1994年9月湖南出版社出版。五雷山位于慈利县东部,有"楚南第一胜境"之称。纵观湖南少数民族新方志,省、地、县三级志书体系完备,资料翔实可靠,内容宏富,全面记述少数民族地区政治、经济、文化的发展情况,具有浓郁的地方特色和鲜明的时代特点。

二、特点

湖南少数民族地方志具有以下特点。

（一）强化方志"资治、教化、存史"的功能

〔雍正〕《江华县志》序称："户口之耗增，政治之兴革，风俗之改易，人文之崛起，山林物产之繁育，非借邑乘记载，不惟无以备观览，且何以应采风者之求耶？"对方志"资治、教化、存史"的作用和价值有非常清晰的认识。方志作为知民情、定决策的"一方之全史"，全书之命辞措字，亦必有规矩准绳，不隐恶，不虚美，真实地记录、反映该地区自然和社会的历史与现状，方可考政治之得失，观人文之盛衰。为了达到这样的目的，湖南少数民族方志的编纂者总结出大量的编纂方法。如〔雍正〕《江华县志》序曰："繁者删之，阙者补之，紊乱者更端之，后起者权与之，宁核勿滥，宁质勿华，宁为郭公之阙疑，勿为刘五之假借。"〔同治〕《江华县志》有凡例八则：一因旧，一增新，一阙疑，一补遗，一核实，一类纪，一提要，一删繁。尽力保持方志内容的客观性和真实性，接近历史原貌，反映出他们贵朴贱华、实事求是、信今传后的编纂态度。

（二）明确志书的分类思想

方志编修的目的决定其内容的选择，内容又决定体例的确定，用不同的体例反映各地方志的内容特点、范围。在长期的发展过程中，方志形成了平目体、纪传体、纲目体、编年体等诸多体例。但不论什么体例，志书的"纲举目张、目以类归"的分类思想却始终占据主体地位。湖南少数民族方志根据本地实际情况，灵活地选择运用或是创造新的体例。如〔乾隆〕《凤凰厅志》潘曙序称："郡邑之有志，盖欲使兹土之山川财赋、户口风俗、兵防学校等事，皎若列眉，采风者于此觇政治，守土者于此定设施，讵可阙而弗讲乎？"〔民国〕《九溪卫志》分沿革、疆域、山川、形胜、屯赋、建置、学校、职官、人物、风俗、特产、艺文、纪事等方面，全面展现卫所三百余年之政事变革、人才盛衰、风俗美恶等。〔雍正〕《江华县志》根据江华居楚之极南，其中瑶壮杂处的特征，特在其书末"杂记"里辟出"傜峒"一类；〔同治〕《江华县志》沿用其例，卷十二"杂撰"有"猺峒"一门。《湘西州志》（湖南人民出版社，1999 年）是湘西土家族苗族自治州首部通志，首列总述、大事记，后设二十四卷：建置，自然资源与环境，党派、群团，人大、政府、政协，公安、司法，军事，革命根据地，民政、劳动、人事、监察，经济综述，农业，工业，交通、邮电，城乡建设、环境保护，贸易，财税、金融，经济综合管理，教育、科技，文化、广播、电视、报刊，卫生、体育，旅游，人口，民族，方言，宗教，人物。

（三）区分"志"与"史"的编纂

清人程大夏说："志与史不同，史兼褒贬，重垂戒也，志则志其佳景、奇迹、名人、胜

事,以彰一邑之盛。"方志中关于政治经济、物产风俗等事实均有较丰富、系统的记载,可见志书编纂者的任务,是按照一定的编纂原则和方法搜集、筛选、整理资料。它不承担探索历史发展规律的任务,编纂者如果对客观的资料进行主观的、随机的评议,不仅会改变志书资料性文献的性质,抹杀其与历史书的区别,而且会使志书丧失"述而不论""客观真实"的基本属性。如〔道光〕《凤凰厅志》就有这种"志""史"分开的自觉意识,其凡例称:"志与史异,史则有纪、有表、有传、有赞,志必条其城邑、山川、水泉、亭道、官民、物利、先贤、旧迹类,而志之以示垂信,若故务为新奇,或妄为附会,皆有乖体例,识者讥焉。"对任意臆改、妄加评议的编纂态度提出了委婉批评。

三、价值

〔民国〕《永顺县风土志》作者刘正学自序云:"余既解兵归来,目睹其状概,间阎之萧条,痛吾民之流离,杞忧正长,补益无术,然而弭盗莫如使之爱乡,爱乡余以为又莫如使之识本邑之现势,而各择就其农工商业之轨范,此本书编辑之意也。"因此要真正了解湖南少数民族,就必须要深入研究反映其生活和发展概况的方志,挖掘其蕴藏的思想内涵和历史事实。

方志具有浓郁的地方特色,"从总的方面来说虽有其共性,但是,由于各自的地理形势、山川气候、物产资源、风土人情以及社会环境等方面不尽相同,于是各地所编的方志在内容上必然是各见特色。"①内容上的独特性是各地方志编纂的最大价值,少数民族方志内容中最显著的价值就是它的"民族性",因此涉及少数民族地区的方志,就必须抓住其主要的地方民族特点,挖掘一个特定地域的地理位置、自然地理条件、历史等地方民族性特点,探究这些地方民族性特点形成和发展的原因以及对本地区的政治、经济、文化发展的影响。湖南少数民族地方志的价值不容小视,主要体现在以下方面。

(一)地方志反映了各少数民族的由来、迁徙、风俗、教育、文化、科技等方方面面的历史情况

有反映民族风土习俗的,如〔同治〕《江华县志》卷十"风土"习尚条云:"江华民猺杂处,编竹为篱,结草为庐。衣布帛而不文绣,食稻粱而不珍错。人敦古,处士少宦情。一二殷实之家,岩栖谷汲,有老死不识官长者。城市无茶坊酒肆之设,青楼尤所未睹。妇女多跣足,操井臼,不炫妆饰,此其可风矣。"有反映民族由来的,如〔乾隆〕《芷江县志》卷五"志风土"西溪风俗条云:"黄帝之曾孙卜明生白犬,是为蛮人之祖。应劭衍其说,遂以为高辛氏之犬,名曰槃瓠,妻帝之女,生六男六女,自相夫妇,是为南蛮。"有反映学校建置、

① 仓修良.方志学通论[M].济南:齐鲁书社,1990:68.

科考制度等教育情况的,如〔康熙〕《永定卫志》卷二"文教"云:"本卫儒学,明正统八年遵制同西北诸卫设学,以教武胄暨兵庶秀士。……设官训导二员,生员廪膳二十人,增广二十人,附学无定数。……又后武职之子弟向学能文者,于卫掌印官起文详学道,附入红案称武生,遇考,文理优长即充附。司寨之子质果可造,亦赴学,使收考与进,称为苗生。"说明卫学向土官、土司子弟开放,鼓励他们接受儒学教育,参加科举。有反映少数民族财赋情况,揭示少数民族地区经济变迁的,如〔民国〕《永顺县风土志》二三"财政":"庄谷,系土司彭氏之私田,计四十八庄,年约收租谷四百余官石。彭氏嫡派回江西原籍后,此项庄谷向归地方官代收,清代绿营未裁则以之充本邑士兵之采买谷。"

(二)地方志记录了湖南少数民族与汉民族的关系史

查阅古代湖南少数民族地区方志,其内容很大一部分是反映少数民族不断反抗和斗争、中央王朝不断征剿和安抚的历史过程。湖南少数民族居民一部分被融合于汉民族,一部分则聚居湖南境内,保持单一的民族性自我演化和发展。中央王朝对他们征抚并用,实行"绥抚"和"以蛮治蛮"的政策。东汉光武中期刘尚、马援对"武陵五溪蛮"的大规模征讨,东汉"溇中蛮""澧中蛮"的反抗斗争,羁縻州时期少数民族的地方兵制和军事防戍,"溪州铜柱记"的始末,宋代"开梅山",元代土司制度,明代卫所守备以及成群堡哨的建置、数百里"边墙"的修筑,清代"改土归流"及乾嘉苗民大起义等等,均在方志中有所记载。许多方志列出专章,详细记述兵制屯防的情况。如〔同治〕《江华县志》卷十二"杂记"中"猺峒"一门单列"叛服考略"一类,从东汉光武时武陵蛮入寇,将军刘尚战殁,又遣伏波将军马援击破之,一直叙述到清代的抗争。又如〔康熙〕《桃源县志》卷一就列出"兵变"一门,记载东汉建武二十四年(48)七月武溪蛮与冯成、马援之间的战争,按时间编排,一直到明崇祯十六年(1643)春。

古代湖南少数民族多统称为"苗"。元明时代形成了几大相对稳定的"生苗"区,湖南境内的就聚集在武陵五溪地区,即今湘西地区。明代修筑堡哨、"边墙"划定出"生苗"和"熟苗"的界址,对苗疆进行军事封锁和限制,清代以武力进剿"开辟"苗疆,这些措施都激起了苗民及其他少数民族的不断反抗。伍新福认为:"在先秦典籍和《史记》《汉书》中,即有关于苗族先民的记载。此后,历代封建统治者对苗族'征伐'不断,在官方文献中,更是史不绝书。"①许多方志都将"苗防"单列出来,如〔乾隆〕《凤凰厅志·苗防考》、〔光绪〕《湖南通志·苗防》等。〔道光〕《凤凰厅志》序曰:"征一郡一县之事,莫重于志。凤凰厅僻处楚边,峒苗错据……而于屯防、苗防诸要政尤加详赅。"卷十一、十二皆为"苗防志",保存了大量有关征苗、平苗、抚苗的战争过程和历朝官府治苗政策的文献,如明

---

① 伍新福.中国苗族通史[M].贵阳:贵州民族出版社,1999:4.

王士琦《苗地屯粮议》、游震得《边防议》、侯加地《边哨考》《边哨疆域考》、蔡复《抚治苗疆议》,清刘应中《边墙议》、赵申乔《苗边九款疏》《治苗十三条》等。

（三）艺文志保存了大量少数民族文人作品和相关史料

最初的方志内容不出地理书范畴,宋代始由地理扩充到人文、历史方面,其中艺文志在地方志中占有重要地位。艺文志录一地之文献,除了诗文外还兼收诏、策、令、奏议、制诰、墓志、碑铭等,与政治、经济、教育等相关领域的内容及论述相呼应,内容繁复,多层面、多角度地反映社会和文化万象。〔道光〕《凤凰厅志》卷十九"艺文志"开篇明义:"道所灿著为文炳日星也,道所散见为艺协规矩也。然书数艺也,而实统于文,词章文也,而必系以艺,则艺与文固一而二、二而一者。……凤凰踞楚之西,拱京之北,虽边陲荒僻,著作无多,而献禾有奏,抚苗有铭,即分土设官,亦莫不勒石以垂于后。又况高山流水自有清音,俯察仰观定多寄托,彼夫赋尚体物,诗贵缘情,要皆考辞就班,选义按部。以故宽为收之,严为取之,俾观风者于此得其实,亦问俗者于此知其真也。"这段话先是阐述"艺"与"文"相辅相成、互为表里的密切关系,其次论述一地虽偏僻,仍有奏议、碑铭、诗赋等多种文体的文献出现,将这些文献经过筛选编辑,根据特定的目的加以编排,取其精华,最后点明方志艺文志的重要作用,详尽记载一地之艺文,为当时和后世保存地方词章名篇。

湖南少数民族方志中保存了大量的辞章名篇,具有较高的文学及文化价值,如《溪州铜柱记》、汉代马援七言古诗《武溪深行》;同时留下了许多地方官员和当地文人的奏议碑记,如明刘武臣《九溪科目题名碑》、明刘桌《新建五寨城记》、清董儒《九溪卫志》序言;还记载了许多当地少数民族文人儒士的民间文献,如苗族人石鼎、吴鹤、满朝荐,土家族人陈光泰、覃远琏、彭勇行、彭碧筠,侗族人雷再浩、张日仑等,反映出在汉文化的熏染下,湖南少数民族的汉文化水平有了很大提高,出现了自己民族的文化名人,留下了一批诗文,其中不乏文学精品。

纵观湖南少数民族地方志,在保存民族史料、记录族群发展历史方面具有不可替代的价值,凸显出鲜明的民族性和时代性特征。

第三节　湖南少数民族区域地方志目录

本目录收录湖南少数民族区域（包括现在实行民族区域自治政策或享受民族自治地方优惠政策待遇的 17 个县市,以及历史上的传统少数民族区域）现存的地方志。

晋代

《荆州土地记》。陈运溶自《北堂书钞》《艺文类聚》辑得 9 条,收入《麓山精舍丛书》中。

《荆州记》一卷,范汪撰。陈运溶自《史记》《北堂书钞》《艺文类聚》《初学记》等书辑得 9 条,收入《麓山精舍丛书》中。

《湘中山水记》三卷,耒阳罗含撰。陈运溶据《水经注》引、《初学记》引、《太平御览》引辑得 7 条,收入《麓山精舍丛书》中。

南朝

《荆州记》三卷,南朝宋盛弘之撰。陈运溶自各种唐宋类书中辑得若干,按《晋书·地理志》郡县次序排列,仍为三卷,收入《麓山精舍丛书》中。

《荆州记》一卷,南朝宋庾仲雍撰。《麓山精舍丛书》辑有佚文 10 余条。

《营阳郡记》,南朝宋佚名撰。陈运溶据《续汉书·郡国志》刘昭注引辑得 2 条,收入《麓山精舍丛书》中。

《荆南志》二卷,南朝梁元帝萧绎撰。陈运溶自《太平御览》《太平寰宇记》辑得佚文 9 条,名《荆南地志》,收入《麓山精舍丛书》中。

《武陵图志》,南朝梁武陵伍安贫撰。陈运溶据《酉阳杂俎》《舆地纪胜》等辑得佚文 9 条,名《武陵记》,收入《麓山精舍丛书》中。

《神壤记》一卷,南朝梁武陵黄闵撰。陈运溶据《后汉书》引、《北堂书钞》引、《初学记》引、《太平御览》引辑得 24 条,收入《麓山精舍丛书》中。

《沅川记》,南朝梁武陵黄闵撰。《汉唐地理书钞》辑有佚文 7 条。

《荆楚岁时记》一卷,南朝梁宜都宗懔撰。陈运溶据《艺文类聚》《初学记》《太平御览》辑得若干条,收入《麓山精舍丛书》中。

唐代

《道州图经》。陈运溶据《太平御览》引辑得 1 事。

宋代

《永州风俗记》,武陵柳拱辰撰。陈运溶据《舆地纪胜》辑得 4 事。

《辰州风土记》六卷,缙云田渭撰,隆兴二年(1164)郡守徐彭年修。陈运溶据《舆地纪胜》引辑得 4 事。

《春陵旧图经》。陈运溶据《舆地纪胜》引辑得 3 事。

《道州风俗记》。陈运溶据《舆地纪胜》引辑得 2 事。

《零陵志》。陈运溶据《舆地纪胜》引辑得《永州图经》3 事。

〔淳熙〕《零陵志》十卷,张埏修。《宋史·艺文志》著录。陈运溶据《舆地纪胜》引辑得 5 事。

《邵州图经》。陈运溶据《舆地纪胜》引辑得 7 事。

〔淳熙〕《邵州图志》三卷,李韦之撰。陈运溶据《舆地纪胜》引辑得 7 事。

〔庆元〕《都梁志》二卷,郑昉修。《宋史·艺文志》著录。陈运溶据《舆地纪胜》引辑得 5 事。

《武冈军志》。陈运溶据《舆地纪胜》引辑得 8 事。

《常德图经》,胡介修。陈运溶据《舆地纪胜》引辑得 15 事。

《澧州续图经》。陈运溶据《舆地纪胜》引辑得 12 事。

《辰州图经》。陈运溶据《舆地纪胜》引辑得 2 事。

《沅州图经》四卷。陈运溶据《舆地纪胜》引辑得 10 事。

《靖州图经》。陈运溶据《舆地纪胜》引辑得 8 事。

《桂阳图志》六卷,郑绅撰。陈运溶据《舆地纪胜》引辑得 11 事。

《溪蛮丛笑》一卷,朱辅撰。收入《四库全书》中。

明代

《湖广图经志书》二十卷,明成化二十年(1484)湖广督学副使薛纲创修,正德年间右都御史吴廷举续编。明嘉靖刻本。南京图书馆藏卷二至二十,天一阁藏卷一。

《湖广总志》九十八卷,徐学谟纂修。明万历刻本。湖南图书馆藏。

《安化县志》,陈德宁、方清、姜用璋纂修。明嘉靖二十二年(1543)刻本。台北汉学研究中心藏。

《宝庆府志》五卷,陆㯧修,苏□、段文岳纂。明隆庆元年(1567)刻本。日本国会图书馆藏,天一阁藏卷四至五。

《新化县志》十一卷,佘杰修,刘轩纂。明嘉靖二十九年(1550)刻本。台北汉学研究中心藏。

《永州府志》十二卷,虞自铭修,胡琏纂。明洪武十六年(1383)刻本。台北汉学研究中心藏。

《永州府志》十卷,姚昺、沈钟纂修。明弘治八年(1495)刻本。天一阁藏。

《永州府志》十七卷,史朝富、陈良珍修,蒋如桂纂。明隆庆四年(1570)刻本。台北汉学研究中心藏。

《道州志》，梁祖尧修，黄应元纂。明万历四十三年（1615）刻本。国家图书馆藏卷十二至十四。

《江华县志》九卷，杜渐修，费栢纂。明万历二年（1574）刻本。国家图书馆藏卷一至六。

《江华县志》四卷，刘时征修，滕元庆、费华楚纂。明万历二十九年（1601）刻本。台北汉学研究中心藏。

《宁远县志》二十卷，唐之儒、荆朝玺等纂修。明万历二十四年（1596）刻本。上海图书馆藏卷十三至二十。

《郴州志》十六卷，胡汉修，黄尚明、刘本学纂。明万历四年（1576）刻本。天一阁藏，1963 年上海古籍书店据以影印。

《常德府志》二十卷，陈洪谟、贺廷夔纂。明嘉靖二十六年（1547）刻本。天一阁藏，1964 年上海古籍书店据以影印。

《澧州志》六卷，水之文等修，李献阳纂。明嘉靖四十一年（1562）刻本。天一阁藏卷二至六，台北汉学研究中心藏卷一。

《澧纪》十九卷首一卷，澧州高尚志撰。明万历四十年（1612）刻本。上海图书馆藏。

《桃源县志》二卷，郑天佐、李春熙等纂修。明万历四年（1576）刻本。日本尊经阁文库藏。

《慈利县志》十八卷，陈光前纂修。明万历元年（1573）刻本。天一阁藏，1964 年上海古籍书店据以影印。

《辰州府志》八卷，侯加地增修。明万历四十三年（1615）刻本。国家图书馆藏卷一至六、八。

《靖州志》不分卷，明洪武时修。明乌丝栏抄本。台北汉学研究中心藏。

清代

《湖南通志》一百七十四卷首一卷，陈弘谋等修，范咸、欧阳正焕纂。清乾隆二十二年（1757）刻本。湖南图书馆藏。

《湖南通志》二百十九卷首三卷末六卷，翁元圻等修，王煦、罗廷彦纂。清嘉庆二十五年（1820）刻本。湖南图书馆藏。

《湖南通志》二百八十八卷首八卷末十九卷，李瀚章、卞宝第修，曾国荃、李元度等纂。清光绪十一年（1885）长沙府学宫尊经阁刻本。湖南图书馆藏。

《常宁县志》十三卷，张问明修，殷铭纂。清康熙十二年（1673）刻本。国家图书馆藏卷一至四、十至十三。

《常宁县志》二十九卷，侯国正、孙镜修，段巘生、邓必科纂。清雍正十年（1732）刻本。故宫博物院图书馆藏。

《常宁县志》三十二卷，杨纯道修，王绅、段绍章纂。清嘉庆四年（1799）刻本。故宫博物院图书馆藏。

《常宁县志》十六卷首一卷，玉山修，李孝经等纂。清同治九年（1870）右文书局刻本。湖南图书馆藏。

《郴州总志》十一卷，陈邦器修，李嗣泌纂。清康熙二十四年（1685）刻本。国家图书馆藏。湖南图书馆藏1964年抄本。

《郴州总志》十二卷，范廷谋增修，蔡来仪增纂。清康熙五十八年（1719）刻本。国家图书馆藏。

《直隶郴州总志》三十卷首一卷末一卷，谢仲坑修，杨桑阿续修，何全吉纂。清乾隆三十五年（1770）刻本。湖南图书馆藏卷十二至十八、二十七至二十八。

《直隶郴州总志》四十三卷首一卷，朱偓等修，陈昭谋纂。清嘉庆二十五年（1820）刻本。湖南图书馆藏。

《桂阳州志》十四卷，董之辅修，吴为相等纂。清康熙二十二年（1683）刻本。国家图书馆藏卷一至十一。

《桂阳州志》十四卷，张明叙修，李琼林纂。清雍正七年（1729）刻本。国家图书馆藏。

《直隶桂阳州志》二十八卷首一卷，张宏燧修，卢世昌纂。清乾隆三十年（1765）刻本。故宫博物院图书馆藏。

《直隶桂阳州志》二十八卷首一卷补续一卷，周仕仪、李呈焕增补。清嘉庆十年（1805）刻本。湖南图书馆藏。

《湖南直隶桂阳州志》四十三卷首一卷，袁成烈修，曹昌纂。清嘉庆二十三年（1818）刻本。湖南图书馆藏。

《桂阳直隶州志》二十七卷首一卷，汪敩灏修，王闿运等纂。清同治七年（1868）刻本。湖南图书馆藏。

《临武县志》十六卷首一卷，张声远修，邹章周纂。清康熙二十七年（1688）刻本。故宫博物院图书馆藏。

《临武县志》十六卷首一卷，清乾隆十九年（1754）增补康熙二十七年本。天津图书馆藏。

《临武县志》四十七卷首一卷，邹景文修，曹家玉纂。清嘉庆二十二年（1817）刻本。

湖南图书馆藏。

《临武县志》四十七卷首一卷,吴洪恩续修,陈佑启续纂。清同治六年(1867)刻本。湖南图书馆藏。

《兴宁县志》十三卷,耿念劬修,林春芳纂。清康熙九年(1670)刻本。国家图书馆藏。

《兴宁县志》十二卷,罗绅修,张九镡纂。清乾隆二十四年(1759)刻本。国家图书馆藏。

《兴宁县志》十二卷,张伟修,孙铤纂。清道光元年(1821)刻本。湖南图书馆藏。

《兴宁县志》十八卷首一卷末一卷,郭树馨、刘锡九修,黄榜元、许万松纂。清光绪元年(1875)刻本。湖南图书馆藏。

《桂阳县续志》一卷,沈玘修,邓嗣禹纂。清康熙二十年(1681)刻本。国家图书馆藏。

《桂阳县志》十三卷,凌鱼、黄文理修,朱有裴、李宗纂,吴乘时增补。清嘉庆七年(1802)刻本。故宫博物院图书馆藏。

《桂阳县志》十卷,常庆纂修。清嘉庆二十二年(1817)刻本。北京大学图书馆藏。湖南图书馆藏抄本,缺卷八。

《桂阳县志》二十二卷首一卷,钱绍文等修,朱炳元等纂。清同治六年(1867)木活字印本。湖南图书馆藏。

《桂阳县乡土志》一卷,胡祖复编。清光绪三十四年(1908)木活字印本。湖南图书馆藏。

《永州府志》二十四卷,刘道著修,钱邦芑纂。清康熙九年(1670)刻本。日本内阁文库藏。

《永州府志》二十四卷,姜承基修,常在纂。清康熙三十三年(1694)刻本。湖南图书馆藏。

《永州府志》十八卷首一卷,吕恩湛等修,宗绩辰等纂。清道光八年(1828)刻本,又有清同治六年(1867)刻本。湖南图书馆藏。

《零陵县志》十四卷,王元弼修,黄佳色纂。清康熙二十三年(1684)刻本。湖南图书馆藏,缺卷十一、十二、十四。

《零陵县志》十六卷,武占熊修,刘方璇等纂。清嘉庆十五年(1810)刻本。湖南图书馆藏。

《零志补零》三卷,宗霈纂修。清嘉庆二十二年(1817)刻本。湖南图书馆藏。

《新田县志》十卷,张厚郿等修,乐明绍等纂。清嘉庆十七年(1812)刻本。湖南图书馆藏。

《宁远县志》十四卷,钟人文纂修。清乾隆十九年(1754)刻本。故宫博物院图书馆藏。

《宁远县志》十卷首一卷,曾钰纂修。清嘉庆十六年(1811)刻本。湖南图书馆藏。

《宁远县志》八卷,张大煦修,欧阳泽闿纂。清光绪元年(1875)崇正书院刻本。湖南图书馆藏。

《九疑山志》四卷,詹惟圣纂修。清康熙二年(1663)刻本。国家图书馆藏。

《九疑山志》四卷,徐旭旦纂修。清康熙四十八年(1709)宁远县署刻本。清华大学图书馆藏。

《九疑山志》四卷,吴绳祖修,樊在廷纂。清嘉庆元年(1796)滇南吴氏退思斋刻本。湖南图书馆藏。

《永明县志》十三卷,谭惟一修,蒋士昌纂。清康熙六年(1667)刻本。国家图书馆藏卷四至十三。

《永明县志》十四卷首一卷,周鹤修,王缵纂。清康熙四十八年(1709)刻本。湖南图书馆藏。

《永明县志》十三卷首一卷,王春藻、刘圭修,徐典等纂。清道光二十六年(1846)刻本。天津图书馆藏。又有1933年铅印本。湖南图书馆藏。

《永明县志》五十卷首一卷末一卷,万发元修,周铣诒纂。清光绪三十三年(1907)刻本。湖南图书馆藏。

《蓝山县志》十五卷首一卷,刘涵修,刘世臣纂。清康熙五十五年(1716)修。故宫博物院图书馆藏抄本。

《蓝山县志》十二卷,闵从隆纂修。清乾隆二十五年(1760)刻本。故宫博物院图书馆藏。

《蓝山县志》十六卷末一卷,谭震修,王国琳纂。清嘉庆十五年(1810)刻本。湖南图书馆藏。

《蓝山县志》十六卷末一卷,胡鄂荐、洪锡绶修,钟范等纂。清同治六年(1867)刻本。湖南图书馆藏。

《江华县志》十一卷首一卷,郑鼎勋修,蒋琛纂。清雍正七年(1729)刻雍正十一年(1733)补刻本。湖南图书馆藏。

《江华县志》十二卷首一卷,刘华邦修,唐为煌纂。清同治九年(1870)刻本。湖南图书馆藏。

《宝庆府志》三十八卷首一卷,梁碧海修,刘应祁纂。清康熙二十三年(1684)刻本。

湖南图书馆藏。

《宝庆府志》八十四卷首二卷,郑之侨纂修。清乾隆二十八年(1763)刻本。湖南图书馆藏。

《宝庆府志》一百四十三卷首二卷末三卷,黄宅中、张镇南修,邓显鹤纂。清道光二十九年(1849)濂溪书院刻本。湖南图书馆藏。

《新宁县志》二十六卷首一卷,张葆连修,刘长佑、刘坤一纂。清光绪十九年(1893)新宁金城书院刻本。湖南图书馆藏。

《新宁县志稿》不分卷,佚名纂修。清光绪稿本。湖南图书馆藏。

《新宁县乡土志》二卷,欧阳俌纂修。清光绪三十四年(1908)刻本。江苏地理研究所图书馆藏。

《绥宁县志》五卷,杨九鼎修,周文濂纂,范成龙续修。清康熙二十四年(1685)刻本。国家图书馆藏。

《绥宁县志》二十卷,程际泰修,幸超士纂。清乾隆十九年(1754)刻本。故宫博物院图书馆藏。湖南图书馆藏抄本。

《绥宁县志》四十卷首一卷,方传质修,龙凤翯纂。清同治六年(1867)刻本。湖南图书馆藏。

《武冈州志》十二卷首一卷,吴从谦修,潘应斗、潘应星纂。清康熙二年(1663)刻本。浙江图书馆藏。湖南图书馆藏抄本。

《武冈州志》十卷,席芬修,周思仁等纂。清乾隆二十二年(1757)刻本。天津图书馆藏。湖南图书馆藏卷一至八。

《武冈州志》三十卷首一卷,许绍宗修,邓显鹤纂。清嘉庆二十二年(1817)刻本。湖南图书馆藏。

《武冈州志》五十四卷首一卷,黄维瓒、潘清修,邓绎纂。清光绪元年(1875)刻本。湖南图书馆藏。

《武冈州乡土志》不分卷,张德昌编。清光绪三十四年(1908)文德堂木活字印本。湖南图书馆藏。

《城步县志》十卷,王谦修,杨时宪纂。清康熙二十四年(1685)刻本。国家图书馆藏。

《城步县志》不分卷,贾构修,易文炳、向宗乾纂。清乾隆五十年(1785)刻本。日本东洋文库藏。

《城步县志》十卷,盛镒源修,戴联璧、陈志升纂。清同治六年(1867)武攸文友堂刻本。湖南图书馆藏。

《鼎修常德府志》十卷,胡向华修,贺奇纂。清康熙九年(1670)刻本。湖南图书馆藏。

《常德府志》四十八卷附文征九卷首一卷丛谈三卷,应光烈修,陈楷礼纂。清嘉庆十八年(1813)刻本。湖南图书馆藏。

《桃源县志》四卷,陈洪范修,罗人琼纂。清康熙四年(1665)刻本。湖南图书馆藏,缺卷二。

《桃源县志》四卷,汪虬修,罗人琼纂。清康熙二十四年(1685)刻本。国家图书馆藏。

《桃源县志》二十卷首一卷,谭震、方堃修,文运升纂。清道光三年(1823)刻本。湖南图书馆藏。

《桃源县志》二十卷首一卷,罗行楷修,沙明焯、郭世嵌纂。清同治八年(1869)刻本。湖南图书馆藏。

《桃源县志》十七卷首一卷末一卷,余良栋修,刘凤苞纂。清光绪十八年(1892)刻本。湖南图书馆藏。

《桑植县志》四卷首一卷,顾奎光纂修。清乾隆二十九年(1764)刻本。故宫博物院图书馆藏。湖南图书馆藏抄本。

《桑植县志》八卷首一卷,魏式曾、周来贺修,卢元勋、萧长裕纂,龙起涛、郑燮文等增补。清同治十二年(1873)刻光绪十九年(1893)增补刻本。湖南图书馆藏。

《岳州府慈利县志》四卷,胡公威修,叶琼纂。清康熙二十四年(1685)刻本。国家图书馆藏。

《重修慈利县志》八卷首一卷,李约修,皇甫如森纂。清嘉庆二十二年(1817)刻本。湖南图书馆藏。

《慈利县志》十四卷首一卷,嵇有庆、蒋恩澍修,魏湘纂。清同治八年(1869)慈利县尊经阁刻本。湖南图书馆藏。

《慈利县图志》十卷首一卷,吴恭亨纂修。清光绪二十二年(1896)刻本,又有1922年铅印本。湖南图书馆藏。

《石门县志》三卷,张霖纂修。清康熙二十二年(1683)刻本。国家图书馆藏。

《石门县志》三卷,许湄续修。清康熙四十八年(1709)刻本。故宫博物院图书馆藏。

《石门县志》五十五卷首一卷,苏益馨等修,梅峄纂。清嘉庆二十三年(1818)刻本。湖南图书馆藏。

《石门县志》十四卷首一卷,林葆元、陈煊修,申正飏等纂。清同治七年(1868)石门县学宫文昌阁刻本。湖南图书馆藏。

《石门县志》六卷,清光绪十五年(1889)刻本。湖南图书馆藏。

《九溪卫志》三卷,董儒修纂。清康熙二十四年(1685)刻本。国家图书馆藏。

《永定卫志》三卷,潘义修,杨显德纂。清康熙二十四年(1685)刻本。湖南图书馆藏。

《永定县志》八卷,赵亨钤修,熊国夏、王师麟纂。清道光三年(1823)刻本,又有1963年石印本。湖南图书馆藏。

《续修永定县志》十二卷首一卷,万修廉等修,张序枝等纂。清同治八年(1869)刻本。湖南图书馆藏。

《辰州府志》八卷,鄢翼明纂修。清康熙五年(1666)刻本。国家图书馆藏卷一、五至八。

《辰州府志》八卷,刘应中等纂修。清康熙二十四年(1685)刻本。湖南图书馆藏卷二至四、六至八。

《续编辰州府志》八卷,永泰纂修。清乾隆五年(1740)刻本。北京大学图书馆藏。

《辰州府志》五十卷首一卷,诸重光、席绍葆修,谢鸣谦、谢鸣盛纂。清乾隆三十年(1765)刻本。湖南图书馆藏。

《会同县志》八卷,曹兴隆修,唐文绚纂。清康熙二十二年(1683)增刻康熙十一年本。湖南图书馆存有胶卷。

《会同县志》十卷首一卷,于文骏修,梁嘉瑜纂。清乾隆十九年(1754)刻本。故宫博物院图书馆藏。湖南图书馆藏抄本。

《会同县志》十二卷首一卷,朱澍修,夏昌言纂。清嘉庆二十四年(1819)刻本。湖南图书馆藏。

《重修会同县志》十四卷首一卷,孙炳煜修,黄世昌等纂。清光绪二年(1876)刻本,又有民国石印本。湖南图书馆藏。

《靖州志》六卷,祝钟贤修,李大翥纂。清康熙二十三年(1654)刻本。国家图书馆藏。湖南图书馆藏抄本。

《靖州志》十四卷首一卷末一卷,吕宣曾修,张开东纂。清乾隆二十六年(1761)刻本。湖南图书馆藏。

《直隶靖州志》十二卷首一卷,魏德畹纂修,觉罗隆恩续修,汪尚友续纂。清道光十七年(1837)刻本。湖南图书馆藏。

《靖州直隶州志》十二卷首一卷末一卷,吴起凤、劳铭勋修,唐际虞、李廷森纂。清光绪五年(1879)刻本。湖南图书馆藏。

《靖州乡土志》四卷首一卷,金蓉镜编。清光绪三十四年(1908)刻本。湖南图书馆藏。

《通道县志》二卷,殷道正纂修。清康熙二十三年(1684)刻本。国家图书馆藏。

《通道县志》十卷首一卷,蔡象衡纂修。清嘉庆二十年(1815)刻本。湖南图书馆藏。

《晃州厅志》四十四卷首一卷,俞克振修,梅峄纂。清道光五年(1825)刻本。湖南图书馆藏。

《沅州志》八卷,杨希震修,孟长醇纂。清康熙二十四年(1685)刻本。国家图书馆藏卷一、八。

《沅州府志》五十卷首一卷,瑭珠修,朱景英纂。清乾隆二十二年(1757)刻本。中国科学院图书馆。凤凰县图书馆藏卷十二至十五。

《沅州府志》四十卷首一卷,张官五修,龚琰纂,吴嗣仲等续修。清同治十二年(1873)刻本。湖南图书馆藏。

《芷江县志》十二卷,闵从隆纂修。清乾隆二十五年(1760)刻本。武汉大学图书馆藏。

《芷江县志》五十九卷,胡礼篪修,黄凯纂。清道光十九年(1839)刻本。广东省立中山图书馆藏。

《芷江县志》六十四卷首一卷,盛庆绂、吴秉慈修,盛一林纂。清同治九年(1870)刻本。湖南图书馆藏。

《麻阳县志》十卷,陈五典纂修。清康熙九年(1670)刻本。国家图书馆藏卷一至三、九。

《锦江志略》一卷,陈五典纂。清康熙十一年(1672)刻本。国家图书馆藏。

《麻阳县志》十卷,黄志璋纂修。清康熙二十四年(1685)刻本。日本内阁文库藏。

《麻阳县志》十卷,陈辉璧纂修。清康熙三十三年(1694)刻本。国家图书馆藏。

《续麻阳县志》二卷,赵弘仪纂修,秦周增修,施敬增纂。清乾隆十二年(1747)刻本。国家图书馆藏。

《新修麻阳县志》十四卷首一卷,姜钟琇、黄金模修,刘士先、王振玉纂。清同治十三年(1874)刻本。湖南图书馆藏。

《辰溪县志》一卷,朱兆梓纂修。清康熙二十四年(1685)刻本。国家图书馆藏。

《辰溪县志》八卷,陈承虞修,刘亮纂。清雍正九年(1731)刻本。国家图书馆藏。

《辰溪县志》四十卷首一卷,徐会云等修,刘家传等纂。清道光元年(1821)刻本。湖南图书馆藏。

《溆浦县志》一卷,荆柯纂修。清康熙八年(1669)刻本。国家图书馆藏。

《溆浦县志》二卷,黄一贞等纂修。清康熙二十五年(1686)刻本。日本内阁文库藏。

《溆浦县志》二十卷首一卷末一卷,陶金谐修,杨鸿观纂。清乾隆二十七年(1762)刻本。国家图书馆藏。

《溆浦县志》二十四卷首一卷,齐德五修,舒其锦纂。清同治十二年(1873)刻本。湖南图书馆藏。

《沅陵县志》一卷,傅以新纂修。清康熙二十四年(1685)刻本。国家图书馆藏。

《沅陵县志》十卷首一卷末一卷,郎廷樑修,张佳晟纂。清康熙四十四年(1705)刻本。国家图书馆藏。

《沅陵县志》五十卷首一卷,守忠等修,许光曙纂。清同治十二年(1873)刻本,又有清光绪二十八年(1902)补版重印本。湖南图书馆藏。

《永顺宣慰司志》,佚名纂。清初抄本。国家图书馆藏卷二。

《永顺府志》十二卷首一卷,张天如修,顾奎光纂。清乾隆二十八年(1763)刻本。国家图书馆藏。湖南图书馆藏抄本。

《永顺府志》十二卷首一卷,魏式曾续修,郭鉴襄续纂。清同治十二年(1873)补刻乾隆二十八年本。湖南图书馆藏。

《乾州志》四卷,王玮纂修。清乾隆四年(1737)刻本。国家图书馆藏。湖南图书馆藏抄本。

《乾州厅志》十六卷首一卷,蒋琦溥修,张汉槎纂,林书勋增修,张先达增纂。清光绪三年(1877)刻本。湖南图书馆藏。

《凤凰厅志》二十三卷,潘曙修,凌标纂。清乾隆二十三年(1758)刻本。故宫博物院图书馆藏。

《凤凰厅志》二十卷首一卷,黄应培修,孙钧铨、黄元复纂。清道光四年(1824)刻本。湖南图书馆藏。又有清光绪七年(1881)增刻本。上海师范大学图书馆藏。

《凤凰厅续志》十六卷首一卷,侯晟、耿维中修,黄河清纂。清光绪十八年(1892)刻本。浙江图书馆藏。

《凤凰厅乡土志》,佚名纂修。清光绪抄本。国家图书馆藏。

《泸溪县志》八卷,邵时英修,余廷兰纂。清康熙六年(1667)刻本。国家图书馆藏卷一至四。

《泸溪县志》二十四卷,顾奎光修,李涌纂。清乾隆二十年(1755)刻本。故宫博物院图书馆藏。湖南图书馆藏抄本。

《古丈坪厅志》十六卷,董鸿勋纂修。清光绪三十三年(1907)铅印本。湖南图书馆藏。

《永顺县志》四卷,李瑾纂修,王伯麟增修。清乾隆十年(1745)刻本。国家图书馆藏。

《永顺县志》四卷首一卷,黄德基修,关天申纂。清乾隆五十八年(1793)刻本。湖南图书馆藏。

《永顺县志》八卷首一卷末一卷,魏式曾、唐赓修,李龙章纂。清同治十三年(1874)刻本。湖南图书馆藏。

《龙山县志》十六卷首一卷,缴继祖修,洪际清纂。清嘉庆二十三年(1818)刻本。湖南图书馆藏。

《龙山县志》十六卷首一卷,符为霖修,刘沛纂,谢宝文增修,刘沛增纂。清光绪四年(1878)刻本。湖南图书馆藏。

《龙山县志略》一卷,朱克敬纂修。清同治八年(1869)刻本。北京大学图书馆藏。

《保靖县志》四卷,王钦命修,萧肇极纂。清雍正九年(1731)刻本。国家图书馆藏。

《保靖志稿辑要》四卷,罗经畬、胡兴仁纂修。清同治八年(1869)多文堂木活字印本。湖南图书馆藏。

《保靖县志》十二卷首一卷,林继钦等修,袁祖绥纂。清同治十年(1871)刻本。湖南图书馆藏。

《永绥厅志》四卷,段汝霖纂修。清乾隆十六年(1751)刻本。国家图书馆藏。

《永绥直隶厅志》六卷,周玉衡等修,杨瑞珍纂。清同治七年(1868)刻本。湖南图书馆藏。

《永绥厅志》三十卷首一卷,董鸿勋纂修。清宣统元年(1909)铅印本。湖南图书馆藏。

民国时期

《汝城县志》三十五卷首一卷末一卷,陈必闻修,卢纯道纂。1932年木活字印本。湖南图书馆藏。

《宁远县志》二十二卷,李毓九、王者兴修,徐桢立纂。1942年石印本。湖南图书馆藏。

《蓝山县图志》三十五卷,雷飞鹏修,成守廉纂。1933年刻本。湖南图书馆藏。

《城步县志稿》。1947年稿本。湖南图书馆藏。

《桃源县志初稿》,文骏等纂修。1947年稿本。桃源县档案馆藏。

《桑植县志》十七卷,谷梅桥纂修。稿本。桑植县档案馆藏。

《慈利县志》二十卷,吴恭亨纂。1923年铅印本。湖南图书馆藏。

《石门县志稿》,申悦庐、郑廉侯纂。1944年石印本。湖南图书馆藏。

《九溪卫志》四卷,陈宗瀛纂修。1935 年抄本。湖南省社会科学院图书馆藏。

《辰溪县志存稿》,张锦周纂修。1948 年油印本。湖南图书馆藏。

《溆浦县志》三十二卷,舒立淇纂。1921 年木活字印本。湖南图书馆藏。

《沅陵县志》三十五卷,修承浩纂。1931 年稿本。湖南省社会科学院图书馆藏。

《永顺县志》三十六卷,张孔修纂。1930 年铅印本。湖南图书馆藏。

《永顺县风土志》一卷,刘正学纂。1923 年铅印本。湖南图书馆藏。

《龙山县志》十四卷,吴安波纂修。1939 年刻本。龙山县档案馆藏。

当代

《隆回县志》,刘绍运主编,中国城市出版社,1994.3

《武冈县志》,张治怡、萧时主编,中华书局,1997.4

《洞口县志》,许梓元主编,中国文史出版社,1992.12

《新宁县志》,李有春主编,湖南出版社,1995.2

《绥宁县志》,袁公湘、李焕宁主编,方志出版社,1997.7

《城步县志》,段志强、张正青主编,湖南出版社,1996.7

《澧县志》,胡振进主编,社会科学文献出版社,1993.8

《临澧县志》,杜敦来主编,中国社会出版社,1992.11

《桃源县志》,刘有恒、上官敬东主编,湖南出版社,1995.10

《石门县志》,姚应远主编,中国广播电视出版社,1993.8

《大庸市览》,胡嘉楣主编,中国文史出版社,1991.10

《大庸县志》,张振莘主编,生活、读书、新知三联书店,1995.8

《桑植县志》,谷忠诚等主编,海天出版社,2000.1

《慈利县志》,唐熙东、唐庆主编,农业出版社,1990.12

《零陵县志》,伍泉主编,中国社会出版社,1992.12

《新田县志(1813—1990)》,曾平莫、欧道明主编,新华出版社,1995.2

《江永县志》,吴多禄主编,方志出版社,1995.9

《道县志》,蒋聪顺主编,中国社会出版社,1994.5

《溆浦县志》,张选道主编,社会科学文献出版社,1993.12

《会同县志》,侯良卓主编,生活、读书、新知三联书店,1994.10

《靖州县志》,周仁美主编,生活、读书、新知三联书店,1994.10

《麻阳县志》,王来容、张湘友主编,生活、读书、新知三联书店,1994.7

《辰溪县志》,濮竟成主编,生活、读书、新知三联书店,1994.5

《沅陵县志》,周光烈主编,中国社会出版社,1993.2

《通道县志》,田自保主编,民族出版社,1999.10

《新晃县志》,杨顺沛主编,生活、读书、新知三联书店,1993.5

《湘西州志》,黄秀兰主编,湖南人民出版社,1999.12

《吉首市志》,朱强生主编,湖南出版社,1996.8

《泸溪县志》,张永安主编,社会科学文献出版社,1993.5

《凤凰县志》,田开华、李大任、周复兴主编,湖南人民出版社,1988.12

《花垣县志》,石昌炽、唐介寰、石生文主编,生活、读书、新知三联书店,1993.2

《保靖县志》,田兴中主编,中国文史出版社,1990.10

《永顺县志》,杨安位主编,湖南出版社,1995.4

《龙山县志》,曾凡富主编,内部发行,1985.12

《古丈县志》,彭明琪主编,巴蜀书社,1989.2

《蓝山县志》,陈书璧主编,中国社会出版社,1995.8

《江华瑶族自治县志》,戴维达主编,中国城市出版社,1994.5

第六章　湖南少数民族族谱综述

族谱是记载一个家族世系繁衍及家族重要成员事迹、家族重要史事的文献。

湖南少数民族族谱是了解湖南少数民族各家族迁徙发展、人口繁衍、经济状况、家族制度及人物传记等方面最原始的文献。由于公藏单位多不收藏,因此湖南少数民族族谱以往多不为人所重视。同时,湖南少数民族族谱中普遍存在着援附中原华胄、伪造始迁源流的现象,学者利用时一定要注意去伪存真。

第一节　湖南族谱

中国历史上真正意义上的族谱约出现于魏晋南北朝时期。该时期实行门阀士族制度,由官府主持修纂全国或某郡所有门阀士族的谱牒,列举每一士族的郡望、成员、官爵及血缘关系等,以确立该族是否为士族以及高门与卑门之分。"有司选举,必稽谱籍而考其真伪","官之选举,必由于簿状;家之婚姻,必由于谱系"(郑樵《通志氏族略序》),谱牒成了政府选举、士族出仕、门第婚姻的唯一根据。

隋唐二代,门阀士族仍存在,国家仍然设置谱局、谱官,谱牒都由官府修纂保存。但唐以后,国家逐步实行科举制度,贫寒之士可凭自己的才学通过科举考试来谋得出身,士族不再以门阀取得高位,因而失去了政治上的特权。李唐时期,虽然也曾多次纂修官谱,重新排序士族,将李唐皇室、后族及朝中新贵等氏族列入高等,而将原士族降低等次甚至剔出官谱,但此时的官谱仅是一种社会身份或荣誉,并无以往官谱"选官""品人""联姻"的作用。

宋代是中国族谱的转型时期,中国近代意义上的族谱由此发端。经过唐末五代连年战乱,原来的西北、中原门阀士族受到极大打击并大量消亡,形成大规模的民族融合、氏族迁徙,以往官修族谱多失修或失传,已失去存在的价值与意义。在宋代,地主阶级内部已无士庶之分、门阀之别。族谱的作用也逐渐由"别选举、定婚姻、明贵贱"的社会政治功能,转化为"尊祖、敬宗、收族"等伦理道德教育功能。宋代官府已不再设立官谱局纂修官谱,各家族各自为谱,纯属各家族私自行为。

目前官修文献中没有宋代以前湖南人所纂族谱的记载。〔光绪〕《湖南通志·艺文志》所载宋代湖南各姓族谱仅有衡阳颜学廷撰《颜氏家谱》1 种,有文天祥序,称"鲁公裔孙诩五代时令永新,诩之季子衡阳使君惠字叔岐,生四子,长元晋宦游衡郡,遂家于衡阳之石壁"。

明代湖南族谱见诸〔光绪〕《湖南通志·艺文志》者,有益阳刘宪撰《刘氏家谱》、茶陵谭时中撰《谭氏家谱》、茶陵谭玉瑞撰《谭氏家谱》、衡山茹瑺撰《茹氏家谱》、零陵蒋向荣撰《蒋氏家谱》、永明蒲彪撰《蒲氏家谱》、永明周鹏撰《周氏家谱》、桂阳朱克宽撰《朱氏家谱》,共 8 种。

清代、民国时期是湖南族谱的鼎盛时期。湖南氏族"族必有祠,宗必有谱",各家族都沿用"三十年一小修,六十年一大修"惯例,每一个人都能在族谱中找到一席之地。这时期族谱不仅数量众多,而且内容及形式都已臻完美。一部完整的湖南族谱往往会包括谱序及题词、凡例、谱论、目录、图、恩纶及诰封、家规、家训、祠规、礼仪、派语、传赞、艺文、族产资料、契据、案卷、公约、世系与齿录、义子录、长生录、如生录、修谱名目、捐资名目、领谱字号、修谱费用等内容。

新中国成立后,旧的宗族制度被打破,作为宗族制度的重要表现形式和组成部分的族谱也随之被抛弃。直至 20 世纪 80 年代,修谱活动才得以恢复。

族谱蕴藏着大量有关人口学、社会学、经济学、历史学、民族学、教育学、人物传记及地方史资料,对开展学术研究有重要价值,同时对海内外华人寻根认祖、增强民族凝聚力也有着重要意义。而族谱之不足,也为人所深刻认识。族谱之不可信,也是各方志多不列氏族志、各艺文志多不收族谱的重要原因。清钱大昕《钜野姚氏族谱序》称:"宋元以后,私家之谱不登于朝,于是支离傅会,纷纭踳驳,私造官阶,倒置年代,遥遥华胄,徒为有识者喷饭之助矣。"胡适《曹氏显承堂族谱序》言:"家家都是古代帝王和古代名人之后,不知古代那些小百姓的后代都到那里去了?"谭其骧《湖南人由来考》提出:"谱牒之不可靠者,官阶也,爵秩也,帝皇作之祖,名人作之宗也。而内地移民史所需求于谱牒者,则并不在乎此,在乎其族姓之何时自何地转徙而来。"

第二节　湖南少数民族族谱

宗祠与族谱本是汉民族家族制度的重要组成部分。湖南土著少数民族没有文字,不受宗族观念及文化的影响,最初并不修谱。石启贵《湘西苗族实地调查报告》载:"苗族自清代盛行科举后,读书识字,日渐增多,历有百年,较为进化。在百年前,无人识字,对于田地之买卖,全凭中人之口舌为凭证。""苗民生活于山溪穷谷中,数千年来,历代受压,以故文化经济一落千丈。时至清末,重视科举,额定奖励,始有秀才举人辈出。""乾嘉以后,设屯征租,始拨学谷为经费,建立义馆数十所,以苗化苗,教授苗民子弟。""惟未建立公共宗祠,以资联络,所以行动意志难于统一。姓氏系别亦未有文字记载,但地方人士对此个个知之。除姓别外,又有许多之系别。系别无汉音,纯以苗语呼之。"

湖南少数民族虽然人口不多,但在分布上呈现出大分散、小聚居的状态,即在某一区域内,少数民族人口还是相当可观的,如湘西、湘西北、湘西南一直是湖南少数民族的聚居地。然而即使是同一民族的同一氏族,也只有其中一些汉化程度较深、政治地位较高、经济较为丰裕的家族才纂修族谱。

与汉民族族谱相较,湖南少数民族族谱具有自己明显的特征:

(一)首修年代较晚,续修时间不规范

湖南一些氏族早在宋代、明代即已修纂族谱,在清代形成一个民间修谱的高峰期。随着少数民族汉化程度的加深,其政治地位、经济实力、文化程度不断提升,一些氏族也开始仿效汉族宗族制度修纂族谱,但首修年代则较汉族晚得多,多集中在清朝末年及民国年间。如永顺龙塔王氏,清嘉道间曾纂有草谱,1934年才正式付梓,为首修。慈利土家族三里朱氏,之前虽曾纂房谱,但直至1931年始修一族之谱,此时距自称迁湘年代已有八百年历史,故称为《慈利三里朱氏八百年族谱》。桃源回族马氏,清光绪八年(1882)创修印谱,1925年续修。绥宁苗族龙氏,自称族谱始修于宋绍定二年(1229),八百年来未经复修,清宣统元年(1909)始修族谱。新晃侗族蒲氏,清宣统二年(1910)始修族谱。新晃侗族姚氏,1929年倡修族谱,1944年才得以完成。江华壮族韦氏,清同治四年(1865)始捐资入籍,1939年初修宗谱。桑植白族谷氏,自称明洪武间、清嘉庆三年(1798)、道光十二年(1832)、咸丰三年(1853)曾纂修草谱,但直至1918年五修时才首次付印,1948年续修。

(二)体例、内容较为简略

相对于汉民族族谱,湖南少数民族族谱内容都较为简略。如清光绪三年(会同)《杨氏族谱》,卷首有圣谕、朱文公治家格言、序、服制图、祀典、地图、八景诗、二公记、凡例、寿考、绅衿、首事、直图、横图、往来集等,看似完备,实则全部卷首内容不过80余页。清宣统(新晃)《蒲氏族谱》,全部内容仅有圣谕、赠序一篇、自序一篇、孝弟忠信礼义廉节八字家训、服制图、世系图。1922年(城步)《杨氏通谱》仅三册,不分卷,第一册总序一篇、通谱序一篇、赠序一篇、圣谕十六条、朱柏庐治家格言、服制图、杨氏受姓源流,第二、三册世系。1925年(桃源)《马氏续修族谱》,内容仅有谱例、序、格言、目录、派语、茔图、世系。1934年(芷江)《江氏族谱》卷首仅冠《江氏源流及迁徙纪略》一篇。1937年(新晃)《吴氏族谱》,卷一吴氏先世本源图、吴氏先世本源纪、延陵季子传、功臣芮传、广平侯传、唐史臣传,卷二世系图。1944 年(新晃)《姚氏族谱》世系前仅冠序二篇、传赞一篇。1947 年(城步)《杨氏续修德公房谱》不分卷,凡四册,第一册题辞、圣谕十六条、青年守则十二条、朱子家训、凡例、服制图、班次、合修源流总序、序、飞山威远广惠侯王再思公实录、传赞,第二册墓图、案卷,第三、四册世表。

汉民族族谱卷首所冠名人或族贤序文往往会据其手迹采用雕版印刷,谱中图像包括祖先像图、祠堂图、墓图也丰富多彩,艺术价值较高。而少数民族族谱形式则较为单调,其序文几乎全采用木活字印刷,没有据作者手迹雕版影刻者,1947 年(城步)《杨氏续修德公房谱》虽前冠题辞数页,然仅为县长、县议会议长、中学校长之类。除寥寥数幅墓图外,少数民族族谱一般少有其他图像。

(三)所录人口较少

许多湖南少数民族族谱篇幅较小,所录丁口较少。如永顺龙塔王氏,以分迁龙塔的王肇凤为一世,一世 1 人,二世 1 人,三世 1 人,四世 2 人,五世 7 人,六世 15 人,七世 26 人,八世 60 人,九世 87 人,十世 151 人,十一世 103 人,十二世 119 人,十三世 30 人,十四世 8 人。桃源马氏、薛氏也仅录人口数百人。

(四)聘请他姓名士为主修

族谱作为一族之史,往往秘不示外族。新谱纂修完毕,旧谱必须缴回宗祠销毁。主持修纂族谱者,都是族中宿学耆儒。而湖南一些少数民族,或是因族人文采不够,或是借他族名士扬己族家声,往往聘请他姓名士主持修纂族谱,如慈利三里朱氏、寇氏都曾聘请邑中名士吴恭亨主修族谱。

(五)族谱数量不多

在湖南图书馆所藏 6000 余部湖南族谱中,少数民族族谱仅 100 余部。其中以土家族最多,次回族,次苗族、侗族,次瑶族,壮族、维吾尔族最少。

(六)援附中原华胄,伪造始迁源流

攀援本是各族各姓族谱之通弊。由于湖南土著氏族在新中国成立前遭受了莫大的政治歧视与经济剥削,更是讳言其所出,竞相攀附历史上某一帝王将相、名士重臣,自称名门之后。目前湖南所有清代和民国间土家、苗、侗、瑶、白、壮等少数民族族谱没有一家坦言其为土著,无不称自江西等外地辗转迁来。

靖州黄氏,至今人数达十多万,苗族。1935 年《渠阳黄氏世谱》以黄俊国为始迁祖,以黄俊国为宋代尚书黄龟年。谱中"渠阳黄氏世系"载:"落诞祖讳俊国,印龟年,字德邵,别号鲁颈,寄寓南京十字街洗马巷(其先人居福建永福县,后迁江西吉安府吉水县鹅颈大丘圳脚。公父复迁洗马巷)。登宋徽宗崇宁进士,屡官河北西路提举,旋招驸马,升殿中侍御史,迁吏部及兵部尚书。绍兴二年劾桧,罢其相。绍兴八年桧借张浚力复入朝,旋相，恐掣肘于公，因奏辰洪苗叛，请帝遣公平蛮。帝乃命公率领明星、潘友月、姚兆大、蒙万户等四将及龙、凤、虎三公将兵南征。公由辰以达古、洪二州，诸蛮畏威怀德，翕然臣服。上以我祖久役未回，乃召之还。公见渠阳山水清秀，又有奸臣桧在朝，遂无意回京，辞不赴召。上见公不回，乃遣部将谭鳌赍诏封为兴国侯，坐镇边疆，公遂落诞渠阳龙宝乡之上黄寨。”

龙氏为湘西黔东苗族巨族，皆称为龙禹官之后。如绥宁苗族龙氏，其族谱以西汉太守龙伯高公为始祖，伯高以钜鹿人官楚，遂家楚之武陵。二十四世暹公任道州学政，遂家道州。二十八世庚公唐末由道州任江西吉水，因择居永新。庚公三世孙况公，生五子：钦、琮、瑊、瑀、琳。第二子琮裔七世孙采濂，字高儒，行三，应天府黄池县人，宋英宗时任会稽令，宋神宗时迁居河南汲县。子禹官随外祖居吉安府泰和县白下驿，元丰四年(1081)任南昌节置副使，既而南蛮作乱，调升湖南安抚招讨使，卒葬常德南门外。生五子：宗麻、宗朝、宗灵、宗廷、宗旺。宗麻公，字元爵，南平侯，随父任湖南宣抚处置副使，平定长衡永宝岳常沅靖等地，不二年苗民感服，移营绥宁东山，寝疾乞休，遂家铁冲，为东山始祖。

会同梁氏，今多为苗族、侗族。其族谱称鼻祖赳公，唐僖宗朝进士，因剿平黄巢，复取长安，功封山东万户侯。子镇，世袭此职，徙居大梁。孙沂，宋太宗雍熙间宰。曾孙桓，宋仁宗天圣间翰林，生四子，长子延缱，次子延继。延继公，原籍河南开封府祥符县云骥桥，受职宋徽宗政和时，佐山西平阳府临晋县迪功郎。胞兄延缱言王安石新法之非，黜居会同。延继解组后于宋高宗绍兴十三年(1143)挈子传奉制置札送会同，亦家焉。

新晃姚氏，谱尊河南鼻祖云公，汉侍郎，为一世，居河南陕州硖石。二十五世尚忠徙江西瑞州新昌县，至四十二世，良删(一作字珊)，行三，始居江西瑞州新昌灵源，继迁南昌府丰城县滥泥湾。明永乐十四年(1416)应诏来楚，卜居沅陵一都灰窑长坪。删裔四十六世文献，字君赞，明时迁晃县之伞寨。

1922年(城步)《杨氏通谱》称：“居忠生三子：再思、再韬、再兴。兴后未详。韬生正云、正昆，云后未详。正昆奉命守西土，世袭安抚之职，生通照，徙居山西太原府应州。通照生继业，面如重枣，须分五髯，配徐、吕二氏，五代时北汉高祖有功封赤山王金刀令公。宋太宗三下河东，镇太原，闻名杨无敌，即时下诏，太平兴国四年归宋。”以下内容则完全采自戏曲或民间传说，甚至出现潘仁美、穆桂英等名字。

一般说来，湖南土著氏族族谱伪造始迁源流主要有两种形式。一为随大流，湖南绝大多数氏族之族谱都称明洪武间自江西迁来，故土著氏族族谱也沿袭此说以求他族认同，湘西北桑植、永定、慈利等地土家族、白族族谱多采此说。如同治十三年(1874)桑植谷氏均百房谱序称：“粤稽我祖籍隶江南，自始祖睿甫公字均百与妣张，值明建文时兵燹,偕弟均千、均万二公随扈黔南,永乐二年(1404),同迁湖省,一居澧州津市,一居永顺桑植,睿甫公卜居常郡武邑同古村牟家当七姑山下,辟土宇而落业。"桑植白族钟氏谱称一世祖尚公,字殿元,原籍江西南昌府丰城县,明洪武二年(1369)任慈利县知事,解组后居桑植麦地坪。二为攀荒远,自称唐宋间即已迁湘,再以"年湮代远,谱牒散佚"来掩饰,湘南、湘西等地苗族、瑶族、侗族族谱多采此说。如新晃吴氏,自称宋宁宗嘉定五年(1212)始修族谱,元元贞元年(1295)二修,大德四年(1300)三修,元统三年(1335)四修,明洪武元年(1368)五修,洪武八年(1375)六修,洪武十年(1377)七修,天顺三年(1459)八修,成化十九年(1483)九修,嘉靖十三年(1534)十修,1947年十一修,但十修以前各届谱序内容都未涉及新晃,无疑是抄袭他族谱序。

(七)各族相互攀引,又相互矛盾

少数民族族谱往往相互攀引,这种攀引不仅出现在同姓同族之间,还出现在不同的姓氏甚至不同的民族之间。如《渠阳黄氏世谱》称:绍兴八年始祖黄龟年率领明星、潘友月、姚兆大、蒙万户等四将南征,又邀部将谭鳌共居覃黄团。今黄、谭多为苗族,而明、潘、姚、蒙却多为侗族。会同、新晃吴氏族谱称:先世由江西徙广西,后徙湖广会同远口。世万公于元至正间举茂才武略科,同兄奉旨救乱,兼平黔楚苗猓有功,封千户五品,留夜郎,后猎于沅芷之西溪,见山明水秀,遂于明永乐间邀同人姚君赞、龙奇盛、谢天飞并携外甥杨天应等均适乐土而家焉。新晃姚氏族谱称:文献公(君赞)素与吴世万相契,二人虑及将来人稠地窄,因偕同沿溪而上,共寻荒野开辟,忽值杨癫子(案:杨天应)来前,亦欲卜居,于是三人同行,跋涉渴极,绝无井泉,癫子将竹插地,清泉顿涌,喜出望外,姚、吴私语曰:"今日云雾开泉涌,莫非天应其人?"乃与结盟兄弟。吴氏族谱称杨天应为吴世万之甥,而姚氏族谱却称姚君赞、吴世万、杨天应为结盟兄弟。各谱之间相互攀援,又相互矛盾,不能自圆其说。攀引的目的在于实现各族之间守望相助,一荣俱荣。

(八)多以村落为单位进行修谱

族谱是记载族人血缘关系的文献类型,汉民族族谱由于纂修较早,续修及时,史料保存完备,纂修时都是以族或房为单位,一族或一房之人,无论远近聚散,在族谱中都能集中在一起,血缘关系清晰。而少数民族族谱因纂修年代晚,文献缺乏,族人间血缘莫辨,因此纂修时只能以人口较少、历代聚居、血缘关系比较清晰的村落为单位进行纂修,再合若干村落为一谱。这种情况主要出现在湘南、湘西南少数民族族谱中。

(九)旧字派多循环使用

派语循环使用,是湖南苗族、侗族等少数民族族谱的共同特征。如新晃侗族蒲氏以"朝秀正承启文廷"七字为派循环使用,后因"七代下之孙俨七代上之祖,以下僭上,似蔑君臣父子之伦",而采用续派:仲秉庆,毕谷添志子,茂永祖腾朝,启世善运自,成家国代久。湘西苗族、侗族杨氏与新晃侗族姚氏皆以"再政通光昌胜秀"七字为派循环使用，直到清末及民国间，各族才重新拟定不重复的续派。渠阳黄氏世次韵语原以"昌传汉保进，俊秀仁公定，真良均同秀，万元再通光"二十字为序，周而复始，之后采用全省黄氏通用派语。

（十）仍具有一些地域民族特征

湖南土著少数民族族谱，无不讳言土著，大多自称由江西迁来。其族谱无论形式与内容，都尽量仿照汉民族族谱，然而也有一些少数民族族谱仍具有少许地域民族特征。如清光绪十二年（新晃）《姚氏族谱》，其家训共 17 条：戒不孝、戒不弟、戒犯族、戒争讼、戒奢惰、戒淫欲、重农桑、正学术、严婚姻、明婚丧、详丧祭古制、笃戚属、和邻里、过继随母、嫡庶分辨、归宗笃姓、藏族谱。其中"详丧祭古制"条称："今习俗相沿者，专俗浮图，临丧随请僧道看经演教，相传人死开路，且鼓歌闹丧，不闻号泣，俗尚之陋如此，其于《文公家礼》所载概莫之行。"所谓"人死开路"，是侗族古老丧礼之一，即为死者的灵魂引道开路，当逝者的灵柩还停放在家中时，请道士或法师来念诵"送祖词"，从近祖一直念到先祖的来源之处，帮助死者灵魂渡过"阴阳河"，去阴间与历代祖先的灵魂相聚，以避免死者灵魂四处游荡作祟于人。由于这种习俗与汉民族丧礼不符，所以在族谱家训中被当作陋习而戒除，但这种习俗在今侗族部分地区仍旧存在。永顺龙塔王氏，族谱称迁永始祖墨着王，"墨着"即土家语"王"的意思，又称"其先避秦奔楚"，可见其先世自秦时即已迁入楚地。今该族又一支则作黄姓。江华韦氏自称始祖曾官粤西宾州府，实际上也从侧面印证了江华韦氏自广西宾州迁来的事实。

在一些与少数民族毗居或混居的汉民族族谱中，也保存着许多有关少数民族的史料，如 1917 年（江永）《锦堂毛氏族谱》卷二"部文"记载有道光三年江华瑶人李进禄冒名邓明禄进京控告毛炳等占管瑶田一案。1936 年《蓝山钟氏八修族谱》"东山记"载："蓝之高山，瑶居无定处，与古招摇字义相近。且层峦叠嶂，民无能名。西通八寨，南入八排，山径交错，苗瑶错处。其中自古为患。迨明中叶，我钟、成二族，讨平瑶洞，擒渠魁，定税则，立堡寨，设学劝农，蒙上宪奏，广瑶学三名，遂开文明之象。……其民风土俗也，男椎髻花巾，女花巾戴箭，衣花斑烂，尚巫好猎。"

第三节　湖南图书馆藏湖南少数民族族谱目录

目录收录 2017 年 6 月前湖南图书馆所藏湖南少数民族族谱，以及内容涉及湖南少数民族的族谱。由于族谱多由各家族庋藏而不对外公开，因此各图书馆所藏少数民族族谱仅是存世中的极小部分。又各民族、各姓氏族谱都普遍存在着援附、造伪现象，一些族谱还有违背历史、地理常识之处。本目录中各氏族迁徙源流皆源自该族族谱所载，未加辨别说明，读者利用时须有存疑之心。

常德

（湘鄂蜀）《向氏族谱》一百三卷，向德棣主修，1948 年左师堂铅印本。

该族为土家族。始祖元四川靖安宣抚使都总管官肇荣公，生八子：大雅、大元、大亨、大利、大贞、大乾、大坤、大潮。大雅守靖安故壤，驻容美司（今属湖北鹤峰）；大元宦游云南，后裔又离川迁居慈利四牛坪；大亨宦游西蜀桃符口；大利宦游湖北长阳；大贞宦游湖北松滋；大乾宦游石门、慈利；大坤宦游辰、常；大潮宦游岳州、临湘、武昌。1914 年石门、慈利、鹤峰三县联谱。1931 年慈利、桑植、大庸、鹤峰四县联谱。1948 年湘鄂蜀大雅、大元、大乾、大坤四支合修。

《武陵谷姓白族志》，谷忠诚主编，2001 年印本。

该族为白族。宋元之际，蒙古南侵，元将元良合台自云南大理国率一支由白尼族组成的"寸白军"，出云南，道广西，攻湖南，宋景定二年（1261）因战事平息，寸白军于鄂州解散。伍中将领谷均万、谷均千、谷均百及王朋凯、钟千一、熊再时等无法回滇，遂留居湘西大庸、桑植一带，"插草为标，指手为界"，均千卜居澧州，均百落籍鼎城。均万房谱创修于明宣德间，清嘉庆三年（1798）续修，至 1918 年与均千房合谱，称五修。均百房谱创修于清乾隆间，至 1948 年四修。1984 年湖南省政府下文定桑植"民家人"谷、王、钟、熊、李、赵、杨、段、刘诸姓为白族。嘉庆三年均万房谱引言称："吾祖均万公，祖籍原在江西吉安府吉水县，意或当年受姓分房后，子孙各天，徙居于此，是皆未可知。其自吉安来游楚鄙之大庸所，说者谓宋末元初，张宏范殉吉安，吾祖之父领乡兵，迎敌文山不克，吾祖偕其弟均千、均百避乱至此。"谱例又言："始来与溪蛮峒苗错居，非联同种不足捍御外侮，因与同徙王、钟诸姓杂互联派，以为团结。"同治十三年（1874）均百房谱序称籍隶江南，自始祖睿甫公（字均百）与妣张，值明建文时兵燹，偕弟均千、均万二公随扈黔南，永乐二年（1404）乱靖，同迁湖省，一居澧州津市，一居永顺桑植，睿甫公卜居常郡武邑同古村牟家当七姑山下，辟土宇而落业。

《湘鄂川唐氏四修族谱》五卷，唐生敏等主编，2006 年晋阳堂印本。

该族为汉族、土家族。始祖堡公，元至顺三年（1332）袭四川宣抚使，迁居重庆府通塘坪，生国政、国心、国顺。至正十六年（1356），国政公征巫山南路，偕弟迁居慈利麻寮，政居大尖山,心居麻山,顺居半尖山。明洪武初,国政子涌公授麻寮所世袭千户,清公授副千户。清乾隆间三山建宗祠于邑城东关。清道光十一年(1831)一修族谱,同治八年(1869)二修,1924年慈、石、澧、临等邑合修,2006年四修。

《宁氏族谱》十二卷,宁尧甫纂修,2000年忠济堂印本。

该族为蒙古族。1942年续修谱称,始祖蒙格,江西临江府清江县人,仕元太祖,统兵为大将,累著战功,蒙赐名忙哥铁木耳,拥兵南征,因家湖南常德卫,数代皆显宦,遂卜居武陵关外七丘村之石板滩。至武略公始分居湖田洲、雷公洞等处。2000年族谱称:原籍为辽阳,明永乐初因靖难之变迁武陵。清道光七年(1827)创修草谱,光绪二年(1876)、光绪二十八年(1902)续修草谱,1917年创修印谱,1942年续修,2000年六修。

石门

《文氏族谱》二十一卷首一卷,文启银纂修,清光绪二十三年(1897)正气堂木活字印本。

该族为土家族。始修序以汉文翁为发基鼻祖,数传至球公。球公历十四世至时公,官唐镇江西,留家永新钱市,又历十四世至文天祥。天祥公越三传美化公迁临江,生三子:长念一徙楚北荆门,次念二徙夷陵。季念三由临江来楚,落马石邑北乡南岔,未几,又徙文家岗,为该支基祖。念三子大秀公移居马鞍村荒田溶。清光绪二十三年(1897)创修族谱,1947年续修,1998年三修。

《田氏族谱》五卷,田启毛主编,2005年印本。

该族为土家族。始迁祖万达公,元末明初由赣徙楚,落籍石门田家巷,生三子,遇一徙永定天门,遇二徙临澧修梅田家坪,遇三居石门南乡白洋湖。明崇祯间始修族谱,清乾隆十六年(1751)二修,咸丰九年(1859)三修,1928年四修。

《伍氏族谱》四十一卷,伍积琛总纂,清宣统二年(1910)敦伦堂木活字印本。

该族为土家族。始迁祖安广公,原籍豫章洪都,宋末迁居石门邑北溴阳。五世彦才,元末佐覃添顺赞助机务,卫民拒敌,明初纳土归附,授武略将军,掌细沙隘印,生八子,衍八房。清乾嘉间纂有墨谱,宣统二年(1910)禧、祯、珪三房始修。

《向氏族谱》十八卷,向显楚等纂修,1949年左师堂木活字印本。

该族为土家族。始迁祖大乾,参见(湘鄂蜀)《向氏族谱》。

《苏氏族谱》,苏太潮主编,2002 年眉山堂印本。

该族为土家族。本祠始祖大凯公为明初总兵,洪武元年(1368)由江西吉安府吉水县东关大栗树迁居湖南辰州府泸溪县榔木溪。十代孙文科、文选于清康熙四十四年(1705)复迁澧州石门县庵同溶。族谱始修不详,道光二十六年(1846)石门续修,2002 年石门、桃源、慈利、泸溪、古丈五县三修。

《湘鄂八市(州)首修杜氏总谱》四卷,杜安定总编,2009 年印本。

该族为土家族。据 2000 年石门三修谱称,预公十一代孙宪章,因徐敬业之乱,与子极南由襄阳避祸闽粤,道经江西抚州宜黄县莱源渡炎田寨而居。至明洪武二年(1369),京武携子文广、文通,由江西丰城迁湖南永定(今属张家界市)天门山。文广生万祖、寿祖,文通生万宗、福宗、万全。万宗生宁、清、集、轩、贤五子,宁公仍居天门山,清公居城南鄢家湾,集公居石门杨柳池,轩公迁金鸡岗龙池堰,贤公居澧县龙神湾(今澧县方石坪镇岩河村)。贤公子高贞又迁杜家巷(今澧县中武乡南田村)。至清康熙三十年(1691),先鼎公又由杜家巷徙居石门仙阳坪杜家岗,为石门始祖。清嘉庆二年(1797)创修族谱,1923 年续修。2009 年,湖南岳阳、常德、张家界、湘西土家族苗族自治州、怀化及湖北公安、石首、鹤峰八市州县合修总谱。

《杜氏四修族谱》十五卷,杜慎福等纂修,1933 年京兆堂木活字印本。

该族为土家族。源流同上。

《龚氏永隆公祠始修族谱》六卷,龚凤暹、龚泮宾主编,1935 年铅印本。

该族为土家族。一世祖永隆公,明洪武间由江西吉安府吉水县红洲沟大栗树迁湖南辰州府泸溪县沤溪岳武堂高村。四传至汰公、清公、治公、潺公、沛公、潘公偕侄大用公先后再徙石门。后又有由石门迁川、陕者。

《湘西北黄氏联修族谱石门分卷》,黄太阶总编,2006 年江夏堂印本。

该谱为湘西北汉族、土家族黄氏数十支合谱。始迁祖、迁出地、迁湘时间等各不相同。

《盛氏族谱》二十卷首四卷,盛武极总纂,清光绪三十年(1904)广陵堂木活字印本。

该族为土家族。始祖开禧公,原系五溪土人。自后汉武侯征蛮授细纱峒长之职,历晋及隋世受土职。远祖度公,字公量,宋进士,以尚书屯田员外郎奉使陕西,二子从。后长子申甫还朝,留仲子于陕籍焉。先祖德公因弟庸公明建文时封历城侯、平燕将军,受明成祖疑,致使德公受牵连。至宣宗,复其长子旺袭父职,授南京右卫所。仲子华,字从龙,陕西西安府咸宁县马巷口人,元明之际,因湖广九溪卫所细沙隘百户盛国祥故,调华补缺百户,世袭勿替。谱尊为一世祖。

《覃氏四修族谱》八十五卷首九卷,覃章煊主修,1922 年光裕堂木活字印本。

该族为土家族。谱称覃氏祖贯雍秦汉中郡。唐天宝间安禄山倡乱,徙居四川瞿塘关。至宋哲宗元符间汝先公,生伯坚,官行军总管,守施州,因世其家。弟伯圭,生仕魁,官元帅。祥兴元年(1278)仕魁追寇至麻寮,辟土以居。仕魁生友仁,迁居石门金鸡山。至明初,石门覃氏分为添顺、添秀、拳甫、添廷、添佑五支。

《覃氏秀祖三修族谱》十四卷首八卷,覃秉念主修,1931 年九如堂木活字印本。

该族为土家族。源流同上。

《覃氏族谱》五卷,覃道荣等主编,2004 年百花堂胶印本。

该族为土家族。源流同上。

澧县

《田氏续修族谱》十六卷首三卷,田雨堂等编修,1919 年雁门堂木活字印本。

该族为土家族。始迁祖均公、朋公,兄弟二人原居江西吉安府吉水县北门外,明季兵变,迁澧西大堰垱北田家庙冲,后道贞、道远一居田家坪,一居青树岭。

《苏氏族谱》十七卷,苏昭桂纂修,1948 年眉山堂石印本。

该族为土家族。源流参见临澧苏氏。

《杨氏族谱》□□卷,杨光桃纂修,1917 年关西堂木活字印本。

该族为回族。一世祖源公,字朗瑚,明弘治时与弟春公自顺天府火汾县奉命征广东,镇佩浦,敕封武略将军,后落籍澧北东田堰,分居合同堰。

《覃氏族谱》,覃正楚主编,1947 年木活字印本。

该族为土家族。先世居石门。明正德间,缨武公后裔有分居永定天门山、石门南乡、澧州窑坡渡、何家咀、津市下江湾、新河口者。

临澧

《田氏族谱》二卷,田自模主编,2006 年紫荆堂印本。

该族为土家族、汉族。临澧田氏,大致四支:三寨公支,始迁祖三寨公,宋末千总,由江西吉水迁永定卫乐二里,今临澧灵泉寺;达江公支,参见下条;志和公支,始迁祖志和公,由江西迁永右里,今临澧修梅、停弦;芳年公支,始迁祖芳年公,清康熙初由辰州泸溪迁石门竹巷口油匠湾。

《田氏族谱》十卷首三卷,田迪吾总修,1941 年紫荆堂石印本。

该族为土家族。始迁湘达江公,原籍淮右,明中叶屯卫天门山,长子遇一居天门;三子遇三居石门南乡;次子遇二长子受五功升云南大理卫,次子受七落居澧阳南村。

《临澧苏氏荣公房族谱》,苏宏秀主编,2011 年眉山堂印本。

该族为土家族。始迁祖荣公,明洪武二年(1369)自江西屯驻九溪卫芭茅渡邵家河,后落业于新安板桥。洪公原籍江西南昌府高安县苏家溪,明洪武间入湘平叛,转居临澧合口龙沉堰。贵公同征九溪卫,驻慈利九溪岗,后落业新安洞子坪。

《黄氏族谱》十卷首二卷,黄祖柱等纂修,1912 年江夏堂木活字印本。

该族为土家族。必广公,世居江西吉水,明洪武三年征九溪蛮,占籍安福七房坪,今属临澧县。

桃源

《马氏续修族谱》□□卷,马大骧主修,1925 年扶风堂木活字印本。

该族为回族。迁湘始祖德成公,字集圣,原籍北直顺天府固安县兴乡村人,官居指挥使。明洪武二年(1369)奉徐达之命与平蛮将军翦拜著、宗兄建公征湖南。既平,二公见常德乃丰腴之地,遂落业郡城东门外柳堤沙河。

《翦氏族志》七卷首卷补遗一卷,翦凝义主修,1996 年镇南堂铅印本。

该族为维吾尔族。始迁祖哈勒八士,籍本回部,明洪武五年(1372)奉旨南征,官封镇南将军,赐姓翦,殁于疆,葬常德东门外黄龙冈。子二:长子常蒲,辞官北归;次子常黎,袭父职,居桃源剪旗营牌楼冈。

《覃氏创修族谱》□□卷,覃贤乐等主修,覃贤赵等总纂,1931年融州堂木活字印本。

该族为土家族。和公,明中叶由添平迁桃源莫林乡,碧公由矛冈迁桃东吉祥乡。

《薛氏家乘》五卷首一卷,薛新悦纂修,清光绪十五年(1889)三凤堂木活字印本。

该族为回族。始迁祖廷车公,讳守仁,从鞫常黎镇守常德,有功于朝,安业于桃源,卒葬陬市后薛家岭。

《薛氏创修族谱》十一卷首二卷,薛国彤等纂修,1920年三凤堂木活字印本。

该族为回族。1948年《桃源县志》载:始迁祖禄公,明永乐二年(1404)自江西吉安迁于湖南桃源县东陬市之薛家嘴。

张家界

《庹氏族谱》,庹三鹏等编纂,1995年至1998年印本。

该族为土家族。始祖承满公,宋仁宗庆历四年(1044)由四川成都因镇抚九永叛蛮来湘,开基于永定卫(今张家界)。清光绪《永定县乡土志》称:相传庹氏其先为田氏,为宋显官,义不臣元,横被诛戮,因惧株连族坐,遂改而为庹。

桑植

《钟氏六修族谱》二十四卷,钟泽善纂修,1948年颍川堂木活字印本。

该族为白族。谱称一世祖尚公,字殿元,原籍江西南昌府丰城县,明洪武二年(1369)任慈利县知事,解组后居桑植麦地坪。

《续修澧源宗支熊家山边支谱》一卷,熊廷振撰,2000年油印本。

该族为白族。始迁祖安国、安世、安楚三公,明洪武二年(1369)由江西丰城古树桥马家岗迁楚。安国公择地慈利羊角山,洪武五年(1372)又迁桑植幡杆坪麻腊岗。

慈利

《慈利三里朱氏八百年族谱》三十七卷首一卷,吴恭亨主纂,1931年铅印本。

该族为土家族。始祖圭公,字初八,江西南昌府南昌县漳江门水官桥得胜堤大栗树人,南宋绍兴间进士,任慈利知县,后升常德府,解组后卜居慈利,卒葬县东落马坡。

《慈利九甲朱氏族谱》二卷,朱春化主编,2002年印本。

该族为土家族。江西始祖瑰公,传至十二代梦云,生瑾公(初六)、圭公(初八),原籍江西南昌,瑾公任武陵事,圭公任慈姑州事。因金人南侵,不克归里,定居慈利九渡溪。瑾公六世添福为一甲祖,添富为二甲祖,添锡为三甲祖,添铭为四甲祖,添钦为五甲祖,添甫为六甲祖,添济为七甲祖,添铅为八甲祖,添秉为九甲祖,添从、添祥为十甲祖。

《辰宗朱氏三修族谱》二卷,朱学文主编,2004 年印本。

该族为土家族。先世居南昌,明永乐间迁辰州。清康熙间,时禄公自沅陵迁居慈利,生六子。

《慈利伍氏族谱》二卷,伍元卿总编,2007 年安定堂印本。

该族为土家族。始迁祖仕纯公,原籍江西南昌府新建县,宋宝祐间任常德府通判,卸任隐居慈利羊角山麓。景定元年(1260)又迁五里坪,今称伍家坪、贾家坪。

《吴氏族谱》五卷,吴明仁主编,2005 年延陵堂印本。

该族为土家族。始迁祖道隆公,元末携弟道辅徙慈姑州,道隆居溇北,道辅居澧南。另支始迁祖继源公与兄统志公,南宋末年由江西南昌迁慈阳周皋坪(今永定区官庄坪),后继源公又迁九都道湾峪。

《卓氏新谱》十卷首一卷末一卷,卓鉴清等主修,1931 年西河堂石印本。

该族为土家族。始迁祖汝周公,讳太岳,字承宗,原籍江西丰城,任湖广岳州营游击,宋靖康元年,金人南侵,不克归里,遂寄籍慈利天门山。

《慈石澧临唐氏族谱》六十四卷,唐逢吉等纂修,1924 年铅印本。

该族为土家族。源流参见《湘鄂川唐氏四修族谱》(见 90 页)。

《慈利寇氏族谱》六卷,吴恭亨主纂,1934 年铅印本。

该族为土家族。慈利寇氏,为宋寇准弟寇则之裔。元至正间盗起,先世徙四川丰都。明末如圭,偕子极至、孙奇三转徙来慈利,定宅六都寇家坪(亦称伍家坪),后迁二十二都北山大门垭老鸦坑。

吉首

《杨再思氏族通志》,杨昌坤主编,2002 年印本。

该族为汉族、侗族、苗族、土家族。谱称嫡祖再思之父居本于唐文宗开成四年（839）由淮南（扬州）丞调守叙州（今湖南黔阳、会同一带），治龙标（今黔城），开拓五溪（舞阳河、清水江、渠阳河、辰水、巫水）侗寨。唐懿宗咸通元年（860），再思生于五溪侗乡，十四年随父居叙州，后因功知叙州事，守沅州（今湖南芷江）。五代时再思仍奉唐朝正朔，改叙州为"诚州"。后周显德元年（954）逝于诚州，葬今贵州黎平佳所长岭岗。聚五氏，生十子：政隆、政滔、政修、政约、政款、政绾、政岩、政嵩、政权、政俭（钦）。政隆兄弟于宋太祖开宝八年（975）贡土称臣。宋廷封政岩为诚州刺史；政隆为临州知府，治湖南洞口；政滔为湖耳古州柳州等处都总管防御史，治贵州湖耳；政修为刺史，治湖南城步；政约为古州抚使，治洪州；政款居罗岩（无职官）；政绾为播州知州，居湖南绥宁；政嵩为防疆使，治防疆；政权为太尉，治潭溪；政俭为威胜将军，镇黔阳。并追封再思为诚州刺史，赐爵英惠公，立庙于湖南靖州飞山。后裔分布于湘、黔、滇、桂、川五省六十八县，有苗、侗、土家、瑶、布依、水等多种民族。

《吉首清河堂司马溪张氏宗谱》，张祖元主修，2009 年印本。

该族为土家族。定远将军张雄飞（旧谱原作"熊飞"），因奉旨靖边，率军进驻湖南，卒葬麻阳羊古脑。明洪武间，其曾孙张走哥（歌），字良佶（节）迁居镇溪所之东司马溪（今吉首市东太平乡）。

龙山

《湘鄂边区黄氏麻阳宗祠均久公后裔支谱》，黄立乾主编，2014 年江夏堂印本。

该族为汉族、土家族、苗族。沅江始祖瑕公第十八世孙珊公，字千瑚，世居江西丰城。明洪武五年（1372），因柿溪州土官覃垕叛，随征散毛、柿溪（今来凤）、赤溪、安福诸峒。失利贬配云南宁州府广南，二十七年（1394）奉旨归故里。永乐二年（1404）举家迁湖南辰州府麻邑一都六甲婆田（后改名茶溪）。后裔散居龙山、泸溪，湖北来凤、宣恩、恩施等地。

保靖

《保靖田氏族谱》，田茂藻主编，2006 年紫荆堂印本。

该族为土家族、苗族。始迁祖志明公，原籍四川酉阳秀山县，明末同胞兄志仁、堂弟志义同迁保靖，土司授志明公把总。

凤凰

《田氏族谱》三十三卷,田兴礼等纂修,清光绪五年(1879)木活字印本。

该族为土家族、苗族。始祖宗显公,隋开皇元年(581)授黔州刺史,遂家黔。越十四世至宋代,祐恭公知思州军民事,遂为思人。又八世至明代,儒铭以征十五峒功封定蛮威武大将军,任沱江宣抚使。五子从征有功,各以所辟地分膺长官。族人分布于沱江镇、上五峒、溪口、篁子坪及芷江、贵州思南、印江、朗溪、万山等地。宗祠在老营哨喜鹊坡。

《凤凰田氏族谱》,田满清主编,2012年印本。

该族为土家族、苗族。源流同上。

永顺

《龙塔王氏族谱》九卷,王晓初总修,1934年铅印本。

该族为土家族。谱称始祖墨着王,原籍江西吉水县娥媚湾。先世避秦奔楚,开辟蛮荒,苗土向化,称为墨着,即土语"王"。传四世值吴敖骈乱,明、亮、清、聪四公闻有吉水邻人彭城者为辰州刺史,暗约平蛮后分治其地。蛮平,功奏朝廷,敕封彭氏为溪州刺史;明公授王家村长官司;亮公授分巡把水司;清公授暴武总理司;聪公官分巡司兼授西古村长官。明万历间,聪公裔肇凤公迁居龙塔。清雍正间,改土归流,王氏子孙散居于永顺、保靖、龙山、桑植间。宗祠于清嘉庆间建于龙塔。

花垣

《花垣童氏族谱》,童书炎主编,2014年印本。

该族为苗族。始祖定南公,为琛公后裔。琛公世居江西洪都南城。定南公子金鳌、金玉由江西南城建昌府迁来。

怀化

《青氏族谱》二卷,青昌顺总修,清光绪三十二年(1906)亲睦堂木活字印本。

序称:"(家乘)前焉者累遭兵燹,后焉者两被回禄,以致谱牒荡然无存,而仅赖有父老之所手录焉。乃出以示余,皆系荣阳,自汉以后代远年湮,其详不可得知。有明远公,由江西鹅颈丘之圳上迁居湖南辰州之青泥湾。二世必星由辰迁黔,卜居罗翁青草丘。三世益龙自罗翁迁石桥。益龙生维斗,徙翁巴湾。"

沅陵

《田氏族谱》，田盛安等主编，2007年紫荆堂印本。

该族为土家族、苗族。先世居山东青州府益都县，后移江西吉安府吉水县。至贵张公，生三子，长万州往云南，次万川，游至辰河青浪，贸易数载，财发万金，卜居北河口鸭子坪石排柳。

芷江

《杨氏族谱》十卷，杨芳淑总纂，1943年道南堂木活字印本。

该族为苗族、侗族。始祖朝公系河南开封人，宋嘉定进士，任新宁知县。二世督总公，迁于沅州托口，遂家于沅。

会同

《龙氏族谱》□□卷，清光绪十七年（1891）武陵堂木活字印本。

该族为苗族、侗族。始祖禹官公，生五子：宗麻、宗朝、宗灵、宗廷、宗旺。朝公衍常德派；灵公后裔不详；旺公衍沅州派；廷公于宋哲宗时任江夏县宣教郎，其时金人犯境，乃于宋徽宗时致仕道经会同而卜居清溪红花园，为会同龙氏始祖。

《宋氏宗谱》不分卷，宋占元等纂修，清嘉庆十四年（1809）赋梅堂刻本。

该族为苗族、侗族。以唐宋璟为始祖，发迹广州。传四世邕公，始迁江右。三十二世东周公，自江西迁会同。

《杨氏族谱》□□卷，杨步云等主修，清光绪三年（1877）清白堂木活字印本。

该族为侗族、苗族。始祖通碧公，原籍江西吉安府泰和县鹅颈大丘中排屋基，其孙昌国公于宋末元初携子盛隆、盛榜徙楚之靖城，旋隆、榜二公徙会同水一里瓦窑平。

《杨氏族谱》十八卷首一卷，杨云锦主修，1932年清白堂木活字印本。

该族为侗族、苗族。序称："我杨氏自伯起公以来，后居江西吉安府泰和县石榴坪河湾渡，乃世族也。始祖万福公，北宋时荷蒙朝恩，授御史，因岁荒民困，不忍流离，悉将家赀赈济吉安泰和，遭吏部以私恩邀结等情劾奏，律以边戍山西大同府，行至湖广襄阳县，因平素遗爱在民，惟德动天，故梦一神，爰指此城之外地名兴发塘，又名王家潭，久蕴珍宝，次早父子行至江边，果拾金盆一个，进献朝廷，幸免发遣。时羞归故里，因择地而迁。

神宗年间居黔阳托口,后居靖州会同。"

《吴氏族谱》□□卷,吴坤德等纂修,清道光十七年(1837)绳武堂木活字印本。
该族为侗族。始祖盛公,三传至节幹公,子三:六五徙贵州鸡峒,六六徙渠阳,六七居远口。六六公长子世爵,仍归远口。子尚绸,字习珍,徙会同岩头阳田村。

《林氏族谱》九卷首一卷,清同治十二年(1873)九牧堂木活字印本。
该族为侗族。始迁祖思义公,宋宝祐五年(1257)因征楚由莆田迁靖州会同。

《梁氏七修合谱》二十四卷,梁锡源主修,1931年安定堂木活字印本。
该族为苗族、侗族。始迁祖延继公,籍河南开封府祥符县云骥桥,受职宋徽宗政和时,佐山西平阳府临晋县迪功郎。胞兄延缵言王安石新法之非,黜湖广永平县尉,秩满偕子过会,择居乾溪口。延继解组后于宋高宗绍兴十三年(1143)挈子传奉制置札送会同,亦家焉。

《黄氏族谱》不分卷,黄保义主修,清光绪九年(1881)江夏堂木活字印本。
序称:一世香公,二十九世龟年公。《开宗五代图考》称:一世俊国,二世秀龙,三世仁天,四世公元,自吉巢迁白石,五世定高又自白石迁黄家团,皆属今会同县若水镇。

《粟氏续叙族谱》□□卷,纂修者不详,民国木活字印本。
该族为侗族。衍自江陵,后迁江苏江宁府上元县东方厢柑子坪。元初年间顺朝公以武进士镇楚之南寇,殁于王事,子孙遂居辰州。至明洪武十八年(1385),通魁公徙居会同高溶村。

靖县

《渠阳黄氏世谱》四十八卷,黄钺主修,1935年江夏堂印本。
谱以黄俊国为始迁祖,以黄俊国为宋代尚书黄龟年。称俊国娶宋哲宗之女,诰封一品夫人,生三子。南征渠阳时,又娶吴氏,本当地苗蛮首领"吴王"吴太玉之女,又生六子。九子均随父居渠阳,为渠阳黄氏各支分派始祖。

《李氏宗谱》□□卷,李先枝主修,清光绪十九年(1893)柱史堂木活字印本。
谱称始祖化主公,字昌言,元朝进士,官至西台御史兼任户部左侍郎,原籍江西吉安府吉水县。因飞山丁孙仔作叛,奉旨南征,平乱后见渠阳胜地,水秀山明而落籍焉。

新晃

《杨氏族谱》□□卷,杨得之等总修,1914 年四知堂木活字印本。

该族为侗族、苗族。始祖天应公为再思公十二世孙。天应公高祖总公、曾祖寿公因避元乱,散住八闽豫章,承袭遂绝。祖凤公由江西泰和移居武陵龙阳(今汉寿),父康公,叔父宁公徙居城步县罗蒙寨,复徙靖州飞山。天应公于明洪武二十三年(1390)生于飞山。明永乐年间,天应公又徙居新晃中寨出云洞。

《吴氏族谱》□□卷,吴必先等纂修,1937 年三让堂石印本。

该族为侗族。先世由江西徙广西,后徙湖广会同远口。节幹公次子六六公,讳亮,号月江,官任巡检。第三子世万,元至正间举茂才武略科,同兄奉旨救乱,兼平黔楚苗狲有功,封千户五品,留夜郎,后猎于沅芷之西溪,见山明水秀,遂于明永乐间邀同人姚君赞、龙奇盛、谢天飞并携外甥杨天应等均适乐土而家焉,为西溪开基祖。子品象,袭父职,生官、铭、保、阶、末、锡、晚、强、赛、鲁、寨、兰十二房。十房富鲁公居大坡寨,为大坡寨始迁祖。

《姚氏族谱》□□卷,姚霖纂修,清道光二十七年(1847)重华堂木活字印本。

该族为侗族。谱尊河南鼻祖云公,汉侍郎,为一世,居河南陕州硖石。二十五世尚忠徙江西瑞州新昌县,至四十二世,良删(一作册),行三,始居江西瑞州新昌灵源,继迁南昌府丰城县滥泥湾。明永乐十四年(1416),良删偕兄良能、良德二公应诏来楚,卜居沅陵一都灰窑长坪。良删于宣德八年(1433)复迁沅州岩子坪;良能居沅陵四都罗衣溪千龙坪,旋迁浦市江东沙堆角;良德仍居长坪。删裔四十六世文献,字君赞,明时迁晃县之伞寨。

《姚氏族谱》□□卷,姚登高等主修,清光绪十二年(1866)重华堂木活字印本。
该族为侗族。源流同上。

《姚氏族谱》□□卷,姚源浦等主修,1944 年重华堂木活字印本。
该族为侗族。源流同上。

《蒲氏族谱》□□卷,蒲正卿等主修,清宣统二年(1910)帝师堂木活字印本。

该族为侗族。先世居豫章南昌府丰城县七里街朱氏巷马头寨。至晋洪隋公为来楚始祖,由楚迁黔至六龙山、米贡山,见其地山川秀丽,遂卜居于此。至元初统公,授辰沅总镇,四子:子佳、子臣、子裕、子昆,同徙居晃州西晃山。

麻阳

《湘西陈氏族谱》十二卷,陈大诰等主修,1933 年凤凰县瑞文书局铅印本。

该族为汉族、苗族、土家族。1933 年湘西凤凰、麻阳、沅陵、泸溪、辰溪、永顺、保靖、龙山、桑植、古丈、乾城、吉首、永绥、桃源、芷江、黔阳、大庸、慈利及湘东攸县共十八县陈氏合修通谱。谱由陈渠珍倡修,攸县陈延祚时任麻阳县长,自愿附入本谱。

《麻阳高村滕氏族谱》五卷首三卷,滕代焜主修,清宣统三年(1911)南阳堂木活字印本。

该族为苗族。始祖相公,原籍山东莱州。十传至仲三、仲四公,因宋时金元乱华,携眷由北京真定府赵州乌鸦溪黄栗岭逃难至湖广辰州府北江洞,后移卢阳县,即沅州府。不久,仲三公奔云南;仲四公号凤翔,始奔麻阳齐天坡,又先后迁移谷牛坪、江漆塘、牛隘,复迁麻阳车头硚溪口大河埠低村落脚,因水溢,元世祖十年(1273)徙居高村坪。

邵阳

《张氏族谱》五卷首一卷,张秉中等纂修,清同治十二年(1873)怡忍堂木活字印本。

该族为回族。始祖璞罗德,明顺天府通州山河县牛角湾人,以都督指挥于明洪武元年(1368)调湖广宝庆府,旋征云南,其子版吕至明宣德二年(1427)回邵,附籍城郭张家冲,赐屯田百余亩,立户"张文龙",以邑为氏。版吕生登云、登贵、登虎三公,虎公累官锦衣卫,开府常德镇,子孙留居八斗湾。贵公后出居东乡、祁阳等处。云公世居张家冲,衍派四房。

《海氏续修族谱》□□卷,1912 年忠介堂木活字印本。

该族为回族。始祖盟石公,北平府顺义县人,明洪武元年(1368)授御前亲军指挥,二年改授宝庆卫指挥,十三年又改授分守云南毕节卫。生子三:伯、颜、馨。伯、颜随父迁云贵,惟馨公留于宝郡,居邵阳城内。后裔分居于海家巷、梽木山、九公桥镇等处。

《银氏七修族谱》四十四卷首三卷,银运翊等主修,1990 年天汉堂铅印本。

该族自称为仫佬族。始祖青光公,宋宁宗庆元二年(1196)落籍宝庆府武冈州岐山,今属邵阳县塘渡口。

武冈

《龙氏族谱》□□卷,龙承先主修,清光绪二十八年(1902)敦厚堂木活字印本。

该族为苗族。始祖宗麻公,越十五传而生国显、国侯,于元明之际徙居武冈县东西二乡,为武冈龙氏始祖。

绥宁

《龙氏宗谱》十二卷,龙怀治等纂修,清宣统元年(1909)敦厚堂木活字印本。

该族为苗族。始祖庚公,三世孙况公,生五子:钦、琼、瑊、瑀、琳。第二子琼裔七世孙采濂,应天府黄池县人,宋英宗时任会稽令,宋神宗时迁居河南汲县。子禹官随外祖居吉安府泰和县白下驿,元丰四年(1081)任南昌节置副使。既而南蛮作乱,禹官调升湖南安抚招讨使,卒葬常德南门外。生五子:宗麻、宗朝、宗灵、宗廷、宗旺。宗麻随父任湖南宣抚处置副使,平定长衡永宝岳常沅靖等地,不二年苗民感服,移营绥宁东山,遂家铁冲,为东山始祖。

《杨氏族谱》□□卷,杨三林等主修,1914年三鳣堂木活字印本。

一世再思公,生十子,三子正修、五子正款、六子正绾,均居绥宁赤水、罗岩、东山等处。

《杨氏家谱》□□卷,杨秉文、杨晟锦纂修,1931年三鳣堂木活字印本。

以思公为一世,再传正修公居城步赤水。五世昌福居石进,十一世希鲁居空洞口,皆城步地。十四世尚学迁居绥宁上白土,衍运、全、轩、赞四房。

城步

《杨氏通谱》不分卷,1922年弘农郡木活字印本。

该族为汉族、侗族、苗族、土家族。谱称:"居忠唐僖宗乾符元年甲午生,昭宗时奉命守邵州,有贼首贺大王作叛,公单骑擒之,以功封镇国大将军,光化元年戊午岁,家遭回禄,隋朝玉牒被焚。二年己未岁,自淮南徙居叙州,生子三:再韬、再思、再兴。"

《杨氏续修德公房谱》不分卷,杨大国等主修,1947年木活字印本。

该族为侗族、苗族。源流同上。

《城步饶氏族谱》,饶家虎主修,2016 年印本。

始祖彦明公,唐天宝进士,官浙西提刑,迁左拾遗,游抚州临川,卜居述陂。至宋德秀公,为丰城修职郎,睹介山风景秀丽,为介山始祖。明隆庆间严所公,徙城步省亲,隶籍于此,为城步始祖。

新化

《奉氏续修家谱》□□卷,奉锡刚等主修,清光绪三十一年(1905)桂林郡木活字印本。

该族为汉族、瑶族。始祖朝瑞公,字半周,原籍桂林,登进士第,筮仕江南为访察都运使。宋绍熙间,朝瑞奉命南征,袭武略将军之职,加升镇国上将军,后补充防遏使,著功卜居江东,列籍梅邑(今新化)坪下。

《奉氏十一修宗谱》□□卷,奉孝则主修,1935 年桂林郡木活字印本。

该族为汉族、瑶族。源流同上。

《奉氏十二修宗谱》八十六卷,奉孝球等纂修,1998 年铅印本。

该族为汉族、瑶族。源流同上。

桂阳

《邓氏七修族谱》十四卷末一卷,邓立瑞、邓友礼主修,1934 年福寿堂木活字印本。

始祖少十六郎,旧谱称江西泰和鹅颈大丘人,南宋时卜居桂阳上溪。

《邓氏宗谱》六卷首三卷,邓馨初等纂修,清光绪三十三年(1907)登秀堂木活字印本。

始迁祖少卿公,行五七郎,宋仁宗崇宁时由九疑零陵偕弟五八郎至桂阳,卜居桂阳下溪官口冲岐山,二传为迎公,三传为小四、小五二公。小四公仍居故地,小五公开交溪各户。小四公派下十世元时彬仲公由辟举官抚徭将军,铭仲公官陕西按察使金事,彬仲公长子均善公任福建莆田县知事,由下溪开创陈溪。

《邓氏宗谱》十二卷首三卷末一卷,邓作忠等纂修,1937 年登秀堂木活字印本。

源流同上。

桂东

《桂东全溪邓氏宗谱》,邓慕尧等纂修,1933年志华堂木活字印本。

禹公第六子训公,派衍二十七世子文公,为广州金判。又二十二传至才贵公,字春和,由江西崇义富下出任广东仁化县知县,明永乐二年(1404)解组后迁居湖南桂东县全溪。

资兴

《台前何氏五修族谱》四卷,何同诏等纂修,清乾隆四十五年(1780)木活字印本。

明代老序称:"我祖自汉以来居郴县之资兴乡,即今兴宁台前也。"清乾隆四十五年(1780)兴宁县司谕资阳熊光琛作序也沿用该说。而族人自序却称宋明经曰鉴公来自庐阳(今汝城)之厚坊。

蓝山

《蓝山钟氏八修族谱》十二卷,钟良铭等主修,1936年高阳里铅印本。

始祖大十五公,四传至嫩七公,元延祐间自江西泰和迁湘,护衡岳以居。由嫩七公四传至荣卿公,殖产蓝山,为蓝山始迁祖。

江华

《湖南江华岭东韦氏创修族谱》三卷,韦世华主修,黄寿椿主笔,1939年京兆堂木活字印本。

该族为壮族。谱称先世居湖南宝庆府邵阳县大窝韦家村。元末国宝公官粤西宾州府,携四子友金、友忠、友望、友材赴任,因贼盗围城,国宝公殉难,四子冒险逃出,同至永州江华之岭东。

江永

《锦堂毛氏族谱》十九卷,吴绍汉纂修,1917年西河堂木活字印本。

谱称唐秘书监衷公,由衢州授广西贺郡守,因家富川鳌岗,卜迁秀峰。迄宋十世祖十二官,讳钜,宦游广东,道经永明(今江永)锦堂,见其山川奇秀,风俗淳朴,命其子孙安居焉。孙嫩八官,讳立,宋皇祐间遂自秀峰而徙居,为锦堂一代始祖。谱中有瑶族史料。

第七章　湖南少数民族金石文献综述

造纸术发明之前，人们将文字刻写于甲骨、金石、简牍、缣帛等物质载体上。金石文献是在有形制的金属器物和石材上雕铸与刻镂文字、图像等，用以表达对自然和社会的认识。"金"是金属的简称，包括青铜、铁、金、银等；"石"指的是石材。以金石为载体的文献在商周时期就已出现并兴盛，金石文献是非常好的传世材料，可与纸质文献互为印证，为历史与文化研究提供直接的依据。

历代湖南少数民族金属文献极少，最著名的是立于五代马楚时期的溪州铜柱。现存湖南少数民族石刻文献以明清两代为多，内容多为墓志、碑记之类。民国时期，湖南少数民族石刻文献在数量上无法与前代相比，但是这一时期湖南的政治和文化特别活跃，石刻文献也具有鲜明的时代特色，如《湘西苗民抗日革屯军前敌指挥梁明元德政碑》等。中华人民共和国成立以来，产生了一些湖南少数民族金石文献整理及研究成果。

湖南少数民族金石文献可补史之缺，纠史之偏，详史之略，既具有历史意义，又具有现实意义。从撰刻者来说，多为汉族文人、官吏或少数民族上层人士，书法艺术价值较高，具有民族特色和地域特征，是一笔十分可观的文化遗产。

第一节　湖南金石文献

一、概况

湖南境内出土了大量的青铜器、金银器、玉器、陶器、简牍、缣帛等文物，其中一部分青铜器、金银器等刻有铭文，是湖南已知较早的金石文献。湖南是我国南方地区青铜器的主要出土地之一，器物年代多属于商代晚期，也有部分属西周早期，四羊方尊、人面纹方鼎等铸造精良、纹饰精美，均是难得一见的珍品。没有铭文的青铜器只能称为文物，有铭文的才能称作文献。湖南省博物馆所藏的西周青铜器"皿方罍"，民国间出土于桃源县，器盖刻"皿天全父乍尊彝"七字铭文，器身刻"皿父乍尊彝"五字铭文。1959 年宁乡县黄材镇出土的人面纹方鼎，属于商代晚期铸品，腹内壁铸铭文"大禾"二字，今亦藏于湖南省博物馆。湖南出土的商周青铜器中，由于铭文文字少，信息含量低，所以除文物价值外，其文献价值并不高。

"禹碑"是内容时代最早的湖南石刻文献,因传说镌刻于衡山岣嵝峰下,又称"岣嵝碑"。传说尧舜时期,大禹父亲鲧奉命治水,九载无功被诛。舜摄位,又举禹治水。禹用疏导的方法历时十三年终制服洪水,划定九州,后取代帝舜,践"天子"位。治水时,大禹曾深入湖南,并在衡山留下治水碑刻。关于"禹碑"最早的文字记载见于两晋南北朝。晋罗含《湘中山水记》载:"岣嵝山有玉牒,禹按其文以治水,上有禹碑。"唐韩愈《岣嵝山》诗云"岣嵝山尖神禹碑,字青石赤形模奇",唐刘禹锡《寄吕衡州》诗亦云"尝闻祝融峰,上有神禹铭。古石琅玕姿,秘文螭虎形"。但此时有关"禹碑"的记载仅限于传说,并未有人见到实物,大家都是根据自己的想象创作诗文。南宋嘉定、绍定年间,四川人何致突然出示两张拓片,自称因樵者所引拓自岣嵝峰下。碑文分9行共77字,文字如虬似螭,诡怪难辨,既不同于甲骨文和钟鼎文,也不同于籀文蝌蚪。然其时有人按何致所言访寻,亦不见碑刻踪迹,故学者认为何致所谓"禹碑",实为其伪造。今长沙、衡阳两地也有根据拓片翻刻的禹碑。

先秦两汉时期是湖南金石文献的萌芽阶段。这一时期所留下的金石文献数量较少,内容与形制也较为单一,部分内容的真伪还有待考证。随着汉代书法艺术的繁荣和树碑立传之风的盛行,湖湘碑刻有所发展。〔光绪〕《湖南通志》著录的汉碑有《汉南太守程坚碑》《汉罗训墓志》《汉荆州刺史刘焉碑》《汉谷昕碑》《汉纪功碑》《汉胡腾碑》《汉平都侯相蒋君碑》《汉绥民校尉熊君碑》《汉太傅胡广碑》《汉蔡孝妇墓碑》等,但两汉碑刻实物今多不存。

三国两晋南北朝时期,湖南金石文献有所发展,存世数量虽然不多,但有一些意义重大,如《谷朗碑》、东晋潘氏衣物滑石券等。《谷朗碑》立于三国吴凤凰元年(272),在确切可考的现存湖南石刻文献中年代最早。该碑现坐落于耒阳市蔡伦纪念园内。碑为青石质,通高176厘米,宽72厘米,厚24厘米,碑额镌"吴故九真太守谷府君之碑",碑文记九真太守谷朗的生平、仕途、军功等。

湖南刻石之风至唐宋始盛,出现了大量的石刻题诗、石刻题名、石刻游记,金石文献在数量与成就上远超前代。柯昌泗《语石异同评》卷二云:"湖湘间唐碑,宋人著录本不为少,惜皆湮逸。……宋人题名,最先著录,莫先于湖南一省。萃编所录,已极详悉。后贤踵访,益见美富。北宋迁谪名流,大半途出湖南。南宋偏藩长沙,暨列郡守倅,类多风雅好事,登览留题,情事与东都诸刻不尽同,各见风趣。兹以题名之仅见于湖南者数之,贾黄中(朝阳岩)、李建中(澹山岩)、朱昂(朝阳岩)、杨杰(澹山岩)、王汾(九龙岩)、刘挚(石鼓山)、陶弼(九龙岩)、陆观(澹山岩)、孙览(朝阳岩)、韩川(澹山岩)、邹浩(浯溪)、王佐(澹山岩)、王淮(柳岩)、赵彦棣(浯溪)、赵汝说(浯溪)、史弥宁(桂庄)、徐经孙(秀岩），皆史传有名之士。奸邪若丁谓(华严岩)、邢恕(朝阳岩诸处)，惟湘中有其题刻。"①

位于永州祁阳的浯溪碑林保存有唐代至民国间的 505 通石刻，是我国最大的摩崖石刻群。其中，《大唐中兴颂》高 3.2 米，宽 3.3 米，全幅面积 10.56 平方米，元结撰文，颜真卿书丹，大历六年(771)六月刻，因其文奇、字奇、石奇被誉为"三绝"。颜真卿曾任平原太守，世称"颜平原"；元结，字次山。钱邦芑《浯溪记》称"为平原生平第一得意书，亦元公之文有以助其笔力，故与山水相映发耳"。据《徐霞客游记·楚游日记》，徐霞客曾于崇祯十年(1637)带病游览浯溪："浯溪由东而西入于湘，其流甚细。溪北三崖骈峙，西临湘江，而中崖最高，颜鲁公所书《中兴颂》高镌崖壁，其侧则石镜嵌焉。石长二尺，阔尺五，一面光黑如漆，以水喷之，近而崖边亭石，远而隔江村树，历历俱照彻其间。不知从何处来，从何时置，此岂亦元次山所遗，遂与颜书媲胜耶！"②

〔光绪〕《湖南通志》内有《金石志》三十卷，其中卷十一至卷二十七是宋代金石，占该书所载湖南历代金石总数量的一半以上。

元代，湖南金石文献逐渐走向衰落。至正初年，湖南各地开始复兴旧学或兴建官学，留下了一些可供研究的碑刻资料。〔光绪〕《湖南通志·金石志》载长沙府有《元湘乡州修学记碑》，永州府有《元祁阳重修学宫碑》《元修道州学记并碑阴》，岳州府有《元颁文庙碑》，常德府有《元哈珊大中郡监修学记》，辰州府有《元泸溪县儒学碑》《元泸溪县修儒学碑阴记》等。

湖南金石文献在明清两代复兴，尤其是清代，湖南涌现了一批书法碑刻名家，金石学研究亦日渐兴盛。长沙岳麓书院正厅侧壁上嵌有王文清石刻两种，均刻于乾隆十三年(1748)，保存完好。一为读书法，一为《岳麓书院学规》。衡阳市博物馆藏有衡州教案碑，原立于光绪二十七年(1901)八月，碑高 50 厘米，宽 230 厘米。光绪二十六年(1900)七月初三，衡阳群众捣毁教堂，杀死三个意大利传教士，清政府迫于外国压力，赔偿两万两白银，并在教士被杀处立碑道歉。

民国时期，湖南金石文献数量大幅下降，但在金石文献的考证、发掘和研究方面逐渐加强。万人坑第一墓碑高 200 厘米，宽 85 厘米，立于 1932 年，现嵌在洪江市文化馆墙上。1926 年会同、黔阳大旱，民不聊生，大批灾民涌入洪江市，后生瘟疫，日死百十人，洪江红十字会于市郊购地以葬，情状惨痛，碑文令人不忍卒读。

当代，在一些旅游、文化景点产生了一批新的石刻文献，内容以诗词、纪事为多。

① 柯昌泗.语石异同评[M].北京:中华书局,1994:122 – 123.

② 徐霞客.徐霞客游记[M].北京:中华书局,2009:127.

二、研究

湖南金石文献形制多样,数量可观,内容丰富,然而目前对其进行详细全面著录及研究的专著极少,主要记载于地方史志及全国性金石书目提要等书中。对湖南金石文献的著录,最早可以追溯到北魏郦道元《水经注》。《水经注》是一部综合性的地理著作,卷三十七、三十八主要记载了湘水、沅水、澧水、资水等流经湖南境内的江河水系,并著录了各水系流域范围内的石刻碑文,如《九疑山舜庙碑》《泠道县县南舜碑》《舂陵故城碑》《汉立湘夫人碑》《屈原庙碑》等。宋代欧阳修《集古录》、赵明诚《金石录》,对部分湖南金石文献作了详细著录与考证。王象之《舆地碑记目》、陈思《宝刻丛编》等收录各地碑刻,并按地域编次。清代王昶《金石萃编》、陆增祥《八琼室金石补正》等金石学集大成之作,也收录了大量的湖南金石文献,考证颇详。

历代所修的湖南方志中,亦有不少金石史料。〔嘉庆〕《湖南通志》有《金石志》二十卷,瞿中溶纂。〔光绪〕《湖南通志》有《金石志》三十卷,陆增祥纂。台湾新文丰出版公司 1986 年编辑出版《石刻史料新编》第三辑,其中辑录湖南方志中的金石史料十六种:《善化古迹志》不分卷,张先抡撰;《武冈州志内篇》不分卷,邓绎撰;《攸县金石志》不分卷,严鸣琦撰;《宝庆艺文略》二卷,邓显鹤纂;《新化金石志》不分卷,刘洪泽纂;《衡阳金石志》不分卷,马倚元撰;《清泉碑刻志》不分卷,江恂撰;《清泉金石志》不分卷,张修府纂;《衡山金石志》一卷,文岳英撰;《常宁金石志》不分卷,李孝经撰;《永州金石略》一卷,宗绩辰纂;《桂阳碑铭志》不分卷,王闿运撰;《临武金石志》不分卷,邹景文撰;《桃源金石志》一卷,刘凤苞纂;《石门金石志》不分卷,苏益馨修;《零陵金石志》一卷,刘沛纂。

清代及民国一些学者的著述,如清代陈运溶《湘城访古录》、江昱《潇湘听雨录》,民国商承祚《长沙古物闻见记》、闵之惠《乾城县古物志》等书,对湖南金石文献亦有涉及。

清代开始,出现了关于湖南金石文献的专著和专门研究湖南金石文献的学者。清代有《岣嵝碑考》一卷,屈文翰撰,中国科学院图书馆藏清抄本;《楚南金石录》,瞿中溶编,国家图书馆藏清光绪十三年(1887)环碧山房抄本。民国则有《楚南金石考》十卷,胡元常撰,国家图书馆藏抄本。

第二节 湖南少数民族金属文献

湖南少数民族金属文献依据载体形制的不同,可大略分为官印、铜柱铭文、铜钟铭文等。

一、官印

涉及湖南少数民族的官印,按其质地,有金印、银印、铜印之分。

1978 年,桃源县漆河乡玉凤坪村出土了四枚印章:一枚为驼纽,银质,阴篆"晋蛮夷率善邑君";一枚为龟纽,银质,阴篆"虎牙将军章";两枚为驼纽,铜质,均阴篆"晋蛮夷率善邑长"。桃源在魏晋时属荆州武陵郡,有蛮夷族聚居于此,史书称"武陵蛮"。驼纽印章是汉魏以来中央政府对边境或少数民族聚居地区实施怀柔政策而颁发给其统治者的印信,印文的排列组合自西汉以来均有统一的格式,除颁发给少数民族的王印外,一般是朝代名称放在首位,其后是官职或族名。

1981 年,永顺老司城土司衙署旧址出土了"永顺等处军民宣慰使司印",黄铜质地。印文系阳刻,一半篆刻"永顺等处军民宣慰使司印",一半刻着相同内容的满文;印背刻楷书小字"永顺等处军民宣慰使司印,礼部造,康熙十九年二月□日,康字五千二百十六号"和满文。据方志记载,康熙时吴三桂叛清,永顺土司彭廷椿父子拒吴有功,清王朝颁给此印以赏之。永顺彭氏土司,为溪州都誓主,统治溪州八百余年,历经三十余代,到雍正改土归流后始废。该印现藏永顺县文物管理局。

1990 年,平江县梅仙镇钟家村出土了西晋"蛮夷侯印"蛇形纽金印。西汉中期以后,中原朝廷向滇、东夷、蛮族等特定地区的民族官员颁赐蛇纽官印。

二、铜柱铭文

最著名的湖南少数民族金属文献当为后晋天福五年(940)的溪州铜柱铭文,是典型的官刻纪事金文。据史籍记载,唐末至五代时期,湖南地区为楚王马殷父子所据,马氏委任土司彭城为溪州刺史,辖永顺、保靖、龙山等县。后马希范继马殷位,溪州由彭城之子彭士愁袭刺史。天福四年(939),彭士愁领兵万余人进攻辰、澧二州,以反抗马希范统治。马希范遣刘勍等率步卒五千迎战,彭士愁败走,遣其子率诸部降。天福五年,马希范徙溪州于便地,表彭士愁为溪州刺史,以铜五千斤铸柱,高丈二尺,入地六尺,铭誓状于上,立之溪州。宋真宗天禧元年(1017),平定溪州彭儒猛叛乱后,又在铜柱的空隙处加刻了 497 字。因此,溪州铜柱铭文总字数为 2614 字。其主要内容由四个部分组成,"一是铜柱记文与铭辞,主要介绍溪州地理位置、历史文化及历代中央王朝对溪州的管辖统治政策;二是介绍了溪州之战及盟约起始经过;三是叙述了参与盟约签订的楚国和溪州双方的誓状文的内容;四是立誓双方代表的题名"①。盟约中的一些条文,符合汉族和土家族下层人民厌恶战争的愿望,有利于土家族社会经济文化的发展,铜柱是两个民族息战的盟证,被称为中国"民族团结柱"。铜柱原在永顺县野鸡坨下酉水河岸,1971 年因建凤滩水库,迁至王村,今在湘西民俗风光馆内。

三、铜钟铭文

现存于永顺县老司城祖师殿的雄狮报钟,明嘉靖十年(1531)三月永顺宣慰使彭世麒撰文,衡井铸造。铁铸,口径 100 厘米,通高 150 厘米,有"常道遐昌""皇图巩固""仁慈正烈"等文字。

永顺县不二门观音岩寺的铁磬,清道光八年(1828)铸造。铭记永顺县车窝保上白竹信士弟子蒋登禄等为磐桃山寺铸磬一口,敬献于佛前,便利民众烧纸敬神。该寺还有清光绪二十一年(1895)所铸铁钟,铭记千峰山首士胡开先为皇图牢固、法轮常转,与观音岩寺主持道敏共铸洪钟一口,献于诸佛位前。两件器物均保存完好,对研究土家族地区宗教文化及冶金技术有参考价值。

第三节 湖南少数民族石刻文献

湖南少数民族石刻文献按照形制,可分为碑碣和摩崖两类。

一、碑碣

碑碣在湖南少数民族金石文献中占据主体地位。人们将文字刻在石碑、塔身、造像、石阙、石碣、界石、桥柱、井栏等上面,意在将名人事迹、祖先功德、名胜沿革、宗教源流及律令禁约等宣告世人,以流传后世。按照刊刻者的身份,可分为官刻和私刻两类。按照内容及用途的不同,又可分为墓碑、纪事碑、纪功碑、寺庙碑、宗祠碑、禁约碑、诗文碑、教化碑等多种类型。

(一)墓碑

广义的墓碑包括墓表和墓志。墓表又称墓碑、墓碣,是立于死者墓前的碑,记载死者事迹,赞颂死者生前功德业绩;墓志埋于墓中,记述死者姓名、籍贯、家族世系、生平和卒

---

① 瞿州莲,瞿宏州.金石铭文中的历史记忆——永顺土司金石铭文整理研究(一)[M].北京:民族出版社,2014:73.

葬等信息,是具有一定形制的志石或志砖。目前已知的湖南少数民族墓碑多集中在明、清和民国时期,主要记载墓主的生平事迹,对于研究湖南少数民族政治、经济、文化、历史、军事、民俗等都有重要的参考价值。

湖南少数民族墓碑文字中,《始祖向柏林之墓志》年代较早。向柏林为唐末五代初期人,系湖北漫水土官之弟。当时辰州刺史彭瑊联合漫水土司,在向柏林的配合下将"老蛮头"吴著冲逐死于洛塔山洞,洛塔之地归向氏所有,向柏林成为洛塔向氏鼻祖。明洪武五年(1372)七月佚名撰墓志并刻碑,清咸丰二年(1852)重刻。墓碑对研究土家族历史以及向氏家族源流有参考价值,今藏于龙山县文物管理所。

清乾隆之前,墓碑文字较为简单;清末,墓碑硕大,碑文趋长,言辞优美。清代较珍贵的湖南少数民族墓碑有康熙时永顺老司城一品夫人墓碑,极其罕见地使用吴三桂所建的"周"政权纪年,是目前所发现的唯一反映吴三桂叛乱时,永顺土司曾经归顺吴三桂政权的铭文①。

湖南少数民族墓志铭是一份重要的个人历史档案,可以补家族史、地方志乃至国史之不足。墓志铭包括志和铭两个部分。志多用散文撰写,叙述墓主姓名、籍贯、世系、德行、学问、政绩、功业、子女婚配、生死时间、葬地墓向等;铭则用韵文概括全篇,赞扬死者的功业成就、持家孝养,表示悼念和安慰。如《昭毅将军思坌彭侯故室淑人向氏墓志铭》,明正德元年(1506)赐三品服、提督中书事纂修官周惠畴撰文,进士、广西按察使金熊祥书丹。文中对向氏的生平事迹、德行、子女、生死时间等都有详细记载,还记有彭世麒诸多事迹,如:所娶各房情况,好书法,编有《灵溪各例注》;节奉王命,历年征战。该墓志铭较彭世麒墓志记载的史料更为丰富,是研究彭氏土司珍贵的史料。又如《彭翼南墓志铭》,明隆庆二年(1568)仲冬月吏部尚书徐阶撰。文中记载了永顺宣慰使彭翼南的生平事迹,譬如彭翼南嘉靖年间率士兵于东南沿海抗倭,建立了东南第一战功,被朝廷诏封昭毅将军,授云南右布政使等;还记载了永顺土司与王阳明的关系等。该墓碑高91.9厘米,宽69.4厘米,厚8厘米,现存放于永顺县老司城。

(二)纪事碑

纪事碑是为记述某一事件或活动而刻写的石碑。湖南少数民族纪事碑主要记录各民族发生的重大历史事件,还包括为修建亭堂楼阁、道路桥梁、水利设施等而作的记、颂等。这种碑刻文献时代特色鲜明,对研究各民族当时的社会文化、历史发展、语言文字等具有重要价值,试举数例如下。

---

① 瞿州莲,瞿宏州.金石铭文中的历史记忆——永顺土司金石铭文整理研究(一)[M].北京:民族出版社,2014:9.

《奉诏抚瑶颂碑》,明万历四年(1576)六月所立,由永州知府丁懋儒撰文,永州同知邵城篆额,通判纪光训书。明万历间招抚峒瑶盘法胜等及兵擒陈世禄事,〔光绪〕《湖南通志》、〔民国〕《宁远县志》均无详细记载,而此碑记述颇详,今在宁远县九疑山瑶族乡虞舜庙拜亭左侧。

《夹山纪事碑》,清康熙二十六年(1687)三月李钟麟撰文,佚名抄刻。碑记康熙二十六年二月二十九日石门知县李钟麟巡行夹山宣讲上谕事,碑文云:"此地即古三苗五溪之界,自入版图被声教以来,非复荆蛮旧习。"此碑今在石门县夹山寺。

《抚苗碑铭并序》,清康熙年间湖广总督鄂海撰文。文中言及康熙五十年至五十一年(1711—1712)湘西生苗区部分苗寨先后归顺,故立碑以示抚慰、嘉奖。石碑今未见,碑文收入〔乾隆〕《乾州厅志·艺文志》。

《落潮井安抚苗民碑》,清康熙五十四年(1715)立,记官府安抚苗民事由。此碑今在凤凰县落潮井乡鸡公寨村南。

《凤凰营巡政厅碑》,刊立于清咸丰九年(1859),记整修城楼门事。此碑今在凤凰县黄丝桥东南门。

(三)纪功碑

纪功碑,又称功德碑,主要是记载功绩,颂扬声名。

《昭勋碑》,明翰林院侍讲学士廖道南撰文,湖广巡按御史张继书。碑文称颂彭宗舜战功。嘉靖十五年(1536)彭宗舜奉诏率兵征讨宁乡大为山作乱匪寇,贼败,彭军追至衡阳,斩寇数百人,俘者倍之。碑已毁不存,碑文收入〔民国〕《永顺县志》。

《宣慰使彭公德政碑》,全称为《世守湖广永顺等处军民宣慰使司宣慰使彭公德政碑》,清翰林院检讨徐日暄撰文。碑文曰:"我宣慰使君彭老先生,缵累叶之鸿图,光前贤之式廓,奉命镇守抚绥,盖有年矣。其丰功伟烈,铭彝鼎而被弦歌者,政府藏之,兹不具论,论其近事。"此碑今在永顺县老司城,字迹剥落较多。

《宣慰彭泓海德政碑》,全称为《钦命世镇湖广永顺等处军民宣慰使司宣慰使都督府致仕恩爵主爷德政碑》,清康熙五十二年(1713)二月举人朱鸿飞撰文。石碑阳面记载了彭泓海一生功绩,阴面记载了立碑各官头目姓名及村寨名称。此碑今在永顺县老司城。

《张朝贵功德碑》,清光绪帝撰文。张朝贵,苗族,泸溪县岩龙头人,在中法战争中"会办海防,凡在事出力",于是赏以六品顶戴并赐以功牌奖励。此碑今在花垣县茶洞镇贵炭村上八排组。

《湘西苗民抗日革屯军前敌指挥梁明元德政碑》,1938年立于永绥县(今花垣县)下寨河南岸。梁明元,苗族,永绥县长乐木沟寨人,1937年愤于国民党政府苛征屯租,率众起义,1941年被国民党政府处决,时年31岁。碑文记述了湘西苗民革屯运动领袖梁明元的功绩。石碑已断裂,今藏于吉首市群众艺术馆。

（四）寺庙碑

寺庙碑多在修建寺庙、神祠等活动中刊刻,内容大都记载修建过程及捐助善款人员名单。

《文昌塔记》,元至正元年(1341)梁易玲撰文,梁涂铭抄刻。文昌塔在今张家界市永定区双溪桥,碑记字迹漫漶,难以识别。

《沱江纪善碑》,明万历三十四年(1606)田景环撰文,舒东刻石。碑记田应扬捐资修建玉皇殿事迹。碑原立于凤凰县沱江镇西门,今在凤凰县文物局。

《泸溪天王庙重修碑》,清嘉庆五年(1800)佚名撰文。碑记天王庙重修经过,以及乾隆、嘉庆年间苗民起义活动事。此碑今在泸溪县八什坪乡花园村南。

《花神祠碑》,1919年张瑞珍撰文,佚名抄刻。石碑原立于古丈野竹诸天山寺,今已毁。碑文记述苗家一对少男少女的爱情悲剧,收入《古丈文史》第一辑,具有较高的文学价值。

（五）宗祠碑

宗祠,又称宗庙、家庙、祠堂,是族人供奉、祭祀祖先的场所。为了维护其神圣性,宗族普遍制定管理规则,用于规范族人祭祀以及进入祠堂内的各种行为,违反者要受一定的惩罚。宗祠碑随着祠堂建立而刊刻,承载着家族历史、风尚等信息,是祠堂中不可或缺的组成部分。湖南少数民族宗祠碑较为常见,大致分为创建重修记事碑、族规碑、家训碑、祠规碑、懿行碑、世系碑、神主碑等类型。

1. 创建重修记事碑

《永顺宣慰使司彭氏祠堂碑记》,明万历十九年(1591)四川重庆江津县陈一能撰文。记自明高皇帝统一中原,敕彭氏都永顺,传袭多代,至彭元锦时祠堂建成,得以"奉列像祠",勒石刻碑,启佑后人。此碑今在永顺县老司城。

《世忠堂铭》,明刘健撰文。明弘治五年(1492)彭世麒袭职,建祠堂,名曰世忠堂。铭文记溪州彭氏土司源流事,〔光绪〕《湖南通志》、〔民国〕《永顺县志》收录,原碑已不存。

2. 族规碑

族规是宗族内部为维护秩序而制定的行为规范,以约束族人。

《龚氏族规碑》,明洪武十四年(1381)立。碑记族规,有务一业、谨学习、端家齐、禁游惰、择婚姻、和乡邻、睦宗亲、敦孝悌、禁闺闻、肃家政、尊师长、慎言语、惩轻躁、崇节俭等十四条。此碑在张家界市永定区沅古坪镇五龙村,1978年龚氏宗祠拆建时作基石。

3. 家训碑

家训是家族中对子孙后辈立身处世、持家治业的训示和教诲,多倡导修身齐家。

《龚氏族家训碑》,记龚氏家训十六条:敬祖先,孝父母,睦兄弟,和夫妻,亲亲族,尊师长,信朋友,力耕种,勤读书,存忠厚,尚勤俭,司礼仪,严闺阃,戒淫恶,惩赌博,禁吸毒。此碑亦已作基石。

(六)禁约碑

禁约,指官府晓谕示禁以及民间订立乡规民约,主要内容包括保护耕牛、桐茶、庄稼、树木、水源以及禁赌、禁烟、禁葬等。湖南少数民族禁约碑有政府禁革规例碑、告示碑、乡规民约碑三种,其中政府禁革规例碑、告示碑由地方政府设立,乡规民约碑由乡甲民众设立。

1. 政府禁革规例碑

政府禁革规例碑内容为禁止或革除以往某些规定和定例。据《瑶族石刻录》(云南民族出版社,1993年),湖南郴州市存有两处瑶族碑刻。

《颁示严禁文告碑记》,清康熙六十一年(1722)七月立。此碑今在资兴市兴宁镇。

《桂阳禁令碑》,清乾隆十二年(1747)立,内容为禁买瑶人田地。此碑今在桂阳县。

2. 告示碑

告示碑是官府将告示勒石为碑,以周知于众的一种宣传方式。

《治瑶洞律碑记》,清嘉庆十九年(1814)立。碑文共八项,包括严禁民人盘剥,禁刁民唆讼等。此碑今在新宁县麻林瑶族乡。

《永遵示禁碑》,清嘉庆二十四年(1819)立。碑记龙山县正堂经下乡察访民情,得知此地盗窃、赌博、酗酒打人及偷窃桐茶树木、纵畜践踏、借事勒索之现象十分严重,根据乡民禀请,颁示勒牌,以禁不法恶习。此碑今在龙山县石牌镇桃园村。

《勒石示禁碑》,清道光十四年(1834)八月立。碑记龙山县正堂下火岩乡察访民情,得知该地有不法之徒经常拦截过往行人,强讨恶要,明抢暗偷,滥伐竹木,盗窃种粮,为禁止不法行为,特制定条款,以示乡民。此碑今在龙山县火岩乡。

《禁示碑》,清道光二十八年(1848)秦卓异撰文。碑记县府访闻当差每遇下乡,乘骑坐轿,滋扰乡里,故规定衙役下乡,不得乘骑坐轿,任意扰害,倘敢阳奉阴违,若经查出或告发,定从严惩,绝不姑息。此碑今在永顺县石堤镇羊峰村。

《禁事碑》,清光绪年间立。碑文列禁事八条,内容包括对赌博、斗殴、砍伐林木、盗劫等不良行为的处罚。此碑今在炎陵县龙渣瑶族乡龙渣村。

3. 乡规民约碑

乡规民约碑是乡村寨老召约村民议定的约束村民行为的道德规范和保乡安民的一

些措施,具有法律效用和行政管理功能,对于社会安定起着极其重要的作用。内容多为提倡乡民热爱国家、孝敬长辈、和睦乡邻、勤劳善良、守信守诺、遵纪守法、相帮相助、扶危济困等;同时,对赌博、好逸恶劳、偷盗、斗殴、自私冷漠等社会恶俗进行告诫。这些乡规民约碑承载了清代及民国时期少数民族地区乡村治理的诸多信息,为当今少数民族地区的社会治理提供了有益的历史借鉴。

《永远禁石》,清乾隆四十年(1775)八月摆里乡甲众乡亲合议,彭开云抄刻。碑记摆里乡甲邀约凭神告庙,同立禁约:敦孝悌以重人命,训子弟以明礼义,睦乡邻以谐地方。禁石之约是土家山寨的良习,是研究土家族民间法的史料。此碑今在永顺县灵溪镇摆里村。

《蓄禁桐茶碑》,清道光三年(1823)村人公议。碑文规定桐茶采摘期,并对偷摘或砍伐桐茶者罚钱惩处。今碑已佚,碑文收入〔光绪〕《古丈坪厅志》。

《酉水里耶设禁碑》,1913年立。碑记民国初年,里耶贸易繁荣,为加强对酉水河上往来货船的管理,特制定乡规民约立碑告谕船民。此碑今在龙山县里耶镇麦茶村高河滩上。

(七)诗文碑

诗文碑,即碑刻内容为诗、词、文等各种体裁的文学作品。

《溪州隐史车庚诗》,清雍正十三年(1735)永顺末代土司彭肇槐撰。彭肇槐担任江西饶州参将时,在重阳节隐瞒身份回到永顺,与友人一同到不二门游玩,作此诗。全诗隐约透露出对清廷改土归流政策的不满。此碑今在永顺县不二门。

(八)教化碑

教化碑与教育相关,主要记录学宫、书院等教育机构设立或修缮的过程,并表达尊儒重教的思想。

《新建乾州学宫记》,清雍正十年(1732)沈元曾撰文。碑记乾州学宫建立的经过和意义,并将捐金者姓名刻于石碑背面,以记其功德。今碑已不存,碑文收入〔乾隆〕《乾州厅志》。

《上伍堡义学碑》,清乾隆时刊立。上伍堡是江华一带平地瑶聚居区的统称,乾隆十年(1745)始设义学于此。此碑今在江华瑶族自治县涛圩镇凤尾村。

二、摩崖

摩崖,是指在天然的山崖石壁上铭刻文字或图画。根据文献记载,湖南少数民族摩崖可追溯到北宋天禧年间,辰州知府张纶有"抚谕峒蛮石刻",惜实物不存。明代永顺宣慰使彭世麒题刻的摩崖较多,从弘治十二年(1499)至嘉靖四年(1525),共题摩崖11件,其中以"土司收粟记"史料价值最高。现存摩崖中,保靖县城西酉水码头的"天凯文运"面积最大,摩崖面高3.6米,宽9米,面积32.4平方米,刻于清光绪十七年(1891)。

按照摩崖内容和铭刻目的,湖南少数民族摩崖可大体分为纪事、纪功、纪游三大类。

(一)纪事

《明溪新寨题名记》,刻于沅陵县明溪口乡北酉水左岸的石壁上,宋嘉祐三年(1058)殿中丞充辰、澧、鼎州体量公事雷简夫题,大理寺丞辰州签判掌机密甄昪书。石刻记载了溪州刺史彭仕羲与辰州军作战的经过,也记载了嘉祐二年(1057)雷简夫奉敕视三州事,并铭刻随战官员姓名。

《土司收粟记》,刻于永顺县万坪镇钟灵山巴子河畔,明嘉靖四年(1525)秋彭世麒题。铭文记永顺宣慰使彭世麒、彭世麟与姻亲诸子,同邑总、把目、总理、舍人、舍目三十余人收粟一万秤。

(二)纪游

燕子洞石刻,位于慈利县,洞口及洞内崖壁上有多处摩崖石刻。年代最早的是宋端平三年(1236)周如法题书,另有历代土家族文人游历、题咏燕子洞的诗词、游记等。

灵溪石刻,位于永顺县老司城,明弘治十二年(1499)永顺宣慰使彭世麒撰文。铭文记彭世麒邀世亲、酉阳土司冉西坡游灵溪,从者千余人,俱乐而归。

爽岩峒诗二首石刻,位于永顺县颗砂乡颗砂村灵溪河畔,明正德十六年(1521)胡静、彭飞撰文。石刻记述彭飞、胡静二人随土司彭世麒游爽岩峒,夜宿洞中,各赋诗一首。

《题土王祠》石刻,位于永顺县不二门,清咸丰元年(1851)永顺知县陈秉钧撰文。诗云:"割据千秋意若何,雄图偏居仗岩阿。天环万岭开关塞,地束重滩助甲戈。五代兵残铜柱冷,百蛮古风峒民多。而今野庙年年赛,深港犹传摆手歌。"收入民国《永顺县志》。

(三)纪功

石柱山石刻,位于永顺县毛坝乡石柱山,清光绪三十年(1904)八月十八日佚名撰文。铭文记石柱寺住持普舟之事,赞其捐金善行。

《重修玉皇阁碑叙》,位于永顺县松柏镇心印山麓,1919年陈君辉撰文。明代黄姓在心印山建祖师殿,民国陈君辉重修祖师殿中玉皇阁,勒石留名。

第八章　湖南少数民族音像文献综述

音像文献是以光学材料、磁性材料等为记录载体,借助特殊的机械装置,将声音、图像记录下来的一种文献类型。根据人的感官接受方式,音像文献又可分为视觉文献、听觉文献、视听兼备文献。

湖南少数民族虽多使用汉字,但一些少数民族有自己的语言,在少数民族内部,口耳相传也是其文化与文献保存、传播的重要途径。相较于其他文献类型,音像文献可以更加真实而形象地展现少数民族特有的精神风貌和灿烂的文化艺术。在当代,电影片、电视片、录音录像片、声像光盘等音像文献异军突起,成为湖南少数民族文献中重要的文献类型。

第一节　湖南音像文献

音像文献记录声音、图像等原始信息,是一种新型文献。与纸质文献相比,音像文献有其鲜明的特点。

音像文献具有体积小、容量大、易存储、复制方便、利用价值高的特点,可以大大节省保存空间。一张小小的 CD-ROM 光盘能容纳 3000 多部原版小说的内容,而且在恒温、恒湿的条件下,音像资料原则上可以存储 200—600 年。音像资料具备图像、声音,是有声读物,具有动态直观性。它用特定的视听设备,将活动的画面造型直接展示给观众,声音与活动画面有机结合,化为可见的鲜明生动的视觉形象。它融汇图像与声音,形象生动,艺术感染力强,是书刊等传统纸质文献所无法比拟的。同时,其采编途径广泛、灵活,除了通过出版发行单位收集外,还可以在活动现场直接进行录制,通过电台录音、电视台录像来录制或复制,通过民间采风、单位交流等方式多途径、多渠道、多层次地采编,具有信息传播快、资料丰富的优点。

光盘技术自 20 世纪 70 年代问世以来,迅速得到普及,至今仍是音像制品的主流。1983 年 5 月成立的湖南金蜂音像出版社,截至 2014 年已出版上千个品种的音像制品。1985 年,湖南电子音像出版社成立。1990 年 6 月,湖南省教育音像出版社成立。1992 年 12 月,湖南文化音像出版社成立。1994 年,潇湘电影制片厂音像出版社成立。

湖南音像文献出版单位从无到有,得到了长足发展。音像文献出版物载体也由唱片、录音带、录像带发展到 CD、VCD、DVD、CD-ROM 等,音像文献的出版数量和品种都在不断增加。1986 年开始出版音像文献。1994 年出版音像文献 104 种,1995 年出版 196 种,1996 年出版 304 种,1997 年出版 430 种,1998 年出版新版 240 种、再版 399 种。1986 年至 1998 年共出版音像文献 1846 种;2000 年湖南省 5 家音像出版社出版音像文献 1128 种;2001 年出版音像文献 1421 种,生产光盘 1100 万张。之后几年,湖南音像文献出版市场呈现减弱的态势,音像文献的出版数量逐渐减少,2008 年湖南省 5 家音像出版社出版音像文献仅 102 种。

第二节　湖南少数民族音像文献

古代关于湖南少数民族的图像资料较少。历代《苗人图》是了解少数民族形象、服饰的主要来源,地方志中的"八景图"对了解各少数民族区域的风物概况也有参考作用。民国时期,一些少数民族文献采用了照片及插图。随着录音设备的产生,学者在进行乡土实地考察时往往会携带录音设备,对各少数民族语言、音乐等进行录音。而在当代,湖南少数民族音像文献迅猛发展,发挥着巨大功用。

音像文献是记录无自己文字的湖南少数民族文化的最佳载体。湖南各少数民族大多没有自己的文字,多使用汉字记事。有的民族虽然创建了一些简单的文字符号系统,但使用范围狭小。有的少数民族历史上曾创制过自己的文字,如苗族的"板塘苗文"、瑶族的"女书"、白族的"白文"等,但由于种种原因未能推广使用。为了方便记忆,少数民族将生活、生产、历史等都融入歌中来传承。长久以来,湖南苗族、侗族、土家族、白族等常以歌教化,教化内容有道德伦理的宣扬、生产生活知识的传递、人情世故的劝说等。他们世代把山歌、谚语、舞蹈、传统技艺等作为教育形式,向后代传授本民族的文化、历史、生产生活知识、宗教伦理。在婚庆、丧葬、做寿、乔迁等民俗活动中所唱的歌,教化内容最为集中。少数民族在上述场合多唱内容固定的仪式歌,如哭嫁歌、祝酒歌、留客歌等,唱歌本身也被固化为仪式的一部分,承担着教化功能。由此我们不难看出,音频和视频文献能方便、准确、快捷地记录无字的少数民族文献,利于更好地传承和传播少数民族文化。

音像文献能完好地保持湖南少数民族文化原生态。湖南少数民族的民间文化丰富多彩,许多生产、生活及文化都以歌唱的形式口头传承,如侗族的《开天辟地》、苗族的《苗族古歌》、湘西土家族的《酉水船工号子》等。从创作主体看,少数民族古歌是集体行为的意志表现;从构成的基本元素看,少数民族古歌是由声音符号和语义所组成的;从涵盖的知识来看,少数民族古歌把生活的全部都融入歌中。如果仅仅用文字去翻译和记录少数民族古歌容易造成三重失落:失落歌腔(歌的唱腔和它的文化功用),失落歌境(演唱场景及其氛围等,尤其是其在少数民族文化意义上的内涵),失落歌义(将一种语言翻译为另外一种语言,必然会产生语义的增添、缺失、改变等)。因此,在把由多种文化汇集而成的少数民族古歌翻译成汉字的诗歌时,真正意义上的少数民族古歌形态与实质已改变。以苗族为例,苗族古歌的感染力是通过声音与歌义的配合,把叙述蕴藏于歌唱中,配合独唱、重唱、配唱、多重复唱等,把要表述的内容多层次、多角度地表达出来。运用音像文献的方式,能将苗歌还原于歌唱腔调、歌唱场景、歌词语义三位一体的真实中,使附载在苗歌这种特殊载体上的苗族文献得到最完整最真实的保存,让苗歌真正的韵味和苗族文化最真实的氛围在观众面前得到最完美的显现。

湖南少数民族音像文献主要包括以下内容。

1. 少数民族建筑

湖南少数民族建筑风格迥异,造型优美。苗族的铜鼓坪、木鼓房、跳花场、芦笙堂,侗族的花桥、鼓楼、戏楼,瑶族和土家族的吊脚楼等,广泛分布在湘西地区。怀化靖州苗族侗族自治县的地笋苗寨,田园风光与民族风情自然地融为一体。怀化通道侗族自治县双江镇芋头村的侗寨内,各类花桥、鼓楼风格各异,设计独具匠心,干栏式吊脚楼疏密有致,布局紧凑,结构合理。建筑是湖南少数民族传统物质文化的根本表现形式,是少数民族传统文化的立体体现,是少数民族思想和艺术的突出代表。湖南少数民族建筑相关音像文献中有代表性的,包括由湘西州凤飞文化传媒有限公司出版发行的《湘西特色村寨》(共5集)、《老司城遗址》,由长沙民兴影视文化传媒有限公司出版发行的《苗族建筑习俗》(共3集),由通道侗族自治县电影发行放映公司出版发行的《湖南侗族建筑》等。

2. 少数民族民间口承文学

湖南少数民族民间口承文学是指各少数民族在历史发展进程中,用自己本民族的语言创作,真实、形象地反映各民族社会、文化、生活,经由口头世代相传的少数民族文学,如苗族的《沿河西迁》、侗族的《祖长上河》、瑶族的《密洛陀》等。湖南少数民族民间口承文学丰富多彩,记录和反映了湖南少数民族发生、发展的历程。这些作品有较高的历史价值、文学价值,透过它们可以更好地了解少数民族的历史和文化,是重要的少数民族教育材料。湖南少数民族民间口承文学音像文献中有代表性的,包括由长沙民兴影视文化传媒有限公司出版发行的《苗族古老话》,由通道侗族自治县电影发行放映公司出版发行的《湖南侗族语言》等。

3. 少数民族节日

湖南少数民族传统节日众多,内容丰富,少数民族风情浓郁。据不完全统计,湖南全省约有少数民族传统节日 400 个,少数民族集会地点 1000 余个。瑶族有山歌节、歌堂节、晒衣节、干巴节、盘王节、牛节、达努节、成人礼、讨寮饭节、讨念拜,苗族有四月八、芦笙节、姊妹节、苗年等,侗族有姑娘节、三月三、姑婆节等,土家族有牛王节、五月节、赶年节、舍巴节、女儿会、六月六、调年会。少数民族节日荟萃了少数民族的习俗、传统和艺术精华,同时表现了少数民族崇敬自然以及人与自然和谐的理念。湖南少数民族节日相关音像文献中有代表性的,包括由湘西州凤飞文化传媒有限公司出版发行的《苗家过年》《湘西年味》,由长沙民兴影视文化传媒有限公司出版发行的《花垣苗族椎牛祭》、《花垣苗族赶秋》、《凤凰四月八》(共 3 集)《苗族四月八》(共 4 集)等。

4. 少数民族民间艺术

湖南少数民族民间艺术是少数民族文化的重要组成部分,主要包括少数民族音乐、舞蹈、戏剧等。少数民族能歌善舞,侗族的“大歌”入选《人类非物质文化遗产代表作名录》,苗族的“飞歌”、土家族的“摆手舞”,以及各种形式的傩戏等都久负盛名。少数民族大多有自由恋爱的传统,男女青年以歌传情,以歌为媒,如苗族的“游方”,侗族的“玩山”和“行歌坐月”等。唱歌与少数民族的婚恋伴随始终,每个阶段都离不开歌,每个阶段所唱的歌也都不一样,歌贯穿于整个婚恋过程。少数民族民间艺术是少数民族丰富的精神文化生活的反映。湖南少数民族民间艺术音像文献中有代表性的,包括由长沙妙影文化传媒有限公司出版发行的傩戏剧目《跳土地》《盘古会》《菩萨反局》《开四门》,由通道侗族自治县电影发行放映公司出版发行的侗戏《三看亲》、《雾梁情》片段等。

5. 少数民族民间工艺

湖南少数民族在长期的劳动中,创造了精湛的民间工艺,有着一大批具有重要价值的非物质文化遗产。如流传于苗族、侗族、土家族等少数民族之中的蜡染,是我国古代三大印染工艺之一,距今已有两千多年的历史。苗族的苗绣、苗画、菊花石雕、木雕、银饰、扎染工艺,土家族的烙画、磨漆画、石雕、竹编、西兰卡普工艺,都受到人们的关注。少数民族民间工艺是集少数民族艺术价值取向、科技发展、经济价值和人文价值于一体的文化形态,不仅具有实用性,而且具有较高的艺术价值。湖南少数民族民间工艺音像文献中有代表性的,包括由湘西州凤飞文化传媒有限公司出版发行的《湘西民间工艺:苗绣》《湘西民间工艺:踏虎凿花》《湘西民间工艺:沙石画》等,由长沙民兴影视文化传媒有限公司出版发行的《苗族工艺:花带编织工艺》《苗族工艺:苗族蜡染工艺》《苗族工艺:苗族银饰工艺》《土家工艺:烙画工艺》《土家工艺:土家族竹雕工艺》《土家工艺:西兰卡普》等。

6. 少数民族口述历史

口述历史是指口头的、有声音的历史,是对人们特殊记忆和生活经历回忆的一种记录文献;或者说,它是用录音和录影等现代技术手段记录历史事件亲历者的回忆而保存的口述文献。湖南少数民族的来源、历史演变、生产生活方式、风俗习惯、宗教信仰等,长期以来都是靠口述的方式世世代代流传下来的。随着近年来中国经济的快速发展,文化环境破坏和传统文化衰落的情形日益加剧。更为严重的是,随着时间的推移,知道湖南少数民族的来源、历史演变等情况的老人越来越少,而亲历者多数年事已高,思维、听力和表达能力较弱。如此下去,湖南少数民族的语言、音乐、舞蹈、服饰等方面的民族特征将会在社会上消失。所以,收集整理湖南少数民族的口述历史是非常必要的,抢救濒临失传的珍贵民族遗产具有十分迫切的现实意义。

音像文献功用巨大,受到了社会与政府的重视和关注。湖南各级政府立足于民族文化遗产的传承、保护,加大政策支持和经费投入,在有效抢救和保护的同时开展湖南少数民族文化音像资料库建设。2013年湖南省民族宗教事务委员会启动了全省世居少数民族文化音像资料库项目建设。湖南世居少数民族文化音像资料库建设包括综合片和专题片。综合片主要概述湖南少数民族的源流、分布、人口、面积、语言、文化特点以及物质文化遗产、非物质文化遗产;专题片共分9个板块,主要包括湖南少数民族语言、建筑、民间工艺、节俗、信仰、饮食、歌舞戏曲器乐、传统体育、医药。

湖南少数民族音像文献除专业音像出版社公开出版发行的,还有党政机关、科研院校、企事业单位、团体组织及个人内部发行的。如湖南图书馆作为我国较早开展口述历史工作的公共图书馆,十分重视抢救湖南少数民族的口述历史文献。自2008年开始,湖南图书馆在少数民族民间艺术、民间口承文学、非物质文化遗产等方面进行了主题性发掘,自主拍摄了一系列湖南少数民族口述历史的音像文献,比如收集整理了瑶族"江永女书"传承人胡美月、胡欣、周惠娟的口述历史文献,记录了中原儒家文化与南方少数民族瑶族长期接触相融而形成的特殊文化——女书文化。女书是世界上唯一的女性文字。还有湖南地方戏曲阳戏传承人朱丽珍、梁厚芳、杨秀早、彭术新等人的口述历史文献,这些口述者都是土家族人,其记录保存了土家族在阳戏中呈现出来的民族文化与内涵。

第三节　湖南图书馆藏湖南少数民族音像文献目录

（截至 2018 年 7 月）

序号	名称	类型（视频、图片）	数量（集数、张数）	格式	时长	来源
1	侗风古韵	视频	1	MOV	0:26:13	湖南图书馆自主拍摄
2	别有侗天	视频	1	MOV	0:25:30	湖南图书馆自主拍摄
3	笙笙不息	视频	1	MOV	0:25:13	湖南图书馆自主拍摄
4	侗族大歌	视频	1	MOV	0:25:23	湖南图书馆自主拍摄
5	月地瓦（上）	视频	1	MOV	0:24:42	湖南图书馆自主拍摄
6	月地瓦（下）	视频	1	MOV	0:25:08	湖南图书馆自主拍摄
7	锦绣人生	视频	1	MOV	0:24:29	湖南图书馆自主拍摄
8	天籁之声	视频	1	MOV	0:25:05	湖南图书馆自主拍摄
9	酸鱼糯饭	视频	1	MOV	0:23:12	湖南图书馆自主拍摄
10	神秘侗医	视频	1	MOV	0:30:47	湖南图书馆自主拍摄
11	七百年寻宗之路	视频	1	MOV	0:25:37	湖南图书馆自主拍摄
12	三千里语言变迁	视频	1	MOV	0:24:52	湖南图书馆自主拍摄
13	一路传承的信仰	视频	1	MOV	0:25:22	湖南图书馆自主拍摄
14	山肴野蔌	视频	1	MOV	0:24:00	湖南图书馆自主拍摄
15	崇文尚武	视频	1	MOV	0:24:34	湖南图书馆自主拍摄
16	继往开来	视频	1	MOV	0:23:56	湖南图书馆自主拍摄
17	飞阁流丹	视频	1	MOV	0:25:08	湖南图书馆自主拍摄
18	匠心独运	视频	1	MOV	0:28:36	湖南图书馆自主拍摄
19	妙手探源	视频	1	MOV	0:24:30	湖南图书馆自主拍摄
20	红色桑植	视频	1	MOV	0:25:00	湖南图书馆自主拍摄
21	阳戏国家级传承人朱丽珍（土家族）口述历史	视频	1	MP4	1:30:28	湖南图书馆自主拍摄
22	阳戏省级传承人梁厚芳（土家族）口述历史	视频	1	MP4	2:05:28	湖南图书馆自主拍摄
23	阳戏省级传承人杨秀早（土家族）口述历史	视频	1	MP4	1:05:36	湖南图书馆自主拍摄

续表

序号	名称	类型（视频、图片）	数量（集数、张数）	格式	时长	来源
24	阳戏州级传承人彭术新（土家族）口述历史	视频	1	MP4	1:19:54	湖南图书馆自主拍摄
25	江永女书传承人胡美月（瑶族）口述历史	视频	1	MPG	1:05:42	湖南图书馆自主拍摄
26	江永女书传承人胡欣（瑶族）口述历史	视频	1	MPG	1:05:25	湖南图书馆自主拍摄
27	江永女书传承人周惠娟（瑶族）口述历史	视频	1	MPG	1:08:06	湖南图书馆自主拍摄
28	花垣苗族椎牛祭	视频	1	AVI	0:48:34	长沙民兴影视文化传媒有限公司
29	边边场情歌	视频	2	AVI	1:37:56	长沙民兴影视文化传媒有限公司
30	花垣苗族赶秋	视频	1	MP4	1:00:09	长沙民兴影视文化传媒有限公司
31	湘西苗族都乐	视频	1	MP4	0:16:17	长沙民兴影视文化传媒有限公司
32	苗族接龙	视频	1	AVI	1:02:54	长沙民兴影视文化传媒有限公司
33	多彩湘西	视频	1	AVI	0:27:11	长沙民兴影视文化传媒有限公司
34	苗族古老话	视频	1	AVI	0:28:43	长沙民兴影视文化传媒有限公司
35	乾州戏	视频	1	AVI	0:40:59	长沙民兴影视文化传媒有限公司
36	还傩愿全套	视频	6	AVI	5:35:38	长沙民兴影视文化传媒有限公司
37	苗族工艺：花带编织工艺	视频	1	AVI	0:08:32	长沙民兴影视文化传媒有限公司
38	苗族工艺：菊花石雕	视频	1	AVI	0:08:59	长沙民兴影视文化传媒有限公司
39	苗族工艺：苗画	视频	1	AVI	0:05:52	长沙民兴影视文化传媒有限公司
40	苗族工艺：苗绣	视频	1	MP4	0:08:35	长沙民兴影视文化传媒有限公司
41	苗族工艺：苗族蜡染工艺	视频	1	AVI	0:07:32	长沙民兴影视文化传媒有限公司
42	苗族工艺：苗族木雕工艺	视频	1	AVI	0:08:24	长沙民兴影视文化传媒有限公司
43	苗族工艺：苗族银饰工艺	视频	1	AVI	0:09:25	长沙民兴影视文化传媒有限公司
44	苗族工艺：苗族扎染工艺	视频	1	AVI	0:05:52	长沙民兴影视文化传媒有限公司
45	苗族工艺：乾州春会	视频	1	AVI	0:07:11	长沙民兴影视文化传媒有限公司
46	苗族工艺：石雕工艺	视频	1	AVI	0:10:54	长沙民兴影视文化传媒有限公司
47	苗族工艺：水冲石砚	视频	1	AVI	0:10:36	长沙民兴影视文化传媒有限公司
48	苗族工艺：挑花	视频	1	AVI	0:06:56	长沙民兴影视文化传媒有限公司

续表

序号	名称	类型（视频、图片）	数量（集数、张数）	格式	时长	来源
49	苗族工艺:湘西苗族服饰工艺	视频	1	AVI	0:11:15	长沙民兴影视文化传媒有限公司
50	苗族工艺:凿花工艺	视频	1	AVI	0:05:44	长沙民兴影视文化传媒有限公司
51	土家工艺:根雕工艺	视频	1	AVI	0:07:38	长沙民兴影视文化传媒有限公司
52	土家工艺:烙画工艺	视频	1	AVI	0:04:34	长沙民兴影视文化传媒有限公司
53	土家工艺:木雕工艺	视频	1	AVI	0:07:54	长沙民兴影视文化传媒有限公司
54	土家工艺:土家磨漆画	视频	1	AVI	0:09:39	长沙民兴影视文化传媒有限公司
55	土家工艺:土家石雕	视频	1	AVI	0:09:51	长沙民兴影视文化传媒有限公司
56	土家工艺:土家绣花鞋垫	视频	1	AVI	0:09:15	长沙民兴影视文化传媒有限公司
57	土家工艺:土家粘贴画	视频	1	AVI	0:07:32	长沙民兴影视文化传媒有限公司
58	土家工艺:土家族竹编工艺	视频	1	AVI	0:06:49	长沙民兴影视文化传媒有限公司
59	土家工艺:土家族竹雕工艺	视频	1	AVI	0:10:14	长沙民兴影视文化传媒有限公司
60	土家工艺:西兰卡普	视频	1	AVI	0:06:01	长沙民兴影视文化传媒有限公司
61	苗族建筑习俗	视频	3	AVI	2:51:38	长沙民兴影视文化传媒有限公司
62	省民博会开幕式	视频	1	AVI	0:46:16	长沙民兴影视文化传媒有限公司
63	边城彩霞	视频	1	AVI	0:30:25	长沙民兴影视文化传媒有限公司
64	凤凰演出	视频	1	AVI	0:56:48	长沙民兴影视文化传媒有限公司
65	马颈坳烧龙	视频	1	AVI	0:28:41	长沙民兴影视文化传媒有限公司
66	湘西苗族独龙	视频	1	MP4	0:41:09	长沙民兴影视文化传媒有限公司
67	湘西苗族八卦点神兵	视频	1	AVI	0:59:32	长沙民兴影视文化传媒有限公司
68	凤凰四月八	视频	3	AVI	2:45:50	长沙民兴影视文化传媒有限公司
69	太阳会	视频	1	AVI	0:47:06	长沙民兴影视文化传媒有限公司
70	椎牛全套	视频	5	AVI	5:07:09	长沙民兴影视文化传媒有限公司
71	乾州傩戏	视频	1	MP4	0:49:06	长沙民兴影视文化传媒有限公司
72	苗族四月八(1、2)	视频	2	MOV	1:08:20	长沙民兴影视文化传媒有限公司
73	苗族四月八(3、4)	视频	2	MP4	1:28:07	长沙民兴影视文化传媒有限公司
74	图片:苗族、土家族	图片	8170	JPG		长沙民兴影视文化传媒有限公司

续表

序号	名称	类型（视频、图片）	数量（集数、张数）	格式	时长	来源
75	湖南侗族建筑	视频	1	MPG	0：49：46	通道侗族自治县电影发行放映公司
76	湖南侗族传统体育	视频	1	MOV	0：35：58	通道侗族自治县电影发行放映公司
77	湖南侗族歌舞器乐	视频	1	MOV	0：36：50	通道侗族自治县电影发行放映公司
78	湖南侗族民间工艺	视频	1	MOV	0：45：07	通道侗族自治县电影发行放映公司
79	湖南侗族生产生活习俗	视频	1	M2TS	0：40：33	通道侗族自治县电影发行放映公司
80	湖南侗族信仰习俗	视频	1	M2TS	0：25：37	通道侗族自治县电影发行放映公司
81	湖南侗族医药	视频	1	MPG	0：41：09	通道侗族自治县电影发行放映公司
82	湖南侗族饮食	视频	1	MOV	0：30：52	通道侗族自治县电影发行放映公司
83	湖南侗族语言	视频	1	MOV	0：46：14	通道侗族自治县电影发行放映公司
84	湖南侗族文化　综合片	视频	1	MPG	0：22：40	通道侗族自治县电影发行放映公司
85	侗族文化音像资料库后记	视频	1	MPG	0：10：14	通道侗族自治县电影发行放映公司
86	侗家哥妹　初恋曲4	视频	1	MPG	0：16：39	通道侗族自治县电影发行放映公司
87	侗戏　三看亲	视频	1	MPG	0：52：23	通道侗族自治县电影发行放映公司
88	侗戏　雾梁情　片段	视频	1	MPG	0：21：43	通道侗族自治县电影发行放映公司

续表

序号	名称	类型（视频、图片）	数量（集数、张数）	格式	时长	来源
89	2014年中国侗族大戊梁歌会开幕式文艺会演	视频	1	MP4	1:43:05	通道侗族自治县电影发行放映公司
90	2015年大戊梁歌会	视频	1	MP4	1:14:19	通道侗族自治县电影发行放映公司
91	2016大戊梁歌会开幕式	视频	1	MP4	1:03:17	通道侗族自治县电影发行放映公司
92	2014·通道"侗寨申遗侗戏唱起来"元旦晚会	视频	1	MPG	1:28:04	通道侗族自治县电影发行放映公司
93	2014年中国通道红色旅游文化节主题晚会	视频	1	MP4	2:16:40	通道侗族自治县电影发行放映公司
94	神奇秀丽的通道侗乡	视频	1	MPG	0:30:58	通道侗族自治县电影发行放映公司
95	美丽通道　欢乐侗乡2012（宣传片）	视频	1	MPG	0:14:43	通道侗族自治县电影发行放映公司
96	通道形象宣传片（2014）	视频	1	WMV	0:06:30	通道侗族自治县电影发行放映公司
97	2014·通道"迎新春·欢乐侗乡看侗戏"专场文艺晚会	视频	1	MPG	1:37:58	通道侗族自治县电影发行放映公司
98	锦绣通道宣传片	视频	1	MPG	0:01:01	通道侗族自治县电影发行放映公司
99	天下侗寨　世界通道宣传片	视频	1	MPG	0:02:53	通道侗族自治县电影发行放映公司
100	悠悠坪坦宣传片	视频	1	MPG	0:15:32	通道侗族自治县电影发行放映公司
101	散文:上湘风韵	视频	1	MPG	0:08:04	通道侗族自治县电影发行放映公司
102	专题片:芦笙（纪事）	视频	1	MPG	0:20:44	通道侗族自治县电影发行放映公司

续表

序号	名称	类型（视频、图片）	数量（集数、张数）	格式	时长	来源
103	侗歌唱响十八大群众文艺会演(素材)	视频	1	AVI	0:56:58	通道侗族自治县电影发行放映公司
104	传素瑶族乡30乡庆文艺演出	视频	1	AVI	1:51:32	通道侗族自治县电影发行放映公司
105	通道侗族自治县成立60周年庆典	视频	1	MP4	2:00:00	通道侗族自治县电影发行放映公司
106	原生态侗族歌舞:哆嘎哆吔　欢乐侗乡	视频	1	MPG	0:47:30	通道侗族自治县电影发行放映公司
107	黄土风情	视频	1	MPG	0:02:34	通道侗族自治县电影发行放映公司
108	通道侗族照片	图片	976	JPG		通道侗族自治县电影发行放映公司
109	侗族擎龙舞综述片	视频	1	MPG	0:30:54	长沙妙影文化传媒有限公司
110	芷江擎龙舞画龙	视频	1	MPG	0:58:56	长沙妙影文化传媒有限公司
111	芷江擎龙舞扎龙、扎宝	视频	1	MPG	0:46:35	长沙妙影文化传媒有限公司
112	芷江擎龙舞表演	视频	1	MPG	0:21:12	长沙妙影文化传媒有限公司
113	芷江擎龙舞教学	视频	1	MPG	0:22:34	长沙妙影文化传媒有限公司
114	新晃傩戏综述片	视频	1	MPG	0:30:25	长沙妙影文化传媒有限公司
115	傩戏"咚咚推"教学	视频	1	MPG	1:01:36	长沙妙影文化传媒有限公司
116	傩戏剧目《跳土地》	视频	1	MPG	0:11:08	长沙妙影文化传媒有限公司
117	傩戏剧目《跳小鬼》	视频	1	MPG	0:07:39	长沙妙影文化传媒有限公司
118	傩戏剧目《盘古会》	视频	1	MPG	0:05:23	长沙妙影文化传媒有限公司
119	傩戏剧目《菩萨反局》	视频	1	MPG	0:06:13	长沙妙影文化传媒有限公司
120	傩戏剧目《天府拇瘟华佗救民》	视频	1	MPG	0:15:12	长沙妙影文化传媒有限公司
121	傩戏剧目《刘高斩瓜精》(主要表演动作)	视频	1	MPG	0:01:13	长沙妙影文化传媒有限公司
122	傩戏剧目《老汉推车》	视频	1	MPG	0:06:14	长沙妙影文化传媒有限公司
123	傩戏剧目《癫子偷牛》	视频	1	MPG	0:09:35	长沙妙影文化传媒有限公司
124	傩戏剧目《土保走亲》	视频	1	MPG	0:09:11	长沙妙影文化传媒有限公司

续表

序号	名称	类型（视频、图片）	数量（集数、张数）	格式	时长	来源
125	傩戏剧目《杨皮借锉子》	视频	1	MPG	0:04:23	长沙妙影文化传媒有限公司
126	傩戏剧目《驱虎》	视频	1	MPG	0:06:31	长沙妙影文化传媒有限公司
127	傩戏剧目《背盘古喊冤》	视频	1	MPG	0:07:36	长沙妙影文化传媒有限公司
128	傩戏剧目《铜锣不响》	视频	1	MPG	0:06:57	长沙妙影文化传媒有限公司
129	傩戏剧目《造反》	视频	1	MPG	0:01:36	长沙妙影文化传媒有限公司
130	傩戏剧目《桃园结义》	视频	1	MPG	0:19:02	长沙妙影文化传媒有限公司
131	傩戏剧目《过五关》	视频	1	MPG	0:05:55	长沙妙影文化传媒有限公司
132	傩戏剧目《古城会》	视频	1	MPG	0:02:55	长沙妙影文化传媒有限公司
133	傩戏剧目《开四门》	视频	1	MPG	0:01:58	长沙妙影文化传媒有限公司
134	傩戏剧目《云长养伤》	视频	1	MPG	0:16:28	长沙妙影文化传媒有限公司
135	傩戏剧目《关公教子》	视频	1	MPG	0:02:39	长沙妙影文化传媒有限公司
136	通道侗戏综述片	视频	1	MPG	0:30:04	长沙妙影文化传媒有限公司
137	侗戏剧目《刘媄》	视频	1	MPG	1:38:41	长沙妙影文化传媒有限公司
138	侗戏剧目《石斛缘》	视频	1	MPG	0:25:26	长沙妙影文化传媒有限公司
139	通道侗戏技法教学片	视频	1	MPG	0:48:21	长沙妙影文化传媒有限公司
140	通道侗戏教学片	视频	1	MPG	1:06:28	长沙妙影文化传媒有限公司
141	侗族歌曲表演	视频	1	MPG	0:45:03	长沙妙影文化传媒有限公司
142	通道侗族	图片	1518	JPG		长沙妙影文化传媒有限公司
143	土家摆手舞	视频	1	AVI	0:31:38	湘西州凤飞文化传媒有限公司
144	走进里耶	视频	1	MPG	0:09:38	湘西州凤飞文化传媒有限公司
145	老司城探幽	视频	1	MPG	0:20:50	湘西州凤飞文化传媒有限公司
146	苗族洞葬	视频	1	MPG	0:08:24	湘西州凤飞文化传媒有限公司
147	浦市印象	视频	1	MPG	0:18:33	湘西州凤飞文化传媒有限公司
148	边城茶峒	视频	1	MPG	0:12:26	湘西州凤飞文化传媒有限公司
149	边城茶缘	视频	1	MPG	0:11:10	湘西州凤飞文化传媒有限公司
150	老司城遗址	视频	1	MPG	0:12:08	湘西州凤飞文化传媒有限公司
151	深情的酉水	视频	1	MPG	0:03:39	湘西州凤飞文化传媒有限公司
152	湘西苗族婚俗	视频	2	MPG	1:25:15	湘西州凤飞文化传媒有限公司
153	土家传统体育	视频	1	MPG	0:27:38	湘西州凤飞文化传媒有限公司
154	苗家过年	视频	1	MPG	0:15:29	湘西州凤飞文化传媒有限公司
155	走玩老司城	视频	1	MPG	0:08:19	湘西州凤飞文化传媒有限公司

续表

序号	名称	类型（视频、图片）	数量（集数、张数）	格式	时长	来源
156	浦市韵味	视频	1	MPG	0:13:49	湘西州凤飞文化传媒有限公司
157	湘西旅游	视频	1	MPG	0:18:36	湘西州凤飞文化传媒有限公司
158	走玩边城	视频	1	MPG	0:15:26	湘西州凤飞文化传媒有限公司
159	老司城遗址	视频	1	MPG	0:01:22	湘西州凤飞文化传媒有限公司
160	湘西年味	视频	1	MPG	0:14:31	湘西州凤飞文化传媒有限公司
161	走玩吕洞山	视频	1	MPG	0:12:06	湘西州凤飞文化传媒有限公司
162	湘西特色村寨	视频	5	AVI	1:00:05	湘西州凤飞文化传媒有限公司
163	湘西民间工艺	视频	1	MPG	0:04:57	湘西州凤飞文化传媒有限公司
164	湘西民间工艺:苗绣	视频	1	MPG	0:02:27	湘西州凤飞文化传媒有限公司
165	湘西民间工艺:木雕	视频	1	MPG	0:02:56	湘西州凤飞文化传媒有限公司
166	湘西民间工艺:沙石画	视频	1	MPG	0:02:10	湘西州凤飞文化传媒有限公司
167	湘西民间工艺:踏虎凿花	视频	1	MPG	0:03:03	湘西州凤飞文化传媒有限公司
168	湘西民间工艺:纸扎	视频	1	MPG	0:04:22	湘西州凤飞文化传媒有限公司
169	湘西民间工艺:菊花石	视频	1	MPG	0:02:40	湘西州凤飞文化传媒有限公司

第九章　新中国成立前湖南少数民族区域人物著述综述

湖南少数民族区域,指龙山、永顺、保靖、花垣(原永绥)、吉首(原乾州)、古丈、泸溪、凤凰、新晃(原晃州、晃县)、麻阳、芷江(原沅州)、靖州、城步、通道、江华、桑植、张家界(原永定、大庸)等17个实行民族区域自治政策或享受民族自治地方优惠政策待遇的县市。据寻霖、龚笃清《湘人著述表》(岳麓书社,2010年)统计,新中国成立前该区域有著述的人物计278人,著述数量计578种,分别是龙山11人、17种,永顺19人、30种,保靖16人、39种,花垣16人、46种,吉首28人、33种,古丈无,泸溪12人、41种,凤凰27人、149种,新晃5人、6种,麻阳12人、23种,芷江23人、33种,靖州13人、25种,城步12人、11种,通道2人、2种,江华13人、17种,桑植14人、15种,张家界55人、90种。

第一节　新中国成立前湖南少数民族区域人物著述

纵观新中国成立前湖南少数民族区域人物著述,大致有如下特征。

(一)著述多集中产生在清至民国间

湖南少数民族区域278名有著述的人物中,宋代3人,明代26人,其余249人皆为清代及民国间人物。

宋代3人皆江华籍,著述4种:蒋敏修著有《蒋敏修文稿》三十卷,蒋谨修著有《蒋氏家训》《座右铭》,唐孺著有《阳朔集》。

明代有著述者计26人:江华胡良、费栢、费华楚,永顺彭世麒、彭明道,泸溪石鼎、李震,麻阳满朝荐,沅州刘有年、赵彬、胡靖、黄琪、胡恕、毛世鸿、向文宁、马天然、胡斌,靖州许潮、叶庭芝、唐宗元、唐宗正、宋崇简、闵朝宗,城步杨和、张大威、萧应韶等。

(二)除诗文集外,也产生了一些较有影响的其他类型著述

此类著述包括戏曲、奏议、地理志书等。如靖州许潮,字时泉,明嘉靖十三年(1534)举人,授河南新安县令。博学多才,长于乐府。《光绪续修湖南靖州直隶州志》卷十文苑载:"许潮,字时泉,嘉靖甲午举人。出忠烈宋以方门下,风流洒落,博洽多闻,言根经史。当任河南县令时,犹不释卷。著有《易解》《史学续貂》《山石》等,又作《太和元气记》诸词曲,至今犹艳称之。"《太和元气记》,又名《太和记》,按二十四节气来敷演戏曲故事,是

一部杂剧合集,共有二十四种杂剧,每种杂剧仅一折。明万历沈德符《顾曲杂言》载:"向年曾见刻本《太和记》,按二十四气,每季填词六折,用六古人故事,每事必具始终,每人必有本末。出既蔓衍,词复冗长,若当场演之,一折可了一更漏,虽似出博洽人手,然非本色当行;又南曲居十之八,不可入弦索。后闻之一先辈云是升庵太史笔,未知然否。……杨升庵生平填词甚工,远出《太和》之上;今所传俱小令,而大套则失之矣。"误以为作者是杨慎。明吕天成《曲品》载:"许时泉所著传奇一本《泰和》,每出一事,似剧体,按岁月,选佳事,裁制新异,词调充雅,可谓满志。"今存十七种。杨岳斌,原乾州厅人,后改籍善化。入湘军水师,官至陕甘总督,卒谥勇悫。著有《杨勇悫公奏议》十六卷《诗存》一卷首一卷,清光绪二十一年(1895)问竹轩刻本。芷江李成谋,曾官福建水师提督、长江水师提督,卒谥勇恪。著有《石钟山志》十六卷首一卷,清光绪九年(1883)听涛眺雨轩刻本。

(三)古代著述仅有少量传世

芷江唐可久著有《环竹山房诗钞》七卷,清道光二十一年(1841)宜园刻本,湖南图书馆藏。保靖胡兴仁著有《补拙轩小草》二卷,清道光刻本,北京大学图书馆藏;《补拙轩文草》二卷《诗草》一卷《咏史诗》一卷,清光绪刻本,华东师范大学图书馆藏;《保靖志稿辑要》四卷,清同治八年(1869)多文堂木活字印本,湖南图书馆藏。永绥张开霁著有《石庄诗集》六卷,清咸丰十年(1860)至同治元年(1861)鄂城寓馆活字印本;《鄂匏集》二卷,清同治三年(1864)刻本,湖南图书馆皆藏。永绥张世準著有《重刻万卷读余》六卷,清光绪二十三年(1897)王之春刻本,湖南图书馆藏。永定胡先容著有《读易愿学篇》六卷,清刻本,临澧县图书馆藏卷一、六;《楚黔防苗》四卷,清同治七年(1868)刻本,湖南图书馆藏;《周易本意》四卷,清光绪十一年(1885)刻本,湖南图书馆藏。凤凰田兴恕著有《更生诗草》一卷、《续草》一卷、《词草》一卷,清同治十二年(1873)刻本,广东省立中山图书馆藏。

也有部分人物虽专集失传,但仍有少量作品收入《沅湘耆旧集》《湖南文征》及地方志中。如芷江龚明远,所著《荫嘉圃小稿》不传,《沅湘耆旧集》录诗二首。永绥胡启文,所著《朴园诗文集》《优耕堂诗草》皆不传,《沅湘耆旧集》录诗九首。保靖徐桐阳,所著《寄园诗草》不传,《湘雅摭残》录诗四首。

(四)民国时期产生了一些较有影响的人物

泸溪廖名缙、黄尊三、龚德柏,保靖瞿方梅、瞿方书,凤凰熊希龄、田兴奎、田名瑜、沈从文,大庸田奇瑀,或为政府官员,或为学术名流,或为文学大家,皆有著述问世。

(五)民国时期产生了一批研究本民族历史文化的少数民族学者

20世纪30年代,苗族人石启贵搜集整理了大量湘西苗族原始资料,后由中央民族大学石建中、麻树兰整理为《民国时期湘西苗族调查实录》,2009年民族出版社出版。

1938 年,石启贵先后赴保靖、古丈、泸溪、乾城、永绥、麻阳、凤凰各县苗区考察,并于 1940 年 4 月整理成 30 余万字的《湘西土著民族考察报告书》。永绥苗族人石宏规 1936 年出版《湘西苗族考察纪要》,又草拟《湘西苗民文化经济建设方案》,获省政府通过。

（六）民国时期产生了一些少数民族区域艺文总集

清嘉庆道光间,芷江唐可久曾拟编《辰沅耆旧集》,未成。民国时期,庹悲亚（大庸人）、柳亚子合编《天门山诗词》一卷,收录庹悲亚、柳亚子、王伯丹、杨凌云、胡鼎茂等 62 人咏大庸天门山诗词 113 首,1914 年大庸南正街元庆石印局石印本。大庸侯昌钧编《古体诗丛》一卷,辑录永定文人诗作 160 余首,1915 年长沙隆兴石印局石印本。

第二节　新中国成立前湖南少数民族区域人物著述目录

目录收录新中国成立前 17 个湖南少数民族区域产生的人物及其著述,散居于其他地区的少数民族人物及其著述皆不收录。

龙山

李光业

贡生,清乾嘉间在世。学问该洽,邑文风由此而开。尝纂县志,识者谓其详核。邑之有志,自此始。

《二论学庸序讲及解义》。

黄大钺

字秉斋。清嘉庆二十一年（1816）中乡试副榜。主讲白岩书院。历任武冈学正、湘乡教谕。工书法,善诗文。

《读经质言》八卷;

《证人图说》一卷;

《退一步轩集》十卷。

刘沛

字史亭。清道光恩贡生。候选训导。

《零陵县志》十五卷,稽有庆、徐保龄修,刘沛纂,有清光绪二年（1876）刻本、1931 年郑桂芳增补刻本;

《龙山县志》十六卷首一卷,符为霖、吕懋恒修,刘沛纂,谢宝文续修,清同治九年（1870）修,光绪四年（1878）续修刻本。

李玉林

字蕴山。博览经史,二十三岁入泮,二十九岁食饩。恩贡生。入秋闱,不得志,遂家居考道,以读书为乐。

《碧梧山馆诗集》二卷,1931 年长沙铅印本,龙山县图书馆藏。

黄昌模

字敬修。清贡生。为学贯通十三经,尤精于《易》,于史学亦有造诣。

《周易钩元》;

《周易证训》;

《诸史撮要》;

《明史辑略》。

李秀华

清人。

《紫轩诗稿》。

晏蜚声

清人。

《清风诗集》。

舒维绅

清人。

《望古堂诗文集》二卷,1915 年石印本。

饶琳

清人。

《一松山房诗集》。

田旬

字锡禹。曾任桑植、石门等县县长。子田植,曾任保靖、武冈、沅陵、益阳等县县长。

《七十老人自叙》,周大方序。

夏子鹤(1859—1943)

一名树烈,晚号鹤叟。清光绪贡生。自幼从叔父学医,尤以治疗伤寒见长。

《证治心得》。

永顺

彭世麒

字天祥。永顺土官。明弘治五年(1492)袭宣慰使职。曾征施州银山岭、贵州都匀,进昭勇将军。

《永顺宣慰司志》。

彭明道

字月楼。彭世麒子。明正德间在世。好学多才,不慕荣利,隐居于白竹山。

《逃世逸史》。

田甘霖(1623—1675)

字特云。《湖南通志》《永顺府志》作永顺土司。湖北《鹤峰州志》作容美土司。幼慧嗜学,未袭爵之先,曾补博士弟子员。

《敬简堂集》二卷。

田舜年

字韶初,号九峰。《永顺府志》作永顺土司,田甘霖子。善诗文,喜结纳。

《白虎堂集》;

《清江纪行集》;

《欢余吟》;

《田氏一家言》十二卷,清康熙十八年(1679)田舜年编,收录明嘉靖至清康熙间田九龄、田宗文、田楚产、田玄、田圭、田沛霖、田既霖、田甘霖、田商霖、田舜年六代十人诗歌2000余首。

张官曙

清人。善医,好用古方,颇不为所拘。

《伤寒补注》;

《医门法律》,皆〔乾隆〕《永顺县志》著录。

张汉杰

清人。土司。

《南渭州土知州谱》。

陈良品

字竹岑。清贡生。晚隐居武陵德山,自号洞阳道人。善画工诗。其《题梅》诗云:"几度寻芳孤山里,中有卧龙唤不起。报道春风揭地催,寒云高楼西湖水。"

《洞阳遗集》。

唐士珍

又作仕珍。清廪生。幼贫嗜学,博通经史,在乡设馆教学,法严课密,按时日课,门人多成就。

《五经纂义》。

唐仁汇

字苏林。唐士珍子。清道光二十九 (1849) 拔贡，咸丰七年 (1857) 丁巳补行壬子、乙卯两科举人。同治十三年 (1874) 任茶陵州学正。曾主永顺灵溪书院。平生善诗词骈赋，著作宏富，多已散佚。现存为某达官作《朝鲜大院君寿文》，赋体排偶，铺张雕琢，益事妍华，一时名动公卿。又为河北阜平知县善化劳辅芝代修《阜平县志》。

《阜平县志》。

彭勇行 (1835—1892)

字果亭。清咸丰初诸生。兄勇为 (字有亭)，弟勇功 (字立亭)，族弟勇智 (字朱亭)、勇德 (字睿亭)、勇震 (字东亭)、勇锐 (字进亭) 等，均先后被选为贡生和庠生，世称"彭氏八勇"。晚年执教永顺灵溪书院，李席珍、彭施涤、张世準等皆从其学。

《笃庆堂古文辞》二卷《骈体文》一卷《古近体诗》二卷《制艺试帖》。

彭施铎

字雪椒。彭勇行长兄子。清同治贡生。光绪二十二年 (1896) 以岁贡补黔阳教谕，后讲学灵溪书院。擅长诗文。

《味兰山房骈体文》二卷《古近体诗》十六卷；

《永顺县风土志》。

杨立程

字雪门。清诸生。

《爱日山房集》。

黄祥云

字伯琴。清光绪七年 (1881) 恩贡。

《三传异同考》；

《诗赋文集》。

王道

名国岭。清末廪生。终生在乡设馆授徒。

《王道选集》，录诗 300 余首，有抄本存世。

张孔修 (1871—1934)

字文琴，派名德健。清光绪末贡生。曾任教省二师范和长沙优级师范学堂。

《永顺县志》三十六卷，胡履新、张孔修纂，1930 年铅印本；

《历朝君德论解》二十四卷，纵观中国历代君王仁暴，分析历代王朝的兴衰原因。

刘正学

字渠远。交通大学经济学士。曾任蓝山、广西灵川县长，永顺联立中学校长。

《永顺乡土志》,1923 年铅印本;

《商子校释》五卷,1934 年铅印本。

向乃祺(1884—1954)

字北翔、伯祥。清末留学日本早稻田大学。民国初年任国会议员。曾任北京大学、朝阳大学教授,民国大学教育长。1946 年任国民政府监察院委员。

《槐抱斋诗稿》;

《灵溪诗存》,录诗 700 余首,收入《溪州古诗选录》,永顺县民族古籍整理小组 1989 年印本;

《八年回顾录》二卷,1920 年共和印刷局铅印本,版心题《槐抱斋文稿》;

《土地问题》,1931 年北平中华印字馆铅印本。

李烛尘(1882—1968)

原名华缙。留学日本东京高等工业学校。1921 年与范旭东创设黄海化工研究社,1945 年任永利制碱公司副总经理、久大盐业公司经理。1945 年 12 月任民主建国会常务理事、副主任委员。曾任国民政府参政会参政员。

《西北历程》,1945 年重庆文化印书馆出版。

康节妇

清人康永椿妻,青年守节。

《志意录》。

保靖

李逢生

岁贡。清嘉庆间曾任通道县训导。

《通道县志》十卷首一卷,蔡象衡修,罗临远、李逢生纂,清嘉庆二十年(1815)刻本。

胡嵩龄

原名大魁,字贯斗,号月坡。清嘉庆十八年(1813)举人。官晃州训导,凡有关学校者,次第举行。又尝增置学舍数十间,择士之贫而可造者为延师教读。清人邓显鹤《沅湘耆旧集》云:"余编辑湖以南诗略备,独缺永顺一郡。以地界边远,搜访难及。尝以是聒之同人,无应者。顷恕堂观察兴仁以封公诗并状来,乃得叙而录之。盖不独备一道之文献,实以补是集之缺略也。"录诗七首。

《月坡诗草》一卷;

《唐诗摘句分韵编》二十六卷(编)。

胡兴仁（1799—1873）

字恕堂，号麓樵，晚号旷寄山人。胡嵩龄子。清道光五年（1825）拔贡。以军功官漳州知府、四川按察使、浙江巡抚。李元度撰其墓志铭，同治十三年（1874）刻石。

《补拙轩小草》二卷，清道光刻本，北京大学图书馆藏；

《补拙轩文草》二卷《诗草》一卷《咏史诗》一卷，清光绪刻本，华东师范大学图书馆藏；

《保靖志稿辑要》四卷，罗经畲、胡兴仁纂修，清同治八年（1869）多文堂木活字印本，湖南图书馆藏。

罗经畲

字墨庄。清道光十九年（1839）己亥预行正科举人，榜名罗经笥。咸丰五年（1855）任茶陵州学正。

《保靖志稿辑要》四卷，罗经畲、胡兴仁纂修，清同治八年（1869）多文堂木活字印本。

罗承瀚（？—1861）

字子源。清廪生。博学工诗，有名于时。《湘雅摭残》录诗五首。

《异香斋遗诗》。

谢鉴

女，字少韫。直隶沙河县知县谢学元女。工诗能画，许配本县罗承瀚。承瀚敦行积学，有声庠序，家故贫，逾冠未婚，宅父忧，哀毁濒殆，少韫闻之，亟白母偕往问疾，一见而承瀚逝。遂誓留居，事姑抚嗣子，未几子复夭。食荼茹苦，处之怡然，时以诗画自遣。曾国藩同治八年（1869）有《沙河县谢令之女过门守节请旌折》。《湘雅摭残》录诗三首。

《苦吟余稿》。

徐桐阳

字峄琴。清光绪十五年（1889）举人。历任直隶高邑、南和、阜城知县。以儒术为治，所至有声。《湘雅摭残》录诗四首。

《寄园诗草》。

黄守愚

字寿康。1913 年任吉林磐石县知事。

《磐石县乡土志》，1915 年石印本。

田宗浟

字松溪。日本陆军士官学校毕业，参加辛亥革命，任南京临时政府陆军第四十二旅旅长，1912 年授陆军少将。

《雪庐诗集》一卷，存诗 300 余首，1935 年长沙刻本。

袁吉六（1868—1932）

字仲谦，又名士策，原籍保靖，后迁隆回。清光绪二十三年（1897）丁酉科拔贡、同科举人，榜名袁仲谦。曾任教湖南第一师范、湖南第四师范、北京师大、省立一中、明德中学等。1926 年参与湖南大学筹建工作。

《习字讲义》一卷，1913 年湖南益兴石印局石印本；

《分类文法要略》，1916 年长沙光文印刷社铅印本；

《六书述许》一卷，1930 年铅印本；

《文字源流》；

《书法必览》；

《文学史》；

《国文讲义》；

《说文初义草》。

陈灿

《欧战财政纪要》，1922 年上海商务印书馆出版；

《欧洲战时之经济财政》，王少右、陈灿译，民国铅印本；

《中国商业史》，1945 年上海商务印书馆出版。

易允

《伏园老人行述》一卷，易允、易炳蔚撰，1929 年保靖楚宝石印局石印本。

瞿方梅（1872—1921）

字羹若、根约。清光绪二十一年（1895）举人。曾任吉林宾州府知府，民国间又任五常、长春等县知事及吉林省政务厅长。

《指测琐言》五卷，《国防刍议》一卷，有清光绪二十三年（1897）京师刻本、清光绪二十四年（1898）长沙补刻本；

《长沙师范教育学讲义》，清光绪三十二年（1906）油印本；

《非园中外地舆歌》，清光绪三十二年（1906）刻本；

《非园教育学谈杂》四卷，清光绪三十三年（1907）刻本；

《教育学讲义》，木活字印本；

《非园学务札记》一卷，清光绪刻本；

《史记三家注补正》，1925—1926 年连载于《学衡》杂志；

《四雅检字》；

《说文本家别钞》。

瞿方书（1881—1947）

字荪楼。瞿方梅堂弟。清末留学日本东京明治大学，入华兴会、同盟会。曾任北京大学法科教授、北京高等师范文科教授、湖南大学中国文学教授、湖南通志馆副馆长。1947年主纂桃源新志。

《中国文学史》；

《易经爻象数理》；

《文字疏证》；

《列国疆域形势考》。

彭廷衡（1878—1942）

字峰池。日本陆军士官学校炮兵科毕业。清末曾任湖南讲武堂总办，民国后任湖南督军署参谋长、湖南陆军第三师师长、湖南同善分社社长。

《中和文集》一卷《诗集》一卷，1936年长沙刻本。

李氏

清人，张治盛继室。

《张烈妇遗诗》。

花垣

胡启文

字朴园。清乾隆三十六年（1771）举人，历官福建罗源、莆田，安徽婺源等县知县。与湘阴周锡溥、宁乡邓枝麟、新化吴檀等并称为"湘南七子"。邓显鹤称："启文字朴园，永绥厅人，乾隆辛卯举人，官罗源知县。有集，未见。朴园先生为先叔父巨野君同年，余初不知也。尝于兰柴、石溪二老及湘阴二周集中见其姓字，稍知为三厅人，亦不知其名启文也。检《通志》三厅人物传，无有。及阅《选举表》，见启文名籍永绥，与'朴'字义合，妄意即其人。遍讯之，同人无有知者。吾友善化汤彝幼尊语余曰：'吾兄质吾往居五箪久，尝留心文献。盍往问之。'时质吾在桃源，书去，而质吾以启文诗来，则真朴园也，为之喜跃感喟不已。窃叹朴园在当日有盛名，与吾县孙石溪、吴兰柴诸老交，又同石翁及湘阴周氏兄弟客湖北，学使洪素人、许素人固名宿，尝盛推之，即麓樵集中所称'七子'之一也。今去世未久，而方志不为立传，里社不知其名，以余之好事，又托在年家子，老知眊及，始展转意度，幸而得之，其他之湮没不传者可胜道哉。"《沅湘耆旧集》录诗九首。

《朴园诗文集》；

《优耕堂诗草》。

冯廷松

字原阙。清嘉庆六年（1801）拔贡。曾任广东三水、香山知县，有政声。因事去官，乃作《万言书》上当道，指陈时弊。当道虽赏其才，然以性高傲，终不见用，遂老于粤。少能诗，妻胡畹香亦有诗才，闺中唱和无虚日。

《苦郎吟》。

熊绥南

清贡生。清嘉庆道光间任长沙县训导。

《长沙县志》二十八卷首一卷，赵文在原修，陈光诏续修，艾以清、熊绥南续纂，清嘉庆二十二年（1817）刻本。

张开霁（？—1867）

字晓峰。清道光十二年（1832）顺天乡试举人。初官陆安、襄阳令，以军功加按察使衔，署督粮道。宦鄂十余年，古道自持，不为诡遇。

《石庄诗集》六卷，含《栖碧集》二卷、《壮游集》二卷、《初官集》一卷、《出山集》一卷，清咸丰十年（1860）至同治元年（1861）鄂城寓馆活字印本，湖南图书馆藏。

《鄂匏集》二卷，清同治三年（1864）刻本，湖南图书馆藏。

《澄观集》。

高登云

字蓉山。清道光十四年（1834）岁贡。厅志载其《屯防锢弊论》《抚苗论》《梅花井记》等文。

《蓉山诗草》。

宋世煦

字晓城。清道光二十年（1840）举人。曾任建昌知县、耒阳教谕。

《耒阳县志》八卷首一卷，于学琴、周至德修，宋世煦纂，清光绪十二年（1886）县志局刻本。

张世準（1823—1891）

字叔平，号二酉山人。张开霁子。清道光二十六年（1846）举人。官至刑部主事。长书法、篆刻，擅绘墨竹、山水。

《蚕桑诗文》；

《重刻万卷读余》六卷，据康基渊《家塾蒙求》改编，清光绪二十三年（1897）王之春刻本，湖南图书馆藏；

《张世準致刘坤一札》，稿本，藏湖南图书馆；

《绥山唱和集》，稿本，藏湘西土家族苗族自治州民委民研所。

杨瑞珍

字聘侯。清咸丰七年(1857)举人。曾撰《剿苗论》,主张宣之以道,教之以义,申之以法,使苗人畏威怀德,而慑服听命。

《永绥直隶厅志》六卷,周玉衡等修,杨瑞珍纂,清同治七年(1868)刻本;

《张楚四维》十八卷。

王振玉

清贡生。曾任麻阳教谕。

《新修麻阳县志》十四卷首一卷,刘士先、王振玉纂,始修于同治四年(1865),续修于同治九年(1870),清同治十二年(1873)刻本。

刘贞会

字子文。清光绪间在世。

《屯田说》;

《马王考》;

《规禁葬议》;

《子文先生文集》;

《子文先生诗集》。

石板塘(1863—1928)

乳名石豹,原名石皇玺,自号板塘。苗族。诸生。曾创制"板塘苗文"。又曾创作大量苗歌,后人搜集并正式出版有《板塘苗歌选》(1992 年岳麓书社出版)。

《苗文字典》。

张称达(1866—1939)

字季旷。清光绪三十年(1904)进士,授六品吏部主事。诗文、书画均有所长,晚年慕唐朝李昌谷、宋朝黄山谷,自号"二谷老人"。

《二谷老人诗文集》。

吴廷梅(1886—1951)

字燮平。清光绪三十三年(1907)毕业于湖南西路优级师范学堂。任湖南省立第二师范学校校长、永绥县教育局长、省立八中校长等职。

《大代数》;

《几何学》;

《解析几何题集》。

石启贵(1896—1959)

字霖苏,号子荣。苗族。先世祖籍永绥厅,后迁乾州。毕业于湖南群治法政专科学校。1933 年协助凌纯声、芮逸夫进行苗乡实地调查,被中央研究院聘为湘西苗族补充调查员。1936 年春夏,提出《湘西苗民文化经济建设方案》,要求湖南省政府"关怀边疆","以期同跻平等"。十一月,省教育厅于乾城所里(今吉首)沅溪书院创办特区师资训练所,被聘为"湘西苗族教育劝导员"。1946 年、1948 年,以湖南"土著民族"代表的身份,两次赴南京参加"国民代表大会",呼吁在"宪法"上确定"国内各民族一律平等"的条文,并和云南等省的土著民族代表联合向大会提交有关民族问题的提案 40 余条。

石启贵 20 世纪 30 年代曾搜集整理了大量湘西苗族原始资料,著为《苗族还傩愿全套》(不分卷)、《吃牛全套》(不分卷)、《苗乡接龙全套》(不分卷)等,底本共 100 册,今藏台北"中央研究院"历史语言研究所。后由中央民族大学石建中、麻树兰整理为《民国时期湘西苗族调查实录》,2009 年民族出版社出版。全书共八卷,包括椎牛卷、椎猪卷、接龙卷、祭日月神卷、还傩愿卷、文学卷、习俗卷、祭祀神辞汉译卷。

《湘西土著民族考察报告书》,1940 年印本;

《湖南土著民族风土纪实》,稿本,1948 年著,40 余万字;

《湘西兄弟民族介绍》,1951 年印本。

以上三书由后人整理为《湘西苗族实地调查报告》,1986 年由湖南人民出版社出版。其他:

《苗乡风土民情》;

《民族速记学》;

《速记讲义精详》;

《苗汉训诂学》;

《苗语初析》;

《苗语文法解》;

《苗文草创》;

《苗语声韵学》;

《苗族歌韵大全》;

《苗汉名词会通》;

《解放民歌集》;

《跃进水库诗歌集》。

石宏规（1898—1982）

字艾三、爱三。苗族。1930年任凤乾麻三县联合乡村师范学校校长，1943年夏署理乾城县长，1943年秋任南岳管理局局长。1935年率苗族男女青年20余人赴长沙演出歌舞，开湘西苗族地区与外地文化交流之先河。1936年草拟《湘西苗民文化经济建设方案》，获省政府通过。1947年选为立法委员，后赴台湾。

《湘西苗族考察记》，1934年铅印本；

《湘西苗族考察纪要》，1936年长沙飞熊印务公司铅印本。

吴恒良（1896—1953）

原名才臣。小学教员、县议员。参与湘西革屯运动及抗战，任国民党陆军第七十三军少将副军长。抗战胜利后任湖南省政府参议。

《苗帚苗钟集》，1946年铅印本，中央民族大学图书馆藏。

吉首

沈玉衡（？—1751）

清康熙五十九年（1720）中乡试副榜。由训导升岳州府学、长沙府学教授。

《五经辨疑》。

张秩

字东原。清乾隆五十一年（1786）举人，以知县分发陕西任用，加知州衔，后调甘肃西河县。

《易经章注》；

《易经旁训》。

向宗乾

字竹溪。清乾嘉间在世。岁贡。任城步训导。

《听涛轩诗集》。

邓仕伢

官宛如，号恪斋。清岁贡生。性颖悟，博学多能，诗文外凡天文、地理、书画、方脉，无不研究。七十岁时任平江学博。卒年八十八。子邓绍良，官浙江提督。

《慎六堂诗集》。

张家宝

清道光十四年（1834）举人。

《湘游吟》；

《北游小草》。

张汉槎

清道光二十九年(1849)拔贡。光绪六年(1880)任临武教谕。

《乾州厅志》十六卷首一卷,蒋琦溥修,张汉槎纂,林书勋增修,张先达增纂,有清同治十一年(1872)刻本、清光绪三年(1877)续修本。

杨岳斌(1822—1890)

原名载福,字厚庵。原乾州厅人,后改籍善化。入湘军水师,累官湖北提督、福建水师提督、陕甘总督,卒谥勇悫。

《杨勇悫公奏议》十六卷《诗存》一卷首一卷,清光绪二十一年(1895)问竹轩刻本。

闵应骏(1836—1897)

字超元。

《伤寒论旁注》;

《闵氏经验方》;

《杂病论》。

张先达

岁贡。清光绪五年(1879)任新田县教谕。

《乾州厅志》十六卷首一卷,蒋琦溥修,张汉槎纂,林书勋增修,张先达增纂,清光绪三年(1877)续修清同治十一年(1872)本。

杨九成

字石铭。清光绪二十六年(1900)于州城外小溪桥创办高等小学堂,任堂长。

《石铭诗文集》。

向昕

清人。

《小听涛轩集》。

杨运林

字文舫。清人。

《文舫诗钞》。

萧士谦

清人。

《枕中吟》。

萧朝廉

1916年任桑植知事。曾参与纂修县志。

《天籁集诗钞》。

石绍明

字登秋。北洋政府将军府显威将军,陆军中将衔。

《康庄木铎》。

向明伦

1932 年湘西农村银行筹备委员之一。

《注音边疆语通》。

向霁雯

《晖庭集》。

秦家璠

《药谱》。

闵之惠

县立模范小学校长,乾城县文献委员会委员。

《乾城风土志》,民国乾城县文献委员会抄本,藏湖南图书馆。

傅锡畴(1841—1919)

字子范。未冠即补县学生员。精绘事,善山水、人物。

《理学阐微》;

《版筑书屋诗钞》。

张声莹(1853—1922)

女。乾城萧致卿妻,晚筑养心楼以自颐。

《养心楼诗钞》一卷,熊希龄序,1923 年铅印本。

滕传恕(1862—1931)

字忠谷,号子香。清光绪十五年(1889)选为国子监贡生,二十三年任乾州厅学教谕,主讲立诚书院,兼讲所里沅溪书院。民国后任晃州知事、湘西第八联合中学校长。

《芷香诗文集》。

吴凌云(1871—1945)

字阁臣。清宣统元年(1909)拔贡。曾任河南淅川知事、内务部佥事、湖南督军(傅良佐)府秘书长、国会议员。

《金谷寄庐诗钞》。

傅良佐(1873—1924)

字清节。曾入日本陆军士官学校。辛亥革命后任大总统府军事处长,1916 年任陆军部次长,1917 年任湖南督军。

《静养轩诗钞》。

黄召棠（1879—1928）

原名其华，字聘珍。留学日本，习农学。归国后任湖南甲种农业学校校长、全国农会联合会副会长。

《农学刍义》。

张宏铨（1880—?）

字伯衡。湖南中路师范学校毕业，历任省内多个中学、师范教师。清光绪三十一年（1905）官费留学日本弘文学院高等师范预科。民国后与熊希龄、张学济等发起共和协进会，继又参与组织共和党。1913 年当选为众议院议员。

《留湘日记》。

傅廷弼（1898—1950）

字少谷。傅良佐侄。就读北京大学。曾任乾城教育局长。

《乾城文宪人物志》，抄本，藏湖南图书馆；

《乾城傅节母张太夫人事略》，1935 年铅印本。

向长清（1915—1985）

北京大学中文系毕业。曾任省立第九师范教务主任，省立十三中学校长。

《钟嵘诗品论》。

泸溪

石鼎

字廷器。明宣德七年（1432）举人，官简县教谕。归后筑率性书舍处其中，日弹琴赋诗以为乐。有集，未见。祀乡贤。

《石鼎集》。

李震

字声远。本华阴人，曾祖李林任泸溪学录，因家焉。明宣德中御史薛瑄以贤良方正荐，固辞不起。

《蓬窗遗墨》。

李治

清康熙贡生。官黔阳教谕。

《蒿邨文集》。

李涌

字鲸来。清雍正七年（1729）拔贡。官永定教谕。

《泸溪县志》二十四卷，顾奎光修，李涌纂，清乾隆二十年（1755）刻本。

《景忠史集》（编），张九键《鲸来编景忠史集成》诗云："岩下编书夜未休，凄凉樽酒酬名流。长悬不敢乾坤眼，为有无穷风雨愁。白骨更生褒一字，金门如借鉴千秋。兴余珍重豪端剑，龙气深韬效邺侯。"

邓天阶

字六符，号嵩溪居士。清人。精医术，知名于时。著有《保幼汇纂》《顺德堂医案》，皆自作序，总名之为《从心录》。

《保幼汇纂》；

《顺德堂医案》。

邓国珍

清人。

《江园吟》。

陈大诰（？—1941）

字小雅。清光绪二十九年（1903），浦市观澜书院改为官立高等小学堂，辰州府通判林明哲聘大诰为首任堂长，兼图文、修身两科教师。民国时任省议员。湘西巡防军统领陈渠珍聘为秘书官，主修《湘西陈氏族谱》。

《双福堂诗文集》，一作《双榴堂诗文集》。

吴永勋（1865—？）

字勋人。拔贡。任善化县教谕。解职归里，设馆教书。民国时期历任县劝学所所长，县立第一女子小学、县立高等小学堂校长等职。

《泸溪县志》，未刊；

《清醒斋集志》。

康君函

《退思轩小草》。

廖名缙（1867—1927）

字笏堂。清光绪二十三年（1897）拔贡，留学日本。民国后曾任湖南武陵道和四川永宁道道尹，国会议员、湖南工业专门学校校长。

《船山学社演讲稿》；

《百榭溪堂集》；

《西山枕石集》；

《秋湖集》；

《香山游览集》。

黄尊三（1880—1951）

又名礼达,字达生。留学日本明治大学,入同盟会。曾任教多所大学,又创办私立民国大学、泸溪县立简易师范学校。

《释社会问题》(译),1920 年北京内务部编译处铅印本;

《近世社会主义论》(译),1922 年上海商务印书馆出版;

《法律进化论》(译),1929 年上海商务印书馆出版;

《三十年日记》,1933 年长沙湖南印书馆出版;

《救济制度纲要》,北京内务部编译处铅印本;

《教育思潮大观》。

龚德柏（1891—1980）

字次筹。1913 年入日本东京帝国大学。曾任外交部驻湖南交涉员,内政部参事,《国民外交杂志》《东方日报》《中美通讯》主编,《革命军日报》《申报》总编,创办《世界晚报》《救国日报》等,后去台湾。

《揭破日本的阴谋》,1922 年上海太平洋书店出版;

《日本对华经济侵略之过去与将来》(译),1928 年上海吴越书店出版;

《日本人谋杀张作霖案》,1929 年太平洋书店出版;

《西原借款真相》(译),1929 年上海太平洋书店出版;

《国都研究》,1930 年出版;

《日本对华侵略之过去与未来》(译),1931 年上海光华书局出版;

《征倭论》,1931 年北平平化合作社出版;

《征倭论续集》,1932 年南京救国日报社出版;

《中国必胜论》,1937 年南京战争丛刊社出版;

《中国与世界大战》,1942 年贵阳中国文化服务社出版;

《一九四二年的日本国力》,1943 年重庆商务印书馆出版;

《空军足以摧毁日本论》,1943 年商务印书馆出版;

《日本侵略中国外交秘史》(译),原名《蹇蹇录》,1944 年重庆商务印书馆出版;

《日本之末路》,1944 年青年书店出版;

《倭人并吞中国计划书》(译),民国国民革命军陆军第八、二十四师石印本;

《论文辑要》,民国南京救国日报社出版;

《揭破日本黑幕》;

《盐政改革问题》。

凤凰

田仁隆

字泽侯。清康熙贡生。性格安然不慕利益,观察王公慕名聘为子弟师。曾编辑《凤凰厅志》草本。康熙六十年(1721)被选为醴陵县训导,以母老病未就。

《凤凰厅志》。

刘豹

字文蔚。清乾隆三十年(1765)拔贡。有文名,曾协修辰州府志,其作多考证五江、五溪。后任直隶深州州判,卒于任。

《南崖纪闻》。

曾朝瑞(1730—1800)

字白珩,一字山亭,号楚珍。清贡生。以军功甄叙州同。楷法得赵孟頫笔意。

《菊圃闲吟小草》。

熊朝简

清嘉庆四年(1799)恩贡生。熊希龄曾祖。官靖州训导。

《心斋遗文》。

田兴梅

清嘉庆十年(1805)由拔贡任临武县教谕。道光元年(1821)举人。

《燮堂诗稿》。

包明汉

清岁贡。曾任兴宁县训导。

《秋河古文》。

包安容

包明汉子。清道光十一年(1831)举人。咸丰十年(1860)任桂阳县教谕。志行修洁,迪训有方,卒于官,囊橐萧然,绅士醵金扶榇归里。

《临堂古近体诗》。

杨通昶

字雅林,后改名兆琼。清道光五年(1825)拔贡,十七年(1837)举人。咸丰元年(1851)任城步县教谕。官至道衔湖北同知。

《潭月阁古文》二卷《骈文》四卷《古文体诗》十卷。

郑国鸿(1777—1841)

字雪堂。清道光二十年(1840)任浙江处州总兵。殉国于定海之役,谥忠节。

《诗经疏义》；

《葩经括旨》；

《易学崇源》。

杨昌拔

字子振。清道光二十四年（1844）举人。补祁门知县，调含山，署怀远，阵亡于庐州。

《笠亭遗诗》。

熊兴杰

清咸丰元年（1851）举人。官临湘县教谕。

《临湘县志》十三卷末一卷，盛庆黻等修，熊兴杰、朱俊彦、欧阳恩霖、王柏心纂，有清同治十一年（1872）刻本、光绪十八年（1892）岳州府四县志局刻本、1929 年孙业震重刻本、1962 年临湘县档案馆石印本。

田兴恕（1836—1877）

字忠普。参与镇压太平天国运动及苗民起义。咸丰十年（1860）任钦差大臣，赴援贵阳，十一年兼署巡抚。同治元年（1862）因教案革职，论罪遣戍新疆，行至甘肃，左宗棠挽留防秦州，十二年释归。

《更生诗草》一卷《续草》一卷《词草》一卷，清同治十二年（1873）刻本，广东省中山图书馆藏。

龙恩煜

名沛然。授塾为生。

《取精用宏》，稿本，有复印本存湘西土家族苗族自治州民委古籍办公室。

胡学文

清人。

《质存遗稿》。

曾世昌

清人。

《秋渭诗文内外集》。

滕家正

清举人。六品衔截取知县。

《松亭集》。

滕文昭

字剑龙。长沙时务学堂毕业，曾任县立模范小学校校长。

《原泉精舍诗文存》。

滕凤藻

字文卿。曾任麻阳、沅陵、泸溪县长。

《松梅堂诗文集》。

龙骥(1859—1936)

字云生。清光绪十一年(1885)举人。

《龙骥手稿》,有复印本存湘西土家族苗族自治州民委古籍办公室。

熊希龄(1870—1937)

字秉三,别号明志阁主人、双清居士。清光绪二十年(1894)进士。参加湖南维新运动,任时务学堂提调。民国后曾任国务总理,后致力慈善教育事业,创办北京香山慈幼院,1932年任世界红十字会中华总会会长。

《熊希龄乡试卷》,清光绪十七年(1891)刻本;

《东三省移民开垦意见书》,清末铅印本;

《东三省各官银号改革办法意见书》,清宣统石印本;

《政府大政方针宣言书》,1912年木活字印本;

《熊秉三先生政书》,姜泣群编,1913年上海光华编辑社铅印本;

《改定各省重复县名理由清单》,熊希龄、朱启钤编,1914年铅印本;

《京畿水灾惨状图》(中英文对照),1918年印本;

《湖南时务学堂遗编》四卷(辑),1922年北京香山慈幼院铅印本;

《熊希龄对于上海会审公堂侵害国权之抗议书》,1926年印本;

《顺直河道改善建议案》,1928年顺直水利委员会石印本;

《双清集》,民国抄本,藏湖南图书馆;又有1929年石印本;

《改善旧有慈善事业建议案》,1934年北平香山慈幼院铅印本;

《国会政体》,熊希龄、吕德本译;

《佛历二千九百五十年佛诞纪念会会务概要》,熊希龄等编,1923年刻本;

《京畿水灾善后摘要录》,民国铅印本;

《督办京畿一带水灾河工善后事宜编制六七年决算预算呈大总统文》,民国铅印本;

《中国政府一九一七年运河七厘金币借款》,民国油印本,国家图书馆藏;

《熊希龄章宗祥信札》,民国抄本,藏国家图书馆;

《熊希龄借款事略》,民国铅印本;

《熊秉三先生遗墨》,民国朱经农影印本;

《东三省盐法志》十四卷,1914年铅印本;

《京畿河工善后纪实》十六卷;

《香山慈幼发展史》。

田应诏（1876—1932）

号凤丹。田兴恕子。1903 年入湖南陆军将弁学堂，后留学日本振武学校，继入陆军士官学校。入同盟会，参加南京辛亥起义。1913 年任湘西镇守使，旋任辰沅道尹。1917年参加护法运动。1920 年至长沙，1926 年解职。

《器兰斋诗集》。

田兴奎（1876—1959）

字星六，又作醒陆，号晚秋，别署辛庐。入常德西路师范，熊希龄又荐入日本东京弘文师范学院。与黄兴、秋瑾、朱菱溪、王时泽、程潜、陈强等相往来。入中华同志会、中国同盟会，又为南社社员。创办凤乾永晃四厅中学并任校长。主办《蜀江报》《醒世报》《沅湘报》。曾任永顺、慈利县知事。新中国成立后，任湖南文史研究馆馆员及省文物保管委员会委员。部分诗文曾刊于《国学论衡》《文艺捃华》《南社湘集》及《船山学报》。1992 年丘陵等编辑《晚秋堂诗词选》，由岳麓书社出版，选录其诗词近千首。

《晚秋堂诗集》九卷（包括《酒余集》《剑游集》《破帽集》《且归集》《雨鞋集》《一筇集》《百一集》《南音集》等），《蔗香馆词》一卷，柳亚子叙，1931 年鸿飞印刷所铅印本；

《慈利县志》二十卷，田兴奎等修，吴恭亨纂，1923 年铅印本；

《晚秋堂诗续集》十八卷；

《黄叶秋灯词》一卷；

《晚秋秋词》二卷；

《龟壶词》一卷；

《蓉红词》一卷；

《片砚冬心词》一卷；

《次韵半塘庚子秋词》三卷；

《澹宜楼文集》，收文百余篇；

《天宝遗珰录》；

《荀子正义》二卷；

《士砚斋联语录》；

《书画我见录》；

《字赢记》一卷；

《田氏支谱》一卷；

《困学纪闻》四卷；

《天犊》四卷；

《凤凰县志稿》八卷；

《诗话》四卷；

《西湖杂笺录》；

《新绿山庄题辞》一卷。

朱茂芸（1877—1923）

字菱溪。入时务学堂，留学日本东京弘文学院，习法律。入自立军，后入同盟会。回国后在上海开办民权社，经营出版事业。1922 年赴粤支持孙中山，任西路讨贼军军长，旋去职。

《伤心人语》；

《三十自述》。

陈渠珍（1883—1952）

号玉鍪。1920 年任湘西十县联合指挥官兼湘西巡防军统领。1929 年任湖南省防军第一警备区司令。1937 年任沅陵行署主任。1949 年和平起义。

《芷江清乡善后章程》，陈渠珍审定，1919 年石印本；

《军人良心论》，民国铅印本；

《寥天一庐日记》；

《湘西十三县农林建设方案》；

《艽野尘梦》，1937 年铅印本。

田名瑜（1887—1981）

字个石，晚署忍翁、痴翁、半痴老人。入同盟会。南社社员。曾任常德《沅湘日报》编辑兼总经理，大庸、沅陵、黔阳县长。抗战胜利后，先后任湖北、湖南两省政府秘书。1948 年回凤凰县任县长。1951 年受聘为湖南省文物保管委员会委员、政务院文史研究馆馆员。1994 年四川民族出版社出版《田名瑜诗词选》。

《忍冬斋诗文集》；

《湘西献征初稿》；

《湘西献征续编》四卷；

《思庐诗集》十二卷；

《思庐文集》六卷；

《庸言》二卷；

《楚游屑录》四卷；

《悔红词》一卷；

《老木庵文集》；

《苦学斋诗稿》十一卷；

《焦尾爨音诗集》；

《诗经说略》；

《杜诗选钞注解》；

《湖南苗族记》；

《思庐日记》五十卷；

《苦学斋日记》。

包凯（1891—1975）

号戈平，原名罗。毕业于湖南陆军小学、日本同文书院军事班、保定陆军军官学校。1947 年 7 月授少将衔，同年退役。1949 年回原籍，参加湘西起义活动。

《中国裁兵主张》，1922 年长沙文化书社铅印本。

沈从文（1902—1988）

原名岳焕。少年从军，后至北京做小职员，成名后历任中国公学、武汉大学、北京大学、西南联大等校教授。

《鸭子》，1926 年北京北新书局出版；

《蜜柑》，1927 年上海新月书店出版；

《好管闲事的人》，1928 年上海新月书店出版；

《入伍后》，1928 年上海北新书局出版；

《篁君日记》，1928 年北京文化学社出版；

《山鬼》，1928 年光华书局出版；

《长夏》，1928 年光华书局出版；

《雨后及其他》，1928 年春潮书局出版；

《不死日记》，1928 年人间书店出版；

《神巫之爱》，1929 年上海光华书局出版；

《十四夜间》，1929 年光华书局出版；

《呆官日记》，1929 年远东图书公司出版；

《男子须知》，1929 年红黑出版处出版；

《沈从文甲集》，1930 年上海神州国光社出版；

《旧梦》，1930 年上海商务印书馆出版；

《一个天才的通信》，1930 年光华书局出版；

《沈从文子集》，1931 年上海新月书店出版；

《龙朱》，1931 年寻乐轩出版；

《石子船》,1931 年上海中华书局出版;

《阿丽思中国游记》,1931 年上海新月书局出版;

《泥涂》,1932 年北京星云堂书店出版;

《记胡也频》,1932 年上海光华书局出版;

《虎雏》,1932 年上海新中国书局出版;

《一个女剧员的生活》,1932 年上海大东书局出版;

《都市一妇人》,1933 年上海新中国书局出版;

《老实人》,1933 年上海现代书局出版;

《阿黑小史》,1933 年上海新时代书局出版;

《一个母亲》,1933 年合成书局出版;

《慷慨的王子》,1933 年良友图书公司出版;

《边城》,1934 年上海生活书店出版,1946 年桂林开明书店出版;

《从文自传》,1934 年上海第一出版社出版,1946 年上海开明书店出版;

《沫沫集》,1934 年上海大东书局出版;

《游目集》,1934 年上海大东书局出版;

《如蕤集》,1934 年上海生活书店出版;

《记丁玲》,1934 年上海良友图书公司出版;

《八骏图》,1935 年上海文化生活出版社出版;

《从文习作选》,1935 年上海良友出版公司出版;

《从文小说集》,1936 年上海大光书局出版;

《沈从文选集》,徐沉泗、叶忘忧编,1936 年上海万象书屋出版;

《湘行散记》,1936 年上海商务印书馆出版,1946 年上海开明书店出版;

《新与旧》,1936 年上海良友图书公司出版;

《废邮存底》,1937 年文化生活出版社出版;

《沈从文杰作选》,1937 年新象书店出版;

《旅店及其他》,1940 年上海中华书局出版;

《绅士的太太》,1940 年三通书局出版;

《昆明冬景》,1941 年文化生活出版社出版;

《烛虚》,1941 年文化生活出版社出版;

《月下小景》,1943 年桂林开明书店出版;

《黑凤集》,1943 年桂林开明书店出版;

《云南看云集》,1943 年国民图书出版社出版;

《春灯集》,1943 年开明书店出版;

《在昆明的时候》,1946 年中外书店出版;

《主妇集》,1947 年上海商务印书馆出版;

《我的生活》(即《从文自传》),1947 年中央书店出版;

《长河》,1948 年上海开明书店出版;

《湘西》(即《沅水流域识小录》),1948 年上海开明书店出版;

《沈从文选集》,陈磊编,上海绿杨书屋出版。

新晃

姚文贤

字希圣。清乾隆五十七年(1792)曾纂修族谱。

《四书讲义》。

吴世灏

字安澜。清嘉庆六年(1801)岁贡生。候补训导。

《柳村诗稿》。

罗汝亮

清人。初为贵州镇远县学生,世居厅属龙溪口,清嘉庆二十三年(1818)设厅治,乃拨归今籍。工诗,清丽奇宕,自成一家。家故贫,以训课为业。每朔望聚诸生宣讲《圣谕》并《阴骘文》《功过格》。通判郑毓诚甚重之。年三十二而卒。

《沅溪诗稿》。

杨家桂

清人。

《烟霞诗钞》。

吴宏哲

庠生。

《泰伯词记》;

《文昌帝君宝训》。

麻阳

满朝荐(1561—1629)

字震东。明万历三十二年(1604)进士。曾官咸宁知县、南京刑部侍郎,迁尚宝卿,因斥魏忠贤罢归。崇祯二年(1629)始复官,未赴而卒。

《孤松吟》；

《邋遢集》；

《满朝荐遗作》，抄本，藏湖南图书馆。

满国桢

岁贡，品行端方，腹笥渊博。授慈利教谕，年逾八旬，辞不任。

《学庸句解》。

田长盛

清康熙二十四年（1685）贡生。曾任湖北竹山县训导，多方启迪，尤用意厘正文体。纂修麻阳县志。年八十卒。

《康熙再续麻阳县志》四卷，清康熙三十二年（1693）田长盛、聂愈岩、滕启哲纂。

郑万湛

清道光五年（1825）拔贡。

《乡党讲义》。

邓万湛

清人。

《桐荫山房文集》；

《印月山房诗稿》。

田定九

《团峰诗文稿》；

《晃鳌诗稿》；

《石桥文集》。

李可栋

清庠生。高才硕学，淹贯群经，讲求性理，言行皆有法程。

《羲经诵义》，识者谓于程传朱义未发之旨多所阐明。

田渠（1900—1957）

北京中法大学毕业，入法国里昂大学攻读天文学。1938 年回国。先后任教于西南联大、贵州大学、湖南大学。

《相对论》，1947 年上海正中书局出版。

任时琳

清末拔贡生。日本弘文学院师范科毕业。曾任省参议员、县第一高等小学教员、麻阳县文献委员会主任。

《麻阳县山脉水道考》，1948 年稿本，藏湖南图书馆；

《麻阳屯田考略》,稿本,藏湖南图书馆;

《麻阳县志稿原始材料》(编),1948 年抄本,藏湖南图书馆。

宋希隽

《劫余吟》;

《通俗随意诗集》;

《蛰庐草稿》;

《崇稼园文集》。

张锦帆

曾任县参议长。

《中国政制问题》,1937 年长沙芸章印刷局铅印本。

姚建猷

日本早稻田大学毕业。曾任湖南公立中等学校校长、乾城县知事、长沙兑泽中学校长。

《论理学教科书》,1913 年湖南教育司署铅印本;

《社会学》,1925 年长沙兑泽中学校铅印本。

芷江

刘有年（1332—1411）

字大有。明洪武五年(1372)以明经充沅州府儒学训导,迁福建道监察御史,又荐任太平知府。明永乐偶从旧家中得失传《仪礼》逸经十八篇献于廷。后官按察司金事,卒于官。

《芷庵集》。

赵彬

字文纯。明宣德九年(1434)御史薛瑄以贤良荐除都察院检校。

《味道斋集》。

胡靖

字邦宁。〔同治〕《沅州府志》及《芷江县志》作明景泰四年(1453)举人,《湖南通志》作景泰元年(1450)举人。历任四川金堂、江西新昌知县。

〔成化〕《沅州志》七卷,据《明史·艺文志》著录,明万历三十八年沅州知州于瑞临序云:"沅有志,自郡先达胡靖纂修以来,经百余年未辑。"

黄珙

字叔珍。明嘉靖十年(1531)举人。任吉安通判摄知府事。性孝友,能文章,博览群书。

《松楸文集》;

《明山集》;

《云望集》;

《木洞集》。

胡惹

字用宾。明嘉靖十三年(1534)举人。授户部主事,榷临清税,清慎不苟。以忤权要,罢归。闭户谢客,讲求心性之学,乡人尊礼之。

〔嘉靖〕《沅州志》。

毛世鸿

字万程。明万历间在世。熟谙医理,尤精脉学,以术济人,不索谢。年九十三卒。

《濒湖脉学注》;

《增补伤寒金口诀》;

《脉经注》;

《伤寒歌句》。

向文宁

明人。少勤学博,通经史,躬耕养母,不慕荣利。

《南溪集》。

马天然

明人。

《唱和集》。

胡斌

清人。

《沅州府志》八卷,清康熙八年(1669)谢宠修,胡斌、邓之蛟、杨凤鸣纂。

邓之蛟

清人。曾官靖州训导。

《沅州府志》八卷,清康熙八年(1669)谢宠修,胡斌、邓之蛟、杨凤鸣纂。

孟长醇

清庠生。

《康熙续修沅州府志》八卷,杨希震修,孟长醇、胡彧纂,清康熙二十四年(1685)刻本。

胡彧

清人。

《康熙续修沅州府志》八卷,杨希震修,孟长醇、胡彧纂,清康熙二十四年(1685)刻本。

龚明远

字澹宇。清雍正元年(1723)武举人。效绩行伍,归后作诗,遂有名。《沅湘耆旧集》称其"少好读书,以用世自期许。既登武举,著籍伍中,非其志也。旋被觭龁归,刻意为诗。卜城北数弓地,杂莳花药以自适。帅府闻其名,屡召之,不往"。录诗二首。

《荫嘉圃小稿》。

邓友超

字慎修。清乾隆六年(1741)拔贡。官新宁教谕。有学行,临终敕其子,以家中多藏书,凡无益身心者,悉检出焚之。

《慎修集》。

唐可久

字东溪。工制艺,有声庠序。清嘉庆二十一年(1816)登乡试副榜。候选教谕。不出,优游泉石,寄情诗酒。所著各体皆备,且能摒去陈言,独标新颖。

《环竹山房诗钞》七卷,黄本骥序,清道光二十一年(1841)宜园刻本,湖南图书馆藏;

《谿来堂偶存》一卷,唐可久等撰,清道光二十年(1840)刻本;

《辰沅耆旧集》。

陈应湘

字启南。清道光元年(1821)恩贡生。

《巴溪文集》。

向芝芳

字秀三。清人。由岁贡铨注教职。

《兰涧诗钞》。

毛永前

清人。

《脱颖诗稿》。

杨鸿烈

清人。

《芋庵遗诗》。

蒲启元

清人。

《地理家传》。

李成谋（1830—1892）

字与吾。湘军将领，曾官福建水师提督、长江水师提督，谥勇恪。

《石钟山志》十六卷首一卷，李成谋、丁义方辑，清光绪九年（1883）听涛眺雨轩刻本。

张廷健

字凌云。

《澄怀轩诗集》一卷，1933年长沙周公益铅印本。

邱昌渭（1897—1956）

号毅吾。留学美国，获政治学博士学位，任东北大学、北京大学、中山大学教授，国民政府立法委员，总统府秘书长。

《议会制度》，1933年上海世界书局出版；

《青年教育问题》，1939年南宁民团周刊社出版；

《抗战与教育》，1939年南宁民团周刊社出版；

《地方自治》，1940年桂林广西省政府编译委员会印本；

《广西县政》，1941年桂林文化供应社出版。

靖州

许潮

字时泉。明嘉靖十三年（1534）举人。授河南新安县令。博学多才，长于乐府。

《易解》；

《史学续貂》；

《武陵春》；

《山石集》；

《太和记》，又名《太和元气记》，是一部杂剧合集，共有24种杂剧，每种杂剧仅一折。明吕天成《曲品》载："许时泉所著传奇一本《泰和》，每出一事，似剧体，按岁月，选佳事，裁制新异，词调充雅，可谓满志。"明刻单行本已不可见，今仅《群音类选》（明胡文焕编，明万历间《格致丛书》本）收录10种，《阳春奏》（明万历三十七年刻本）收录6种，《玉谷新簧》（明万历三十五年刻本）收录1种，《盛明杂剧二集》（明沈泰编，民国董康诵芬室重刻本）收录8种，汰去重复，现存17种。

叶庭芝

字无心,号竹庄。明人。少业儒未就,遂有志性命之理。潜心术数之学,凡先天后天之图,岐黄孙卢之书,无不深得秘蕴。年八十余卒。

《索性旨要》;

《神针简要赋》;

《脉学金丝灯》。

唐宗元

明嘉靖三十一年(1552)举人。官四川合州知州。

《靖州志》,万历六年(1578)唐宗元纂。

唐宗正

唐宗元弟。明嘉靖四十三年(1564)举人。任雅州推官。

《唐宗正集》。

宋崇简

明湛若水门生。

《嘉忠录》一卷,集其父宋以方事迹及诸人赞颂,有湛若水序,《郴州志》著录。

闵朝宗

明贡生。官浙江分水县知县。

《山石集》。

何鼎

字夏九,又作宪四,号晴山。浙江山阴(今绍兴)人,寄籍湖南靖州。清康熙五年(1666)举人。授河南长葛知县,调户部主事,迁员外郎,继迁兵部武选司郎中,擢安徽安庆知府,调浙江嘉兴知府。康熙二十六年(1687)充河南乡试。先后居官二十余年,卒于嘉兴。

《香草集》二卷(诗一卷、词一卷),清乾隆十四年(1749)寿山堂刻本;

《长葛县志》八卷,何鼎、吕贡恒纂修,清康熙三十年(1691)刻本。

储早

字先声。清贡生。曾任宜章训导。

《宜章县志》十三卷,杨文植、姜顺修,杨河、储早纂,清乾隆二十一年(1756)刻本。

汪尚友

字希三,号益斋。清嘉庆六年(1861)举人。领截取知县衔。

《道光续修靖州志》十二卷,清道光十七年(1837)觉罗隆恩修,汪尚友纂。

唐仕道

清廪生。道光末年授训导。刚直能任大事。授徒家塾,成就者众。

《活泼堂文集》。

储玫躬（？—1854）

字石友。任武陵训导。清咸丰初募乡勇抗拒太平军,卒于阵。平生精理学,长古文词。

《松坞山房文集》二卷;

《储英馆文集》二卷;

《闺训》一卷;

《四书精义》;

《朱子良言》。

唐际虞

字赞廷。清同治元年(1862)壬戌恩科并补行咸丰九年己未恩科举人。

《靖州直隶州志》十二卷首一卷末一卷,唐际虞等纂,清光绪五年(1879)刻本。

杨显敬

字臣极。清人。喜方术,传王叔和《脉诀》,以五色诊病,多济贫乏。

《脉诀》,《靖州乡土志》著录。

黄益三

清廪生。

《学庸集解》。

城步

杨和

明嘉靖初由岁贡授梧州通判,调浔州,擢知剑州。

《竹溪遗集》。

张大威（1535—1613）

明嘉靖四十三年(1564)以选贡授四川保宁府通江县知县。因直忤当道,改任教谕。后又累迁广东市舶司提举、云南禄劝州知州。

《城步县志》,明万历谌廷锦修,吴道宣、张大威、萧应韶纂。

萧应韶

敦行笃学,博通经史。明万历中由恩选授陕西宁州同知,因权贵用事,致仕归。三征不就,卒年八十余。

《城步县志》,明万历谌廷锦修,吴道宣、张大威、萧应韶纂。

杨时宪

清顺治十五年(1658)恩贡生。授县丞。

《城步县志》十卷,王谦修,杨时宪、吴宗基纂,清康熙二十四年(1685)刻本,国家图书馆藏。

吴宗基

清岁贡生。自幼好学,手不释卷,至老益笃。困于试,入学颇迟,故得肆力以精其艺。康熙二十四年(1685)纂修县志,草稿多出其手。后铨授荆州远安县训导。

《城步县志》十卷,王谦修,杨时宪、吴宗基纂,清康熙二十四年刻本,国家图书馆藏。

彭宗絮

字兰园。清乾隆五十四年(1789)拔贡。任永明教谕。

《兰园草》。

尹乐莘

字待聘。清人。任永明教谕。

《巫水杂识》四卷,〔道光〕《宝庆府志》著录,称乐莘"喜读书,善篆刻,隐居溪峒间,不求闻达而洞悉时务,著《巫水杂识》"。

陈伯卣

清人。《宝庆府志》有传。

《大学心解》一卷;

《论语宗旨》十卷。

尹登云

清人。

《瑞堂诗草》。

张显艺

字攀桂。清监生。好学能文,而踬场屋。晚年究心医术,活人甚多。卒年八十五岁。

《医方便览》二卷。

蒋文英

字退翁。清人。

《退翁诗赋草》。

戴联璧

清拔贡生。官衡州府教授。

《城步县志》十卷,清同治六年(1867)戴联璧、张文蔚、李惇素、陈志升纂。

通道

彭仕琛

字献其。清道光八年(1828)岁贡。博学善文,工诗词,擅长医学。

《青余诗存》。

杨家培

民国时曾任通道县民政科科长。

《通道杨家培诗钞》,抄本,藏湖南图书馆。

江华

蒋敏修

字臻甫。江华人,又作道州营道人、零陵人。年十五遍读诸经子史,受父命作《无弦琴赋》,援笔立就。既长,有文名。宋元丰八年(1085)进士。任藤州府推官、桂州司理参军。

《蒋敏修文稿》三十卷,《道州志》著录。

蒋谨修

字信甫,号敬夫。江华人,又作道州人。宋元丰五年(1082)进士。性薄荣利,沉精理学,时以《易》理课子弟。

《蒋氏家训》;

《座右铭》,皆《道州志》著录。

唐孺

字景仁。宋皇祐初登第,易名彦范。终阳朔令。

《阳朔集》。

胡良

明人。县志称:"富文词,喜交游,骚人词客,往来不绝。以永乐中明经任成都卫经历。有《西蜀文选》行世。"

《西蜀文选》(编)。

费栢

字公秀。明嘉靖四十三年(1564)京闱举人。官知县。

《江华县志》九卷,杜渐修,费栢纂,明万历二年(1574)刻本。

费华楚

明人。

《江华县志》四卷,明万历二十九年(1601)刘时征修,滕元庆、费华楚纂。本志原由知县刘时征以邑人费华楚之藏稿,属教谕滕元庆辑成。

陈所养

号浩然。清顺治十二年(1655)岁贡生。

《顺治续修江华县志》,清顺治十二年(1655)陈所养、陈大政、李发英纂,知县林调鹤序称:"邑中乡进士陈所养、陈大政、李发英等共襄斯举。于是订其舛误、补其缺佚,昔所已成,沿而不改,今所未悉,阙以有疑,计所增十之二三。其易代定乱诸事则陈君所养记闻,荟萃之力居多,而予为稍加诠论者也。"

唐澈

清乾隆四十二年(1777)拔贡。嘉庆十一年(1806)任鄞县教谕。

《澹泉诗稿》;

《寻乐园文集》。

吴朝钦

字敬庵。清咸丰间以岁贡选茶陵训导,未赴卒。研综经史。

《醉经堂文稿》。

唐为煌

岁贡生。

《江华县志》十二卷首一卷,刘华邦修,唐为煌纂,清同治九年(1870)刻本。

胡如炎

字在西。清人。

《晦庵遗稿》。

陈炯

字清斋。清人。工诗文,善书。由岁贡肄业国子监,授宁乡教谕、茶陵州学正。

《一气图说》;

《汋游杂咏》。

朱祥

湖南益智中学及湖南自治训练所统计专科毕业。

《江华县乡土调查笔记》,1942年江华江源书局出版;

《长沙一览》。

桑植

向大修

清人。

《桑植县志》四卷,顾奎光修,向大修、钟臣南纂,清乾隆二十九年(1764)刻本。

钟臣南

岁贡。清乾隆四十九年(1784)任安乡县训导。

《桑植县志》四卷,顾奎光修,向大修、钟臣南纂,清乾隆二十九年(1764)刻本。

沙翊青(1796—1866)

字鉴塘。清道光八年(1828)举人。授郴州学正,后任广宁知县、南澳厅同知、署潮州知府、肇庆知府。

《鉴堂诗稿》。

沙正华

字子灼。清监生。喜读书,有所得,即分类录之。旁及青乌家言,遂精其术。

《地理折衷》。

萧长裕

清附生。

《桑植县志》八卷,魏式曾、周来贺修,卢元勋、萧长裕纂,清同治十二年(1873)刻本。

彭仕杰

清人。

《招月楼诗草》;

《烟海吟》。

谷满言

字云青。清监生。博学多闻,广栽桃李,县之英俊如陈伯陶、谷梅桥等皆出其门下。

《紫雪山房文集》。

谷梅桥(1877—1952)

派名从修,字倩梅,号康成。先后执教于湘西十县联合师范讲习所、常德二中、隽新中学、沅江中学,任国文教员及精业专修馆馆长。1949年初任县文献委员会副主任。

《桑植县志略》,稿本,藏桑植县档案馆。

谷师韩(1888—1933)

名从登,号岸峭。谷满言子。清光绪三十一年(1905)入湖南省西路师范,宣统元年(1909)留学日本东京明治大学。曾执教湖南省立第二师范学校。后办团防,曾暗中支援贺龙红军活动。

《师韩遗稿》。

谷得出

字仙乔。清末诸生。平生以设帐授徒。1925年,贺龙驻节澧州,举贺星楼为桑植县长,仙乔出任县府钱粮科长。善诗文,工字画。

《仙乔遗稿》。

谷照临

《仰悟遗集》。

谷征祥

曾任桑植县党部书记长、实验简报社社长。

《西北建设辑要》,1944 年桑植实验简报社印本。

陈去华

同盟会员。创办县立勤业高等小学堂。

《为木楼集》。

陈国钧

字伯陶。毕业于美国哥伦比亚大学。曾任永顺县县长、长沙市市长、交通部总务司司长。1926 年任湖南大学行政委员会总务长。1949 年后任湖南大学教授、省政府参事室参事。

《美国约法及宪法之研究》,1931 年南京中国建设协会出版;

《派赴鄂赣皖苏浙等省接洽联省自治始末记附演稿》,1922 年铅印本。

张家界

杨显德

字令公。清康熙元年(1662)贡生。授霍邱知县,以清廉称。乞假归。

《永定卫志》四卷,潘义修,杨显德纂,清康熙二十四年(1685)刻本。

田大年

字伯开。清康熙二十六年(1687)举人。曾任陕州州判。

《省斋诗文集》。

庄以宽

字在伍。清康熙五十年(1711)副榜。雍正十二年(1734)任桂阳县教谕。乾隆十二年(1747)举人。任嘉禾教谕,乞假养亲,遂不出。

《永定县志》,清乾隆四年(1739)武文郁修,庄以宽纂。

熊国夏

字崧南。清嘉庆六年(1801)拔贡。教桑永,先器识,后文艺。恬静寡言,不面斥人非,不苟取财利,不擅入公门。

《永定县志》八卷,清嘉庆二十一年(1816)金德荣、赵亨钤修,熊国夏、王师麟纂,清

道光三年(1823)刻本;

《崧南遗稿》。

王师麟

清贡生。曾任宁乡县训导。

《永定县志》八卷,清嘉庆二十一年(1816)金德荣、赵亨钤修,熊国夏、王师麟纂,清道光三年(1823)刻本。

庄世恭

号蓉溪。读书目数行下,经史外旁及古杂家言,工楷法。清嘉庆二十一年(1816)由选拔举顺天乡试,司铎桂东。丁忧归,主崧梁书院十余年。道光二十六年(1846)补邵阳县教谕,教导学生取舍毋苟。卒年八十。

《勤余斋草》。

张序晟

字慎子。清中叶在世。喜读医书,能阐精发微,有名于时。

《拯危备要》;

《广济类编》,皆〔同治〕《续修永定县志》著录。

漆开藻

字绮卿。县学生。清嘉道间在世。

《医方备要》六卷。

覃怀远

字瑾堂。清道光拔贡。曾主讲崧梁书院,任常宁教谕。

《驳东莱博议》。

罗振鹏

字云翘。增贡生。清道光二十一年(1841)倡捐修县城,叙加七品衔。

《耄间拾遗诗》。

汤开璞

字玉溪。清国学生。恬淡寡欲,精医术,虽沉疴痼疾,无不立起之。酬以钱物均不受,贫者更资以药。

《寿世津梁》,〔同治〕《续修永定县志》著录。

胡先兆

字南垣。勤学嗜医,聚古今方录数十种,日夕研究。屋侧辟小楼,悬三十六葫芦,各贮丹丸其中,不下楼者十余年,医道大通。清道光二十九年(1849)大饥,救活无数,人号"葫芦先生"。

《医方济世》十八卷。

胡开洛

清道光间在世。

《明圣经注释》。

胡先容（1810—1892）

字若谷。清咸丰六年（1856）岁贡生。历官长沙、武陵教谕,郴州府学正,衡州府训导。幼承家学,先后购解《易》著述百余种,日读一爻,二十余年不辍。

《读易愿学篇》六卷,清刻本,临澧县图书馆藏卷一、六;

《楚黔防苗》四卷,清同治七年（1868）刻本,湖南图书馆藏;

《周易本意》四卷,清光绪十一年（1885）刻本,湖南图书馆藏;

《医方守约》三卷,清刻本;

《禹贡水道》一卷;

《杏荫楼文集》四卷。

罗光普

字云楼。清县学生。幼奇慧,为文工速。与弟子语,喜举乡邦伟人大事以激发之。

《四书史证》;

《二十二史感应录》;

《云楼诗文集》。

罗光显

字慎吾。清同治十二年（1873）陕甘乡试举人。曾任沅江、江华、益阳教谕。

《花萼楼诗文集》。

侯鸣珂（1834—1898）

字韵轩。清咸丰八年（1858）优贡。年二十四以汉教习授官知县,历署孝义、沔县、韩城、兴平、凤翔、渭南、咸阳、平利、保安、白河十厅县。因忤当道,四十七年不迁一阶。卒于任。

《十厅县从政随录》十六卷;

《尚友楼诗文遗集》六卷。

汤立贤

又名启朝,字莘农。清咸丰附生。工小楷,经史子集皆默抄数遍。拙口辩,而衡论古今治乱人物,辄滔滔忘倦。与人交,坦中信外,有相犯者,绝不与较。年五十三卒。

《课幼草》。

刘明晓

字曙轩。清同治元年(1862)恩贡生。因随同剿太平军出力,同治四年(1865)左宗棠奏"以教谕不论双单月即选"。曾任凤凰厅、浏阳县教职。

《曙轩文集》。

张序枝

字一斋。清同治三年(1864)举人。曾任天门书院山长。

《续修永定县志》十二卷首一卷,张序枝、胡瑾怀、罗福海、汤华衮纂,清同治八年(1869)刻本。

胡瑾怀

字雪门。清同治三年(1864)举人。任沅陵教谕。

《续修永定县志》十二卷首一卷,张序枝、胡瑾怀、罗福海、汤华衮纂,清同治八年(1869)刻本。

汤华衮

字补臣。清同治六年(1867)举人。官热河朝阳知县,升平泉州知州兼署承德府,再任江浦县知县、高邮州知州。

《退思堂文集》三卷《尺牍》四卷;

《续修永定县志》十二卷首一卷,张序枝、胡瑾怀、罗福海、汤华衮纂,清同治八年(1869)刻本。

罗福海

字春帆。罗光普子。清同治六年(1867)举人。以誊录议叙知县。

《续修永定县志》十二卷首一卷,张序枝、胡瑾怀、罗福海、汤华衮纂,清同治八年(1869)刻本。

庹五洲

清咸丰同治间在世。祖业不丰,勤奋好学,性格内向,不善言谈,常以笔墨叙怀。

《不知足集》一卷,录咸丰三年(1853)至同治元年(1862)诗作142首,有抄本存世;

《五州趣联》一卷,清同治五年(1866)撰,有抄本存世。

王大恩

字拙轩。清庠生。平生正直,善诱后进,门下士率成名以去。耄犹嗜学。

《四书讲义》。

王子睿

字松园。清岁贡生。文宗先辈,门下成名者七十余人。

《姑妄言之》;

《题商》四册；

《讲义》六卷。

王弼

字赉臣。清县学生。

《环溪诗草》一卷。

王儒应

字首民。清县学生。

《就荒园诗草》二卷。

尹享聘

清人。

《落花诗存》。

田祚复

字心斋,自号鲁山人。县学生。耽经术,教授乡里,贤俊多出其门。好音律,善养生,晚年杜门习医,取《内经》《难经》诸书,辨五运六气之说。

《参赞心编医书》五卷；

《贻后知》一卷,皆《永定县乡土志·耆旧》著录。

田祚明

清人。

《行善歌》一卷,分亲恩、孝亲、训子女、正妻妾、忠孝节、当后娘、作继父、育儿歌、下堂谣、妯娌和、兄弟亲、姑嫂歌、交友谣、师徒歌、主仆歌、八戒词、诉讼曲、受恩调、报恩调等 20 章,清同治七年(1868)辰州慈善堂刻本。

田凌汉

字次船。清人。以廪贡生荐擢知县。

《半竹园诗文集》；

汤光铦

字清轩。清人。孝友好施舍,通易数及卜筮之术,尤精医理。岁活人以百计,终身不受人谢资。

《汤氏医案》三卷。

汤廷桂

字寿冬。清县学生,肄业岳麓。

《豁轩诗文集》。

汤馨桂

字伯昭。清贡生。积军功保知县。

《酒颠诗稿》二卷。

汤及第

号蓉镜。清末县学生。

《拙子诗草》二卷。

刘敏文

字星山。清岁贡生。品端学优,长诗古文词。

《鹤应小草》;

《伏枥集》;

《游蜀集》。

吕克从

字小莱。清人。

《八十树菊花书屋诗稿》。

张凤鸣

清人。善救人急,精岐黄术。

《医方便览》。

张开珠

字月楼。清贡生。

《经学杂录》。

陈世明

字缄芳。清人。

《春秋左传提纲》。

赵祚琳

字瓒伯。清人。

《周礼纂要》四卷;

《通鉴汇纂》八卷;

《两汉文梓》十卷。

胡璪昌

清县学生。

《四书总论》;

《简易集》。

胡士明

字杏溪。清县学生。

《杏溪文草》；

《读易要旨》。

胡士肇

字锡余。清人。

《箓竹斋诗文集》。

胡其渌

字汝为。清人。就馆邻境,甘旨必遗以奉亲,友爱尤笃。

《读史辑要》。

胡其荣

字虹桥。清人。

《惜阴山房诗稿》。

侯兆恒

字麓山。清县学生。

《圣域述闻续编》十二卷；

《寡过经》一卷；

《诗旨集锦》一卷；

《呻吟口头语》二卷；

《万善堂文稿》四卷；

《西行纪程》一卷。

侯昌锦

字伯云,号云岩子。侯鸣珂长子。清举人。任湖北来凤知县。

《龙泉诗文集》四卷。

侯昌铭（1854—1924）

字钟熊,号箴青。侯鸣珂子。清光绪十一年(1885)举人,曾官内阁中书,转侍读。戊戌后回籍,先后主讲大庸崧梁书院、慈利渔浦书院。任劝学所长、县议长和省议员。创办大庸中学堂。

《永定县乡土志》四卷,有清光绪三十三年(1907)刻本、1920 年铅印本；

《保安志略》二卷,清光绪抄本,藏国家图书馆。

侯昌钧

《古体诗丛》一卷(主编),辑录永定文人诗作 160 余首,1915 年长沙隆兴石印局石印本。

侯宗涛

侯昌铭子。任县民众图书馆馆长。

《侯昌铭行述》一卷,侯宗涛、侯宗治撰,1924 年石印本;

周朝武（1882—1932）

字绪棠。曾被谭延闿任为湘军第二师师长。1931 年任湖南省政府中将顾问。

《周朝武自叙与公牍》,稿本,藏湖南图书馆。

庹万选（1895—1982）

字悲亚,号玉钰。入南社、虞社。创办"天门诗社",任官坪小学校长。

《天门山诗词》一卷,庹悲亚、柳亚子合编,收录庹悲亚、柳亚子、王伯丹、杨凌云、胡鼎茂等 62 人咏天门山诗词 113 首,1914 年大庸南正街元庆石印局石印本;

《淡墨轩诗稿二集》六卷首一卷《文稿初集》二卷《联存初集》二卷,1938 年大庸元庆石印局石印本;

《新注千家姓》,1944 年大庸何聚林石印局石印本。

田奇瑰（1899—1975）

字季瑜。1923 年北京大学毕业。任北京地质调查所实习员、技佐等职。1927 年回湘,参与创立湖南地质调查所,历任技士、技正、所长。

《直隶临城煤田地层》,赵亚会、王竹泉、田奇瑰著,1924 年农商部印本;

《湖南湘潭锰矿及膏盐矿报告》,田奇瑰、郭绍仪等著,1928 年湖南省建设厅地质调查所铅印本;

《湖南益阳板溪锑矿报告》,田奇瑰、王晓青、郭绍仪著,1928 年湖南省建设厅地质调查所印本;

《湖南长沙湘潭泥盆地地层》,1928 年湖南省建设厅地质调查所铅印本;

《湖南醴陵石门口、宁乡清溪冲、湘潭谭家山、宝庆牛马司煤田报告》,1930 年湖南省建设厅地质调查研究所铅印本;

《湖南常宁炭山窝、桂阳大顺窿、临武花香岭锡砒矿报告》,田奇瑰、王晓青、粟显倛著,1931 年湖南省建设厅地质调查所印本;

《中国南部下三叠纪之头足类化石》,1933 年实业部地质调查所印本;

《湖南铁矿志》（第一册）,王晓青、田奇瑰、刘祖彝著,1934 年湖南地质调查所印本;

《湖南锰矿志》,田奇瑰、王晓青、刘祖彝著,1935 年湖南地质调查所印本;

《湖南长沙衡山湘乡衡阳邵阳湘潭六县地质志》;

《中国石炭纪之海百合化石》。

第三节　湖南非民族自治地区少数民族人物著述

除各少数民族自治地区外,少数民族还广泛分布于湖南其他地区。沅陵县、会同县、绥宁县、江永县、慈利县、石门县等都是湖南传统的少数民族区域,至今少数民族人口过半。这些地区著述活动较为活跃,如慈利一县,历代有著述的人物共计 85 人,著述计146 种。其中,五代 1 人:

周朴,隐居天门山,耕读自娱。楚王马殷父子开府天策,屡征不出。著有《灵泉诗集》。

元代 4 人,著作 6 种:

王元明,字诚夫。尝摄州学事,创天门书院以教当地子弟。后以荐为岳阳学录、澧州教授,皆有誉绩。著有《达意集》十卷。

王申子,字巽卿,号秋山。邛州(今四川邛崃)人,寓居慈利州天门山近三十年,课徒授业,成者甚众。著有《大易缉说》十卷、《春秋类传》。

杨辀,元至治元年(1321)进士,官茶陵州同知,累官翰林待制。明初隐居不仕,建聚奎书院,讲学其中。著有《诗经发挥》《鸡肋集》。

张兑,一说安乡人,元至正间进士,由当涂尹征为国史馆编修,迁辰州路总管,入明仍为编修。著有《谿堂集》。

慈利籍文人中,成就更大、影响更广的是康永祥、田金楠、吴恭亨等人,均是慈利土家族知名人物。

康永祥,字吉人,创渔浦书院,延阎镇珩主其席。阎镇珩称其"资粹近道,罗仲素一辈人也,吾弗逮矣",又赞其"文笔宕远,多根柢"。著有《淡无虑斋遗集》二卷,《康解元遗集》五卷《外集》三卷。

田金楠(1856—1925),字春庵,号东溪。岁贡。维新运动起,为湖南巡抚陈宝箴邀至长沙,同熊希龄主持南学会,为训导,旋以政变解归,受聘(常德)西路师范,任教务长。民国后任(澧县)九澧中学校长、(慈利)渔浦学校校长、慈利县志局局长、慈利劝学所所长等职。著有《半有堂集》十卷,含诗集二卷、文集六卷、尺牍一卷、对联一卷,附哀感录一卷,1923 年铅印本。

吴恭亨(1857—1938),字悔晦,号岩村,别号弹赦。早年参加南社,辛亥后为湖南特别省议会议员。郭嵩焘称其"为文峻洁有体,诗学山谷"。著述甚多,如《悔晦堂诗集》四卷《尺牍》七卷《日记》十卷《对联》三卷,1914 年木活字印本;《悔晦堂文集》六卷,1920

年长沙铅印本;《悔晦堂诗集》十一卷《杂诗》三卷《新乐府》一卷《对联》五卷《文集》七卷《自撰年谱》一卷,1922 年铅印本;《悔晦堂尺牍》十一卷,1925 年铅印本;《悔晦堂对联话》十四卷,1925 年铅印本;《悔晦堂词集》二卷,1937 年铅印本;《慈利县图志》十卷首一卷,清光绪二十二年(1896)刻本;《慈利县志》二十卷首一卷,1923 年铅印本。

回族、维吾尔族是湖南人口较多,也是著述较多的少数民族,代表人物有:

蓝辰(1782—1859),字北钦,又字伯卿、寅初,号斗亭,道号"尔卜窦腊希"(现译阿卜杜拉)。长沙人,回族。曾任山西按察使经历司、姚州知州等,敕授翰林郎,诰授奉直大夫,后隐退修真。著有《天方实录》五卷。

蓝煦(1813—1876 后),字子羲,蓝辰子。顺天大兴县籍监生。清同治五年(1866)任江西星子县知县。著有《天方正学》七卷,清咸丰二年(1852)武昌官署印本、1925 年清真书报社铅印本。《天方尔雅》,波汉双语字汇表,成书于咸丰十一年(1861),清光绪十年(1884)仁寿镜斋刻本,国家图书馆藏。《政谱》五卷,清同治九年(1870)忠恕堂刻本,湖南图书馆藏。《易经全解》六卷首一卷,清同治十三年(1874)忠恕堂刻本,重庆图书馆藏。

蓝宗鲁(?—1918),字省吾。曾叔祖蓝辰,叔祖蓝煦。清光绪二十九年(1903)举于乡,宦游四方。民国后加入中华民族大同会,任职调查部,曾暂代理闽海关监督兼福海关监督。未几因时局动荡,离职归里。著《回教臆说》,未成先故。1919 年,其子蓝恒(字心舟)、蓝昆玉将其刊印行世。

马邻翼(1865—1938),邵阳人,回族。清光绪二十八年(1902)壬寅补行庚子科举人,清末留学日本弘文学院,曾任甘肃提学使。民国后任甘肃省教育司长、实业司长、甘凉道尹、直隶教育厅长等,1921 年任教育部次长、代总长,后任平民大学校长兼华北学院院长。著有《伊斯兰教概论》,1933 年上海商务印书馆出版。

翦伯赞(1898—1968),桃源人,维吾尔族。1924 年入美国加利福尼亚大学,研究经济。1937 年加入中国共产党,任中苏文化协会湖南分会和湖南文化界抗敌后援会常务理事,兼《中苏》半月刊主编。又任民国大学教授,重庆中苏文化协会总会理事兼《中苏文化》杂志副主编。主要著述有:《最近之世界资本主义经济》,1932 年北平书局出版;《苏俄集体农场》(译),1934 年上海太平洋书店出版;《历史哲学教程》,1936 年上海新知书店出版;《中国史纲》二卷,1946 年上海生活书店出版、1946 年重庆大呼出版公司出版;《中国史论集》第一集,1947 年上海文风书局出版;《中国史论集》第二集,1947 年上海国际文化服务社出版;《史料与史学》,1946 年上海国际文化服务社出版;等等。

第十章 湖南少数民族文献整理与研究

关于湖南少数民族，《尚书》《国语》等先秦典籍中已有零星记载。随着社会文化的发展，湖南少数民族文献从典籍中的零星记载到完整篇章，从介绍少数民族区域情况的著作到少数民族区域人物的个人著作，积累越来越多，种类越来越繁。有意识地对少数民族文献进行整理始于清代，民国时期开始增多，中华人民共和国成立以后进入繁盛期，政府机关、学校和团体更多地参与湖南少数民族文献的整理与研究工作，范围涉及少数民族政治、历史、经济和文化等各个方面。

第一节 古代湖南少数民族文献整理

古代湖南少数民族文献虽产生较早、种类繁多、数量丰富，但对其进行整理却相对滞后。直至清代，学者才开始有意识地对少数民族文献进行整理。如清嘉庆道光间，芷江唐可久曾拟编《辰沅耆旧集》，可惜没有完成。从现存的整理成果来看，古代湖南少数民族文献的整理工作主要体现在地方志的编纂及地方艺文的收集整理方面。

少数民族区域人物积极参与本地区方志的编纂。如沅州胡靖，明景泰间举人，成化时纂修《沅州志》七卷，《明史·艺文志》著录。明万历三十八年（1610）沅州知州于瑞临序云："沅有志，自郡先达胡靖纂修以来，经百余年未辑。"永顺土官彭世麒，明弘治五年（1492）袭宣慰使职，曾纂有《永顺宣慰司志》。靖州唐宗元，明嘉靖三十一年（1552）举人，官四川合州知州，万历六年（1578）纂有《靖州志》。江华陈所养，岁贡生，清顺治十二年（1655）与陈大政、李发英等纂《江华县志》，知县林调鹤序称："邑中乡进士陈所养、陈大政、李发英等共襄斯举。于是订其舛误、补其缺佚，昔所已成，沿而不改，今所未悉，阙以有疑，计所增十之二三。其易代定乱诸事则陈君所养记闻，荟萃之力居多，而予为稍加诠论者也。"沅州孟长醇、胡彧，清康熙间纂修《沅州志》八卷。泸溪李涌，清雍正七年（1729）拔贡，乾隆二十年（1755）纂修《泸溪县志》二十四卷。龙山李光业，贡生，清乾嘉间在世，学问该洽，邑文风由此而开，尝纂县志，识者谓其详核，邑之有志自此始。除官纂外，湖南少数民族区域还有私纂方志者，如清道光咸丰间保靖罗经畬、胡兴仁所纂《保靖志稿辑要》四卷，有清同治八年（1869）多文堂木活字印本传世。

在地方志编纂过程中，人们往往又将本地区人物著述及有关本地区的文献汇编成艺文志。由于明代及以前湖南少数民族区域方志基本失传，今仅对清代湖南城步、龙山、慈利、桑植、乾州（今吉首）、江华、通道、靖州、麻阳、芷江、永顺、古丈、永定（今属张家界）、凤凰、永绥（今花垣）、保靖、晃州（今新晃）等 17 个少数民族区域的 20 种方志中的艺文志进行统计，具体情况如下。

〔同治〕《城步县志》，卷九、卷十为艺文上、下两卷，收录清及清以前城步县人的诗、文、传、记、歌、序、论、说等内容。

〔光绪〕《龙山县志》，卷十六艺文收录清及清以前龙山县人的文和诗。《凡例·艺文》云："邑作者必其人已故，方为采载，若居官之作即现存者，亦载之。盖岁满而迁，不能终于此地也。"

〔同治〕《慈利县志》，卷十一至卷十四为艺文，收录慈利县文人佳作。《凡例·艺文》称："爱其文正以表其人纪其事也。"

〔同治〕《桑植县志》，卷七艺文志收录杂文和古近体诗。

〔光绪〕《乾州厅志》，卷十四至卷十六为艺文上、中、下三卷。

〔同治〕《江华县志》，卷十一为艺文。

〔嘉庆〕《通道县志》，卷九为艺文。

〔康熙〕《靖州志》，卷六艺文收诰敕、记、札子、论、传、诗。

〔光绪〕《靖州直隶州志》，卷十一艺文收记、传、序、考、札子、疏、诗、词、赋、金石、铭、跋。

〔同治〕《新修麻阳县志》，卷十上艺文收记、疏、议、序，卷十下艺文收序、文、传、说、启，卷十一艺文收诗。

〔同治〕《芷江县志》，卷四十六至卷五十七为艺文十二卷，《凡例·艺文》："有关于其邑之人之地之事，即一邑之掌故存焉。但详其纪事而略其艺文，是考献而不征文也。"

〔同治〕《永顺府志》，艺文在卷十一，与檄示共为一卷。

〔乾隆〕《永顺县志》，卷四艺文志录碑记和诗歌。

〔光绪〕《古丈坪厅志》，卷十五、卷十六为艺文上、下两卷，上分"史记之类""条教之类"，下分"金石之类""论议之类""诗歌之类"，共五类。

〔嘉庆〕《永定县志》，卷七、卷八为艺文上、下两卷。

〔同治〕《续修永定县志》，卷十至卷十二为艺文三卷，载记、叙、传、志、碑、赋、诗、集句、金石。

〔道光〕《凤凰厅志》，卷十九、卷二十为艺文一、二两卷。

〔宣统〕《永绥厅志》，卷之四、五、六为艺文门三卷。

〔同治〕《保靖县志》,卷十二艺文载疏、详、告示、记、序、文、论、引、说、考、启、诗、杂识。

〔道光〕《晃州厅志》,卷四十二为艺文,《凡例》云:"艺文者,一厅之菁华也。凡名公之著作,文人之题咏,以逮下里委巷之歌谣,皆得而陈之。然事不关于政教,文或杂以轻浮,虽抽秘骋妍,奚足贵焉,凡类此者,概从删汰。"

除以上方志中的艺文汇编之外,湖南少数民族区域人物还有将地方先贤著述汇编成集者,如慈利朱梦庚将临澧黄道让、慈利朱先敏二人著述编纂为《黄朱二先生诗录》二卷,有清光绪十八年(1892)百汉碑斋刻本。

第二节　民国时期湖南少数民族文献整理与研究

民国时期,湖南少数民族文献的整理与研究日趋繁荣,文献整理方式不再限于书目、艺文总集等,还出现了资料汇编。文献整理的主体以政府机关、学校团体、公营机构为主,内容更全面,成果更丰富。

一、书目

民国时期,对湖南少数民族地区文献进行编目整理的工作,仍体现在方志中的艺文志编纂。如〔民国〕《慈利县志》卷十九艺文收录五代至民国期间慈利县人物的著述;〔民国〕《永顺县志》卷三十二艺文一为著作,收录宋至民国间著作共26种。

二、艺文总集

民国时期湖南产生了一批少数民族区域地方艺文总集。

《天门山诗词》一卷,庹悲亚、柳亚子合编,1914年大庸南正街元庆石印局石印本。

《古体诗丛》一卷,大庸侯昌钧编,1915年长沙隆兴石印局石印本。

《泸溪古诗抄》不分卷,民国抄本。作者为明清时期的众多文人,体裁有五、七言古体诗及绝句、律诗,内容涉及湘西尤其是泸溪县的历史面貌及苗族的风土民情。湘西土家族苗族自治州民族研究所藏有复印件。

《凤凰苗民文艺选抄》一卷,龙骧、吴毓英等撰,1937年7月凤凰县政府抄编,内有注释:"龙骧、吴毓英,凤凰县苗籍人也。龙为前清光绪乙酉科举人,吴为前清附生,俱乡居未仕,平生著作颇多,惜其散佚无存。今所征集者,十不及一耳。"收录龙骧议论文及散文4篇、诗歌7首,吴毓英记叙文1篇、诗歌12首。原本藏于台北"中央研究院"历史语言研究所,中央民族大学非物质文化遗产保护中心存有复印件。

《凤凰苗区文艺选抄》一卷,52页,杨通昶、杨昌拔、熊希龄等撰,1937年7月凤凰县政府抄编,收录文10篇、赋1篇、古诗49首,为1937年凤凰县苗区文艺征品。原本藏于台北"中央研究院"历史语言研究所,中央民族大学非物质文化遗产保护中心存有复印件。以上二书经张应和等人标点、汇编整理为《民国时期湘西苗族调查实录》文学卷,民族出版社2009年正式出版。

除诗文外,民国时期还有对少数民族其他文献进行整理者,如邵阳申廓英所编《汉译苗疆民歌集》,1937年长沙大伦印刷所印本。申廓英1931年以来任职于湘鄂、湘黔、湘川各公路,旁征博采,搜集到大量苗族民歌。本书辑录苗疆民歌298首,分历史类5首、道德类18首、武勇类10首、生活类38首、劳动类23首、风俗类22首、信仰类9首、社交类29首、爱情类63首、杂咏类81首,文尾附有"欢迎京滇周览团歌词5首""苗族通俗歌曲16首""欢迎湖南省政府主席何健歌2首"。每首前均作说明介绍,书首有《湘西苗疆考察纪要》一文。自序称:"余自廿五年春,服务川湘公路,借以深入湘西川边,浪迹苗疆,为时一载,由繁荣都市,驻留榛莽荒村,满目苍茫,百无聊赖,特于公退之暇,走上茅庐草舍、田畔森林、洞口寨上、溪边渡头,遇着苗僮村女、樵夫牛郎,辄向其采风问俗,叩水询山。苗人性情,畛域虽存汉苗之见(苗人称汉人曰客家),交际尚无甚何隔膜。……费时拾越月,辗转介绍之人,亦达数十余人,共搜罗三百余首。……虽属东鳞西爪,琐语碎词,但苗民文化、习惯,可瞥见一斑……将来对于苗疆文化上、建设上、实业上,以及农业上、经济上,未始不可为施政方针、教育标准,汉苗同化之有力效率! 余刍荛之献,不过借是集,一为苗民请命,一为发扬民歌,并非敢机轴成一家之言也。"

三、资料汇编

《五溪苗族古今生活集》,陈心传重编,初名《五溪苗族风土记》,内容有《五溪图案》《五溪风土》《五溪诗文》《五溪兵事》四集。陈心传是基督教传教士,他于1931年在泸溪县发现明代沈瓒《五溪蛮图志》抄本,后根据自己在实地所见所闻,搜集资料,对原稿进行增补后编成《五溪苗族古今生活集》。原稿藏邵阳市松坡图书馆,2012年收入《湖湘文库》中。

《湘西屯田资料汇编》,抄本,湖南省文献委员会编,收录《考察湘西屯田制度》《永绥县长呈复屯制改革意见》《湘西庆屯升科问题签》《湖南省征收屯租章程》《湖南省屯租征收局组织规程》《整理湘西屯务经过略述》《湘西屯务改革(维持)计划纲要》《湘西有屯七县废屯升科原则》《湘西屯务沿革说明书》等文,藏湖南图书馆。

《湘西乡土调查汇编》不分卷,105页,教育部战区中小学教师第九服务团编,是一份详细的有关湘西的乡土调查报告,目的在于改进发展湘西社会教育。此次调查单位为教育部组织的战区中小学教师第九服务团,时间当在 1938 年寒假期间,1939 年 2 月调查结束。团员分布于湘西 12 县境内,通过调查,写就调查报告若干篇,其中 17 篇纳入汇编。调查项目计分沿革、地理环境、人口、物产、人物、党政、教育、人民生活、改良意见等九项,材料均采集于各县志及地方遗老传说,有 1940 年沅陵合利益群印刷所印本①。

第三节　当代湖南少数民族文献整理与研究

新中国成立以来,政府机关、学术团体、高等院校等成为湖南少数民族文献整理与研究的主要机构。各级政府还成立了专门的少数民族文献整理机构,如湖南省民委古籍办及各市(州)县相应的古籍办或古籍小组。

当代湖南少数民族文献整理工作主要历经了三个阶段:

第一阶段是 1949 年至 1984 年。新中国成立初期,少数民族古籍的搜集整理与民族工作同时开展。1956 年全国人大民族委员会和国务院民族事务委员会按照党中央指示,组织 1000 多名民族工作者和专业人员,对全国范围内各少数民族社会历史文化进行大规模调查,湖南调查组在调查过程中搜集了部分少数民族古籍。1961 年至 1965 年,在组织少数民族地区 100 多名文化干部搜集 1000 多万字民族民间文学资料的基础上,写出土家族文学概况和侗族、瑶族以及城步苗族民间文学调查报告初稿 100 多万字。"文化大革命"期间,由于"极左"思想的影响,民族传统文化及民族古籍往往被视为"毒草",毁坏、流失甚重,少数民族古籍保护工作基本中断。1979 年,湖南省民委组织专门力量,对 60 年代搜集的民族民间文学资料进行翻译整理,并印成《湖南民族民间文学资料》。

第二阶段是 1984 年至 1997 年。1983 年第一次全国少数民族古籍整理座谈会在北京召开后,湖南随即着手组建省民族古籍工作机构。1984 年 2 月,由湖南省委宣传部、统战部、省民委、省新闻出版局、省社科院、省图书馆等 6 家单位联合组建的湖南省少数民族古籍整理出版规划领导小组及其办公室成立,简称省民族古籍办,1986 年起隶属于湖南省民族事务委员会,主要负责组织、协调、联络、指导全省少数民族古籍工作。1984 年 5 月,文化部、国家民委和中国民间文艺家协会联合发出《关于编纂出版〈中国民间故

---

① 张应和,田仁利.湘西土家族苗族自治州土家族古籍总目提要[M].北京:中央民族大学出版社,2009:32.

事集成〉〈中国歌谣集成〉〈中国谚语集成〉的通知》,拉开了湖南民间文学"三套集成"采编工作的序幕,这是继五六十年代少数民族社会历史及民间文学大调查之后,对湖南少数民族古籍尤其是口碑古籍的一次全面摸底。

第三阶段是 1997 年至今。这一阶段湖南少数民族文献工作的中心是古籍普查登记工作,即参与编纂《中国少数民族古籍总目提要》。编纂工作始于 1997 年 9 月,由省民族古籍办组织实施,在省民委党组领导下,成立了《中国少数民族古籍总目提要·湖南卷》编纂委员会,制定了编纂规划,要求土家族、苗族、侗族、瑶族、白族、回族等人口较多的少数民族都要开展古籍登记,并明确了各民族卷牵头单位及编纂要求。由于湖南土家族人口众多,古籍丰富,根据国家民委要求,《中国少数民族古籍总目提要·土家族卷》由湖南牵头,湖北、贵州、四川、重庆等省市配合完成。

一、收藏、整理及研究机构

(一)收藏机构

少数民族文献的收藏机构,主要有图书馆、档案馆、博物馆等。收藏机构可以根据地方民族特色,确定相应的民族文献作为搜集目标,尽量做到"人无我有,人有我全",以更好地开发利用这些少数民族文献。

1. 图书馆

湖南图书馆作为省级公共图书馆,在地方文献工作方面具有一定的优势,除了纸本书籍的收藏外,还注重文献数字化建设,建有湖南地方戏剧资源库、湖南古村镇古民居建筑多媒体资源库等多个特色数字资源库。其中,湖南地方戏剧资源库中有傩堂戏、苗剧、侗戏的源流沿革、音乐表演、剧本曲谱等信息,且实现了在线视频点播;湖南古村镇古民居建筑多媒体资源库有"中国土家第一村——双凤村""古城凤凰""麻阳锦和:永不褪色的古苗文庙""芋头侗寨""勾蓝风情之瑶寨古风"等专题纪录片。各民族地区的公共图书馆也以地方少数民族文献的收集与开发作为业务建设的主要目标。少数民族区域各高校图书馆,如吉首大学图书馆,所藏少数民族文献数量较大,建有"沈从文资料中心""黄永玉资料中心",并开展多项课题研究工作,自建了一批特色数据库。

2. 档案馆

与图书馆以正式出版或非正式出版的成册图书为主要收藏对象不同,档案馆以非正式出版的单件档案文献,如党政机关文件、会议资料等为主要收藏对象。档案具有一定的文献内容原始性、流播范围保密性等特征。在少数民族档案文献的收藏方面,湖南省档案馆及各民族地区的档案馆发挥了主要作用。

3. 博物馆

湖南省博物馆与各民族地区的博物馆,主要收藏金石文献、书画作品等。除政府设立的博物馆外,当今还有一些高校及私人设立的博物馆,如吉首大学的黄永玉艺术博物馆等。

各收藏机构都建立了较为完整的、有特色的收藏体系,为少数民族文献的整理与开发利用奠定了物质基础。

(二)整理及研究机构

湖南省少数民族古籍整理研究中心,前身为湖南省少数民族古籍整理出版规划领导小组办公室。其主要职能是开展少数民族古籍整理方面的研究工作,对民族地区的少数民族古籍整理工作进行指导,规划实施少数民族古籍整理重点项目和重大课题,承办省民委和国家民委相关部门交办的其他工作。

湖南省民族宗教研究所,主要职能是研究发展民族、宗教理论,参与起草重要文件,提供有关资料,整理编辑民族、宗教工作方面的重要文献;参与有关民族、宗教研究工作,联络有关专家学者,开展学术交流与合作;指导有关学术团体和科研部门,协助政府有关部门开展全省民族、宗教问题的调查研究。

少数民族区域的高校设立了专门的研究机构,如吉首大学人类学与民族学研究所、吉首大学苗学学会。

此外,还有一些社会组织在湖南少数民族文献的整理与研究中发挥了重要作用。如湖南省民族研究学会,1985 年 1 月成立,是专门从事民族科学研究的省级群众性学术团体。江华瑶族自治县瑶族研究学会,2004 年 9 月成立。桑植县土家族学会,2009 年 11 月成立。湘西州土家族文化研究会,2011 年 3 月成立。永顺县土家族文化研究会,2015 年 1 月成立。

二、成果类型

当代湖南少数民族文献整理与研究的成果类型主要有提要、资料汇编、丛书、艺文总集、论文集等。

1. 提要

湘西土家族苗族自治州民族事务委员会已编纂出版《湘西土家族苗族自治州土家族古籍总目提要》《湘西土家族苗族自治州苗族古籍总目提要》《湘西土家族苗族自治州金石通纂》等。根据国家民委的布置,湖南少数民族古籍总目提要的编纂,除土家族由湖南省牵头主编外,其他民族古籍均于编辑任务完成后,交给相关牵头主编的省份负责统编出版。湖南省苗族古籍登录试点工作由湘西自治州牵头组织完成;瑶族古籍登录工作由永州市牵头,郴州、怀化、邵阳三市配合完成;白族古籍登录工作由张家界市牵头,怀化市配合完成;回族古籍登录工作由邵阳市牵头,常德、益阳市配合完成。对壮族、畲族和维吾尔族等古籍数量相对较少的几个民族,相关市县民委也展开了古籍普查登录工作。至 2011 年底,湖南共登录土家族、苗族、侗族、瑶族、白族、回族、畲族等各民族古籍条目 3496 条。

2. 资料汇编

《湖南民族民间文学资料》,湖南省民族事务委员会编,共 33 集,600 多万字。这些以歌谣、故事为主的民间文学资料既是民族文化艺术的精华,亦是湖南各民族口碑古籍的强宗大项。

《湖南地方志少数民族史料》,湖南省少数民族古籍办公室主编,1991 年岳麓书社出版。该书分上、下两册,辑录 92 种湖南地方志中的少数民族史料 100 余万字。

《土家族土司史录》,湖南省少数民族古籍办公室主编,1991 年岳麓书社出版。该书近 30 万字,由王承尧、罗午、彭荣德辑录选注,收录散见于各类典籍、方志和族谱中的土家族地区土司史料。

《湘西苗药汇编》,湖南省少数民族古籍办公室、湖南省凤凰县民族事务委员会主编,1990 年岳麓书社出版,收录湘西土家族苗族自治州境内的民族药 478 种。

《湖南回族史料辑要》,马亮生主编,1995 年湖南人民出版社出版。全书对回族的族源迁徙、家规庭训、寺墓碑铭、人物传略、文化教育、社团组织和商贸经济等 7 个专题的重要史料进行辑录,资料大部分来源于湖南现存的回族谱牒、石刻、期刊、图书资料,但也有不少内容系编者根据口碑资料整理而成。

《慈利县土家族史料汇编》,吴远干等选编,2002 年岳麓书社出版。内容包括慈利县土家族族源史料选录,九溪卫、麻寮所、安福所历史沿革史料,卫所时期的经济、文化、风俗史料,卫所地区的古迹等。

3. 丛书

《湘西苗疆珍稀民族史料集成》,谭必友、贾仲益主编,2013 年学苑出版社出版。其中,"明清民国苗疆稀见杂著文献汇编"收录了历代文献 33 种;"苗疆档案文献汇编"收录了民国苗疆档案文献 300 余条;"苗疆珍稀民间文献汇编"收录了民间家谱资料 20 种,民间宗教经书、民间歌曲和戏剧资料 7 种。

国家民委"民族问题五种丛书",包括《中国少数民族》《中国少数民族简史丛书》《中国少数民族语言简志丛书》《中国少数民族自治地方概况丛书》《中国少数民族社会历史调查资料丛刊》,1958 年项目启动,至 1991 年基本完成,2005 年开始进行修订再版。为完成国家下达的编写任务,湖南成立了"民族问题五种丛书"编写领导小组,下设办公室,具体由省民委组织力量编写,最后完成《中国少数民族自治地方概况丛书》之《湘西土家族苗族自治州概况》《江华瑶族自治县概况》《城步苗族自治县概况》《通道侗族自治县概况》《新晃侗族自治县概况》《芷江侗族自治县概况》《靖州苗族侗族自治县概况》《麻阳苗族自治县概况》,共 8 种;完成《中国少数民族简史丛书》之《土家族简史》;完成《中国少数民族社会历史调查资料丛刊》之《湖南瑶族社会历史调查》。

《百苗图抄本汇编》,杨庭硕主编,收入《百苗图研究丛书》。"百苗图"是源自清代陈浩《八十二种苗图并说》的一系列抄本的总称。由于附有彩绘插图,批量版刻刊行极其困难,所以一直是以临摹抄本传世,至今抄本多达百余种①。

《桑植民族文化丛书》,桑植县民族局主编,包括《桑植土家族史》《桑植白族史》《桑植民俗礼仪大全》《桑植土司史》《桑植民族人物》《桑植花灯戏本》《桑植民族诗词精选》《桑植低傩演本》《桑植高傩演本》《桑植民歌》《桑植民间文学》《桑植民间曲艺精选》《桑植佛戏精选》《桑植目连戏精选》《桑植民族舞蹈精选》《桑植民族史》《桑植民间器乐精选》,是该县有史以来规模最大的一项文化出版工程。

《永顺县民族文化系列丛书》,2015 年岳麓书社出版,包括《老司城民间故事集锦》《中国土家族婚俗考》《永顺土司金石录》《土家族语言纪实暨歌谣》《溪州铜柱论文辑录》《永顺县土家族丧葬习俗》《田心桃和土家族》《永顺县非物质文化遗产集萃》等8 种。

《土司文化研究丛书》,吉首大学与湘西土家族苗族自治州永顺县政府合编,包括《土家文化的圣殿——永顺老司城历史文化研究》《土司城的文化透视——永顺老司城遗址核心价值研究》《土司城的建筑典范——永顺老司城遗址建筑布局及功能研究》《土司家族的世代传承——永顺彭氏土司谱系研究》《土司制度与彭氏土司历史文献资料辑录》《土司城的文化景观——永顺老司城遗址核心区域景观生态学研究》《从溪州铜柱到德政碑——永顺土司历史地位研究》《金石铭文中的历史记忆——永顺土司金石铭文整理研究(一)》《尘封的曲线——溪州地区社会经济研究》《土司研究新论——多重视野下的土司制度与民族文化》等。

《湘西民族民俗文化丛书》,2009 年中央民族大学出版社出版,包括《感受边城》《古丈茶经》《苗疆边墙——南方长城历史及民俗文化揭秘》《梯玛》《土家族渔猎》《泸溪民俗拾贝》《湘西当代民族文化传人录》《湘西民族传统体育》《湘西特色饮食》《湘西土家族苗族自治州苗族古籍总目提要》《湘西土家族苗族自治州土家族古籍总目提要》等。

---

① 宋蜀华.历史民族学的一项奠基性工作——《百苗图研究丛书》总序[J].吉首大学学报(哲学社会科学版),2001(3):126 - 127.

《湘西非物质文化遗产丛书》,孟宪政主编,包括《湘西祭祖习俗》《湘西民间歇后语与谚语集萃》《湘西土家族毛古斯舞》《湘西土家族织锦技艺》《湘西土家族还土王愿》《湘西苗族银饰锻制技艺》《湘西苗族古老歌话》《湘西苗师通书诠释》《湘西苗族椎牛祭》。

《湖南省享受民族自治地方优惠政策待遇县(区)及少数民族人口过半县概况丛书》,梁先学主编,包括《石门县概况》《张家界市永定区概况》《张家界市武陵源区概况》《沅陵县概况》《绥宁县概况》《江永县概况》《桑植县概况》《会同县概况》《慈利县概况》等。

《中国湖南通道侗族文化遗产集成》,陆中午、吴炳升主编,2004—2006 年民族出版社出版,第一辑为《做客大观》《侗寨大观》《侗歌大观》,第二辑为《侗戏大观》《体育大观》《饮食大观》,第三辑为《侗药大观》《建筑大观》《信仰大观》等。

4. 艺文总集

《历代土家族文人诗选》,湖南省少数民族古籍办公室主编,彭勃等辑录,祝注先选注,1991 年岳麓书社出版。

《苗族历代诗选》,湖南省少数民族古籍办公室主编,张应和、龙庆翔选注,1990 年岳麓书社出版。入选作品 300 多首,除少量见载于地方志外,其他皆采自文书档案、作者手记、历代传抄和当地耆老的言传口授①。

《板塘苗歌选》,湖南省少数民族古籍办公室主编,1992 年岳麓书社出版。该书由刘自齐、赵丽明将湘西苗族歌谣大师石板塘使用方块苗文进行创作传播的一部分苗族诗歌作品,翻译成汉文而成。

此外,还有城步苗族自治县民族事务委员会编译的《城步苗族风俗歌集》、奉大春等编注的《平地瑶歌选》、夏志禹主编的《湘西旅游诗词选》等专门类型的艺文总集。

5. 论文集

《民国年间苗族论文集》,1983 年贵州民族学院编纂,收录了民国时期 59 篇苗族调查报告及学术论文等,分为综述、族源、名称、分布、经济生活、语言文字、文化教育、习俗、其他等类,其中直接论述湘西苗族的论文和调查报告有 10 余篇。

《湘西土著学者论文集》,龙文玉编,2014 年黄河出版社出版。

另有湖南各民族学术团体开展的民族学术研究活动,也结集为论文集,多为内部刊物,也有些公开出版,如 1983 年 12 月湘西土家族苗族自治州民族事务委员会编纂的《湘

---

① 张应和,田仁利.湘西土家族苗族自治州苗族古籍总目提要[M].北京:中央民族大学出版社,2009:22.

西土家族苗族自治州土家族历史讨论会论文集》《湘西土家族苗族自治州苗族历史讨论会论文集》。

综上,湖南少数民族文献的整理工作发展到今天,已经取得了丰硕的成果,然而研究工作多是针对某种类型或者某一具体文献进行,如彭武一《湘西溪州铜柱与土家族历史源流》、马国君《平苗纪略研究》等,对湖南少数民族文献进行整体性研究的成果至今仍然缺乏。

附录一 新中国成立前湖南少数民族专文目录

唐代

题名	作者	出处
以南蛮用兵特恩优恤制	唐懿宗李漼	(清)董诰等编《全唐文》,清嘉庆内府刻本,卷八十三

宋代

题名	作者	出处
槃瓠辨	罗泌	(清)席绍葆等修,(清)谢鸣谦、谢鸣盛纂〔乾隆〕《辰州府志》五十卷,清乾隆三十年刻本,艺文纂第一
受降台记	李诵	(清)吕宣曾修,(清)张开东纂〔乾隆〕《靖州志》十四卷,清乾隆三十一年刻本,卷十三艺文志
请收市黔州高蛮族善马奏(咸平六年二月)	丁谓	曾枣庄、刘琳主编《全宋文》,上海辞书出版社,2006年8月出版,第十册,592页
答诏论边防宁帖蛮人不敢为非(咸平六年十一月)	丁谓	曾枣庄、刘琳主编《全宋文》,上海辞书出版社,2006年8月出版,第十册,592页
身没蛮境还乡者给还庄田诏	宋真宗赵恒	曾枣庄、刘琳主编《全宋文》,上海辞书出版社,2006年8月出版,第十一册,192页
令辨察溪峒蛮夷掠边民要利诏	宋真宗赵恒	曾枣庄、刘琳主编《全宋文》,上海辞书出版社,2006年8月出版,第十二册,156页
令广南荆湖选兵备蛮寇诏	宋真宗赵恒	曾枣庄、刘琳主编《全宋文》,上海辞书出版社,2006年8月出版,第十二册,377页
请纳交州陈公永等内附蛮人奏	蔡齐	曾枣庄、刘琳主编《全宋文》,上海辞书出版社,2006年8月出版,第十七册,387页
经制安化叛蛮奏	苏绅	曾枣庄、刘琳主编《全宋文》,上海辞书出版社,2006年8月出版,第二十六册,102页
讨湖南蛮方策奏	周沆	曾枣庄、刘琳主编《全宋文》,上海辞书出版社,2006年8月出版,第二十六册,108页

续表

题名	作者	出处
论蛮事奏一	余靖	曾枣庄、刘琳主编《全宋文》,上海辞书出版社,2006年8月出版,第二十六册,311页
论蛮事奏二	余靖	曾枣庄、刘琳主编《全宋文》,上海辞书出版社,2006年8月出版,第二十六册,312页
广南西路转运按察使金部员外郎周陵可司勋员外郎就差充荆湖南路转运按察使制	欧阳修	曾枣庄、刘琳主编《全宋文》,上海辞书出版社,2006年8月出版,第三十一册,179页
论讨蛮贼任人不一札子	欧阳修	曾枣庄、刘琳主编《全宋文》,上海辞书出版社,2006年8月出版,第三十二册,189页
论湖南蛮贼可招不可杀札子	欧阳修	曾枣庄、刘琳主编《全宋文》,上海辞书出版社,2006年8月出版,第三十二册,192页
再论湖南蛮贼宜早招降札子	欧阳修	曾枣庄、刘琳主编《全宋文》,上海辞书出版社,2006年8月出版,第三十二册,192页
乞招抚下溪州蛮彭士羲奏	范镇	曾枣庄、刘琳主编《全宋文》,上海辞书出版社,2006年8月出版,第四十册,203页
论御南蛮疏	狄青	曾枣庄、刘琳主编《全宋文》,上海辞书出版社,2006年8月出版,第四十一册,270页
禁在京行铺商贩人与外道进奉人员并溪洞蛮人制造违越制度器用等诏	宋仁宗赵祯	曾枣庄、刘琳主编《全宋文》,上海辞书出版社,2006年8月出版,第四十三册,387页
察防九溪峒蛮诏	宋仁宗赵祯	曾枣庄、刘琳主编《全宋文》,上海辞书出版社,2006年8月出版,第四十五册,278页
荆湖北路防边士丁捕获逃入蛮界军士迁资诏	宋仁宗赵祯	曾枣庄、刘琳主编《全宋文》,上海辞书出版社,2006年8月出版,第四十五册,323页
赐诸路蕃官及溪洞蛮人初冬衣袄敕书	苏颂	曾枣庄、刘琳主编《全宋文》,上海辞书出版社,2006年8月出版,第六十册,212页
安化中下州北遒镇蛮人一百一十人并银酒监武制	王安石	曾枣庄、刘琳主编《全宋文》,上海辞书出版社,2006年8月出版,第六十三册,225页
相度荆湖南路转运司乞补徽诚州溪峒蛮职名俸给事奏	谢景温	曾枣庄、刘琳主编《全宋文》,上海辞书出版社,2006年8月出版,第六十五册,321页

续表

题名	作者	出处
措置两江蛮事奏	石鉴	曾枣庄、刘琳主编《全宋文》,上海辞书出版社,2006年8月出版,第七十五册,68页
措置渠阳蛮人策奏	唐义问	曾枣庄、刘琳主编《全宋文》,上海辞书出版社,2006年8月出版,第八十册,182页
措置荆湖路蛮事奏	章惇	曾枣庄、刘琳主编《全宋文》,上海辞书出版社,2006年8月出版,第八十二册,336页
招谕梅山蛮瑶奏	章惇	曾枣庄、刘琳主编《全宋文》,上海辞书出版社,2006年8月出版,第八十二册,336页
辰州南江溪洞尽以内属奏	章惇	曾枣庄、刘琳主编《全宋文》,上海辞书出版社,2006年8月出版,第八十二册,336页
邀击猺狑蛮贼奏	章惇	曾枣庄、刘琳主编《全宋文》,上海辞书出版社,2006年8月出版,第八十二册,337页
措置梅山武冈瑶人奏	章惇	曾枣庄、刘琳主编《全宋文》,上海辞书出版社,2006年8月出版,第八十二册,337页
止冯宗道往新寨奏	章惇	曾枣庄、刘琳主编《全宋文》,上海辞书出版社,2006年8月出版,第八十二册,337页
全邵二州保甲事奏	章惇	曾枣庄、刘琳主编《全宋文》,上海辞书出版社,2006年8月出版,第八十二册,338页
乞衡永等瑶人并为省民奏	章惇	曾枣庄、刘琳主编《全宋文》,上海辞书出版社,2006年8月出版,第八十二册,338页
乞给新化县学田奏	章惇	曾枣庄、刘琳主编《全宋文》,上海辞书出版社,2006年8月出版,第八十二册,338页
溪洞蛮神事李师中	苏轼	曾枣庄、刘琳主编《全宋文》,上海辞书出版社,2006年8月出版,第九十一册,102页
论渠阳蛮事札子	苏辙	曾枣庄、刘琳主编《全宋文》,上海辞书出版社,2006年8月出版,第九十五册,11页
再论渠阳边事札子	苏辙	曾枣庄、刘琳主编《全宋文》,上海辞书出版社,2006年8月出版,第九十五册,13页
三论渠阳边事札子	苏辙	曾枣庄、刘琳主编《全宋文》,上海辞书出版社,2006年8月出版,第九十五册,30页

续表

题名	作者	出处
赏赐与土狑生蛮斗敌得功兵员御批	宋神宗赵顼	曾枣庄、刘琳主编《全宋文》,上海辞书出版社,2006年8月出版,第一百一十三册,299页
经制梅山蛮事御批	宋神宗赵顼	曾枣庄、刘琳主编《全宋文》,上海辞书出版社,2006年8月出版,第一百一十三册,281页
令潘夙蔡惇与章惇协力处议梅山蛮事诏	宋神宗赵顼	曾枣庄、刘琳主编《全宋文》,上海辞书出版社,2006年8月出版,第一百一十三册,281页
谕郭逵等速裁处邵州杨氏诸蛮内附事诏	宋神宗赵顼	曾枣庄、刘琳主编《全宋文》,上海辞书出版社,2006年8月出版,第一百一十四册,309页
令章惇与张靖对易并令安抚招谕辰阮州蛮人诏	宋神宗赵顼	曾枣庄、刘琳主编《全宋文》,上海辞书出版社,2006年8月出版,第一百一十四册,335页
令高铸分析谢麟于归明蛮界置堡寨事御批	宋神宗赵顼	曾枣庄、刘琳主编《全宋文》,上海辞书出版社,2006年8月出版,第一百一十六册,92页
具化外羁縻归明蛮猺等合补职名资级请受则例等以闻诏	宋神宗赵顼	曾枣庄、刘琳主编《全宋文》,上海辞书出版社,2006年8月出版,第一百一十六册,200页
邵州归明蛮头首等与补名目诏	宋神宗赵顼	曾枣庄、刘琳主编《全宋文》,上海辞书出版社,2006年8月出版,第一百一十六册,341页
安化恩广等蛮纳土奏	张庄	曾枣庄、刘琳主编《全宋文》,上海辞书出版社,2006年8月出版,第一百一十九册,281页
诫敕沅州城寨官吏抚辑蛮人诏	宋哲宗赵煦	曾枣庄、刘琳主编《全宋文》,上海辞书出版社,2006年8月出版,第一百五十册,200页
谢麟多方经画临口寨蛮寇诏	宋哲宗赵煦	曾枣庄、刘琳主编《全宋文》,上海辞书出版社,2006年8月出版,第一百五十册,203页
谢麟体度蛮事诏	宋哲宗赵煦	曾枣庄、刘琳主编《全宋文》,上海辞书出版社,2006年8月出版,第一百五十册,230页
令谢麟依累降旨措置邵州蛮人作过事诏	宋哲宗赵煦	曾枣庄、刘琳主编《全宋文》,上海辞书出版社,2006年8月出版,第一百五十册,235页
乞令蛮猺作过地官司当日申报奏	李大性	曾枣庄、刘琳主编《全宋文》,上海辞书出版社,2006年8月出版,第二百五十九册,163页
乞令猺蛮为乱州县画时以闻奏	李大性	曾枣庄、刘琳主编《全宋文》,上海辞书出版社,2006年8月出版,第二百五十九册,164页

续表

题名	作者	出处
平蛮记略	李诵	曾枣庄、刘琳主编《全宋文》，上海辞书出版社，2006年8月出版，第二百八十四册，374页
请选湖南安抚职司长吏等事	张方平	（宋）张方平撰《乐全集》，宋刻本，卷二十二

元代

题名	作者	出处
跋《南蛮朝贡图》	王恽	李修生主编《全元文》，凤凰出版社，2004年12月出版，第六册，187页
平蛮记	杨恪	李修生主编《全元文》，凤凰出版社，2004年12月出版，第三十六册，226页
《平徭六策》序（癸酉元统元年）	危素	李修生主编《全元文》，凤凰出版社，2004年12月出版，第四十八册，184页
广西道平蛮记（元统二年十月）	李震孙	李修生主编《全元文》，凤凰出版社，2004年12月出版，第五十二册，423页
平蛮始末	阳尚	（明）沈瓒编撰，（清）李涌重编，陈心传补编，伍新福校《五溪蛮图志》，岳麓书社，2012年3月出版，285-292页
张经请仍以沅州为路兼管靖州奏议	张经	（明）沈瓒编撰，（清）李涌重编，陈心传补编，伍新福校《五溪蛮图志》，岳麓书社，2012年3月出版，284-285页
张经制御诸蛮事宜奏议	张经	（明）沈瓒编撰，（清）李涌重编，陈心传补编，伍新福校《五溪蛮图志》，岳麓书社，2012年3月出版，281-284页
续元朝制御诸蛮及诸蛮复寇	佚名	（明）沈瓒编撰，（清）李涌重编，陈心传补编，伍新福校《五溪蛮图志》，岳麓书社，2012年3月出版，292页

明代考源类

题名	作者	出处
槃瓠辨	侯加地	(清)席绍葆等修,(清)谢鸣谦、谢鸣盛纂〔乾隆〕《辰州府志》五十卷,清乾隆三十年刻本,艺文纂第一

明代屯田类

题名	作者	出处
苗地屯粮议	王士琦	(清)席绍葆等修,(清)谢鸣谦、谢鸣盛纂〔乾隆〕《辰州府志》五十卷,清乾隆三十年刻本,艺文纂第一

明代兵事类

题名	作者	出处
湖广贼情疏	于谦	(明)陈子龙编《明经世文编》,明崇祯平露堂刻本,卷三十四
论湖贵苗情并征剿事宜疏	张岳	(明)陈子龙编《明经世文编》,明崇祯平露堂刻本,卷一百九十三
极陈地方苗患并论征剿抚守利害疏	张岳	(明)陈子龙编《明经世文编》,明崇祯平露堂刻本,卷一百九十三
答湖广巡按王思质	张岳	(明)陈子龙编《明经世文编》,明崇祯平露堂刻本,卷一百九十四
答前吏部李鹑野	张岳	(明)陈子龙编《明经世文编》,明崇祯平露堂刻本,卷一百九十四
备边考	佚名	(清)黄应培修,(清)孙均铨纂〔道光〕《凤凰厅志》二十卷,清道光四年刻本,卷十一苗防志
边哨说	侯加地	(清)黄应培修,(清)孙均铨纂〔道光〕《凤凰厅志》二十卷,清道光四年刻本,卷十一苗防志
边哨疆域考	侯加地	(清)黄应培修,(清)孙均铨纂〔道光〕《凤凰厅志》二十卷,清道光四年刻本,卷十一苗防志
新建五寨城记	刘臬	(清)黄应培修,(清)孙均铨纂〔道光〕《凤凰厅志》二十卷,清道光四年刻本,卷十九艺文志

续表

题名	作者	出处
五寨司新建参将戎署碑记	刘臬	（清）黄应培修，（清）孙均铨纂〔道光〕《凤凰厅志》二十卷，清道光四年刻本，卷十九艺文志
守备司记	蔡光	（清）郑鼎勋修，（清）蒋琛纂〔雍正〕《江华县志》十卷，清雍正七年刻本，卷九
武冈绥宁等处贼情利害疏	宁良	（清）许绍宗修，（清）邓显鹤纂〔嘉庆〕《武冈州志》三十卷，清嘉庆二十二年刻本，卷二十八文征
征讨横水扶阳等四十八寨蛮寇事宜疏	阎仲宇	（清）许绍宗修，（清）邓显鹤纂〔嘉庆〕《武冈州志》三十卷，清嘉庆二十二年刻本，卷二十八文征
处置城步蛮寇事宜疏	吴宗周	（清）许绍宗修，（清）邓显鹤纂〔嘉庆〕《武冈州志》三十卷，清嘉庆二十二年刻本，卷二十八文征
蓝溪堡记	程材	（清）程际泰修，（清）幸超士纂〔乾隆〕《绥宁县志》二十卷，清乾隆十九年刻本，卷十八古迹
参究主苗西阳宣抚冉玄疏	张岳	（明）张岳撰《小山类稿》，清文渊阁四库全书补配清文津阁四库全书本，卷五奏议五
大征苗贼功次疏	张岳	（明）张岳撰《小山类稿》，清文渊阁四库全书补配清文津阁四库全书本，卷五奏议五
苗贼突刲思州疏	张岳	（明）张岳撰《小山类稿》，清文渊阁四库全书补配清文津阁四库全书本，卷五奏议五
截获苗贼疏	张岳	（明）张岳撰《小山类稿》，清文渊阁四库全书补配清文津阁四库全书本，卷五奏议五
擒获首恶龙许保疏	张岳	（明）张岳撰《小山类稿》，清文渊阁四库全书补配清文津阁四库全书本，卷五奏议五
谢恩疏	张岳	（明）张岳撰《小山类稿》，清文渊阁四库全书补配清文津阁四库全书本，卷五奏议五
报过抚剿残苗疏	张岳	（明）张岳撰《小山类稿》，清文渊阁四库全书补配清文津阁四库全书本，卷五奏议五
斩获首恶吴黑苗地方事宁完报疏	张岳	（明）张岳撰《小山类稿》，清文渊阁四库全书补配清文津阁四库全书本，卷五奏议五
复辰沅靖军饷载入考成疏	毕自严	（明）毕自严撰《度支奏议》，明崇祯刻本，卷二湖广司
行左江道犒赏湖兵牌（六月初十日）	王守仁	（明）王守仁撰，吴光、钱明、董平等编校《王阳明全集（下）》，上海古籍出版社，2015年6月出版，917页

续表

题名	作者	出处
议征永顺宣慰司土兵征剿广东逆贼疏	杨博	(明)杨博撰《本兵疏议》,明万历十四年刻本,卷八
复杨裁庵御倭机宜	徐阶	(明)陈子龙编《明经世文编》,明崇祯平露堂刻本,卷二百四十五
祭永顺保靖土兵文	王守仁	(清)张天如纂修,(清)魏式曾增修〔同治〕《永顺府志》十二卷,清同治十二年刻本,卷十二艺文志
复工部侍郎赵文华论湖兵浙直功罪疏	杨博	(明)杨博撰《本兵疏议》,明万历十四年刻本,卷一
胡总督奏捷书	胡宗宪	(明)采九德撰《倭变事略》,明盐邑志林本,卷四

明代政论类

题名	作者	出处
乞立存活被虏人口赏格疏	张岳	(明)陈子龙编《明经世文编》,明崇祯平露堂刻本,卷一百九十三
答杨佥宪	张岳	(明)陈子龙编《明经世文编》,明崇祯平露堂刻本,卷一百九十四
土官志	郑晓	(明)陈子龙编《明经世文编》,明崇祯平露堂刻本,卷二百十八
条陈地方事宜四事疏	萧端蒙	(明)陈子龙编《明经世文编》,明崇祯平露堂刻本,卷二百八十五
特建总督重臣疏	萧端蒙	(明)陈子龙编《明经世文编》,明崇祯平露堂刻本,卷二百八十六
参楚省剿苗失律官员疏	李化龙	(明)陈子龙编《明经世文编》,明崇祯平露堂刻本,卷四百二十三
边防条议	游震德	(清)王玮纂修〔乾隆〕《乾州志》四卷,清乾隆刻本,卷三艺文志
《边防条议》又议	王士琦	(清)王玮纂修〔乾隆〕《乾州志》四卷,清乾隆刻本,卷三艺文志
《边防条议》又议	蔡复一	(清)王玮纂修〔乾隆〕《乾州志》四卷,清乾隆刻本,卷三艺文志

续表

题名	作者	出处
《边防条议》又议	马协	(清)王玮纂修〔乾隆〕《乾州志》四卷,清乾隆刻本,卷三艺文志
明洪武六年太祖赐保靖安抚司彭万里升宣慰司敕	明太祖朱元璋	(清)林继钦修,(清)袁祖绶纂〔同治〕《保靖县志》十二卷,清同治十年刻本,卷一天章志
嘉靖五年世宗赐保靖宣慰彭九霄进湖广承宣布政使司右参政制	明世宗朱厚熜	(清)林继钦修,(清)袁祖绶纂〔同治〕《保靖县志》十二卷,清同治十年刻本,卷一天章志
嘉靖三十三年世宗赐云南承宣布政使司右参政仍管湖广保靖州军民宣慰使司宣慰使彭荩臣进大中大夫资治少尹制	明世宗朱厚熜	(清)林继钦修,(清)袁祖绶纂〔同治〕《保靖县志》十二卷,清同治十年刻本,卷一天章志
驭苗议	谌廷锦	(清)翁元圻修,(清)黄本骥纂〔嘉庆〕《湖南通志》二百一十九卷,清刻本,卷六十三苗防
《驭苗獠议》序	龙膺	(清)罗汝怀编纂《湖南文征》,岳麓书社,2008年9月1日出版,第二册,701页
土舍彭荩臣军前冠带札付(六月初十日)	王守仁	(明)王守仁撰,吴光、钱明、董平等编校《王阳明全集(下)》,上海古籍出版社,2015年6月出版,918页
奖劳永保二司官舍土目牌(六月初十日)	王守仁	(明)王守仁撰,吴光、钱明、董平等编校《王阳明全集(下)》,上海古籍出版社,2015年6月出版,919页

清代经济类

题名	作者	出处
奏会筹酌给新设土备弁饷银折	毕沅	(清)董鸿勋纂修〔光绪〕《古丈坪厅志》十六卷,清光绪三十三年铅印本,卷七建置
节录前案部议(嘉庆三年正月准咨)	佚名	(清)董鸿勋纂修〔光绪〕《古丈坪厅志》十六卷,清光绪三十三年铅印本,卷七建置
奏补苗兵不敷口粮并制备军械纪略(嘉庆十一年)	佚名	(清)董鸿勋纂修〔光绪〕《古丈坪厅志》十六卷,清光绪三十三年铅印本,卷七建置
奏筹补苗兵闰月口粮纪略(嘉庆十年)	佚名	(清)董鸿勋纂修〔光绪〕《古丈坪厅志》十六卷,清光绪三十三年铅印本,卷七建置

续表

题名	作者	出处
苗疆铜矿毋庸开采疏(乾隆十二年)	杨锡绂	(清)贺长龄撰《清经世文编》,清光绪十二年思补楼重校本,卷五十二户政二十七
奏买古丈坪储备谷并建仓厫部复(嘉庆十年)	佚名	(清)董鸿勋纂修〔光绪〕《古丈坪厅志 16 卷》,清光绪三十三年铅印本,卷八建置
户部咨古丈坪等厅拨借司款采买储备谷(嘉庆十一年五月)	佚名	(清)董鸿勋纂修〔光绪〕《古丈坪厅志》十六卷,清光绪三十三年铅印本,卷八建置
户部咨续借司款采买储备谷(嘉庆十一年六月)	佚名	(清)董鸿勋纂修〔光绪〕《古丈坪厅志》十六卷,清光绪三十三年铅印本,卷八建置
详设市场	王钦命	(清)林继钦修,(清)袁祖绥纂〔同治〕《保靖县志》十二卷,清同治十年刻本,卷十二艺文志
详禁戤秤潮银	王钦命	(清)林继钦修,(清)袁祖绥纂〔同治〕《保靖县志》十二卷,清同治十年刻本,卷十二艺文志
动支库银买米接济兵丁眷属疏	德沛	(清)黄鸿勋纂修〔宣统〕《永绥厅志》三十卷,清宣统元年铅印本,卷二十五艺文门
奏请借款发商生息以资苗疆经费	庆保、李尧栋	(清)黄鸿勋纂修〔宣统〕《永绥厅志》三十卷,清宣统元年铅印本,卷二十八艺文门
奏请借款买补储积	左辅、陈若霖	(清)黄鸿勋纂修〔宣统〕《永绥厅志》三十卷,清宣统元年铅印本,卷二十八艺文门
禁汉人买地土详(乾隆十二年)	骆为香	(清)周来贺修,(清)卢元勋纂〔同治〕《桑植县志》八卷,清同治十二年刻本,卷二赋役志
谕增长安营兵丁眷米(乾隆八年)	佚名	(清)黄宅中修,(清)邓显鹤纂〔道光〕《宝庆府志》一百四十三卷,清道光二十七年修、民国二十三年重印本,卷二诏谕
谕蠲免乾州凤皇永绥苗民杂粮城步绥宁苗米长安营佃租(乾隆十年)	佚名	(清)黄宅中修,(清)邓显鹤纂〔道光〕《宝庆府志》一百四十三卷,清道光二十七年修、民国二十三年重印本,卷二诏谕
谕蠲免乾州凤皇永绥苗民杂粮城步绥宁苗米(乾隆三十五年)	佚名	(清)黄宅中修,(清)邓显鹤纂〔道光〕《宝庆府志》一百四十三卷,清道光二十七年修、民国二十三年重印本,卷二诏谕

续表

题名	作者	出处
谕蠲免乾州凤皇永绥苗民杂粮城步绥宁苗米(乾隆四十四年)	佚名	(清)黄宅中修,(清)邓显鹤纂〔道光〕《宝庆府志》一百四十三卷,清道光二十七年修、民国二十三年重印本,卷二诏谕
谕蠲免乾州凤皇永绥苗民杂粮城步绥宁苗米(乾隆五十五年)	佚名	(清)黄宅中修,(清)邓显鹤纂〔道光〕《宝庆府志》一百四十三卷,清道光二十七年修、民国二十三年重印本,卷二诏谕
堡工堡田经费议	严如煜	(清)严如煜撰,冯岁平、张西虎整理《乐园文钞》,三秦出版社,2015 年 8 月出版,162 – 163 页

清代屯田类

题名	作者	出处
屯田论	傅鼐	(清)黄应培修,(清)孙均铨纂〔道光〕《凤凰厅志》二十卷,清道光四年刻本,卷八屯防志
屯防源流	佚名	(清)董鸿勋纂修〔光绪〕《古丈坪厅志》十六卷,清光绪三十三年铅印本,卷六建置
古丈坪厅设屯把总奏略(嘉庆十年)	佚名	(清)董鸿勋纂修〔光绪〕《古丈坪厅志》十六卷,清光绪三十三年铅印本,卷六建置
部复古丈坪及乾凤永保五厅县添设□备弁六员□□□	佚名	(清)董鸿勋纂修〔光绪〕《古丈坪厅志》十六卷,清光绪三十三年铅印本,卷六建置
升调设屯守备部复(嘉庆十五年二月准咨)	佚名	(清)董鸿勋纂修〔光绪〕《古丈坪厅志》十六卷,清光绪三十三年铅印本,卷六建置
详请颁给添设屯守备关防(嘉庆十五年)	朱绍曾	(清)董鸿勋纂修〔光绪〕《古丈坪厅志》十六卷,清光绪三十三年铅印本,卷六建置
详明屯守备经管事宜(嘉庆十五年)	朱绍曾	(清)董鸿勋纂修〔光绪〕《古丈坪厅志》十六卷,清光绪三十三年铅印本,卷六建置
节抄屯守备驻札处所俟引见后给札部复(嘉庆十五年七月准咨)	佚名	(清)董鸿勋纂修〔光绪〕《古丈坪厅志》十六卷,清光绪三十三年铅印本,卷六建置
部复屯守备屯千总归入营员军政案内办理	佚名	(清)董鸿勋纂修〔光绪〕《古丈坪厅志》十六卷,清光绪三十三年铅印本,卷六建置

题名	作者	出处
禀屯把总由道考拔	傅鼐	(清)董鸿勋纂修〔光绪〕《古丈坪厅志》十六卷,清光绪三十三年铅印本,卷六建置
古丈坪及乾凤永保五厅县添设屯把外额十员部复(嘉庆十五年三月准咨)	韩崶	(清)董鸿勋纂修〔光绪〕《古丈坪厅志》十六卷,清光绪三十三年铅印本,卷六建置
奏准改设屯长纪略	佚名	(清)董鸿勋纂修〔光绪〕《古丈坪厅志》十六卷,清光绪三十三年铅印本,卷六建置
奏定屯丁操演章程纪略(嘉庆十年)	佚名	(清)董鸿勋纂修〔光绪〕《古丈坪厅志》十六卷,清光绪三十三年铅印本,卷六建置
录古丈坪攒办均田授给乡勇并裁塘兵百名住支口食奏略	佚名	(清)董鸿勋纂修〔光绪〕《古丈坪厅志》十六卷,清光绪三十三年铅印本,卷七建置
节录古丈坪等厅县修建碉卡均田开屯会奏摺(嘉庆六年)	佚名	(清)董鸿勋纂修〔光绪〕《古丈坪厅志》十六卷,清光绪三十三年铅印本,卷七建置
前案会议复奏(道光元年)	陈若霖、左辅	(清)董鸿勋纂修〔光绪〕《古丈坪厅志》十六卷,清光绪三十三年铅印本,卷七建置
摘抄均田屯守酌议条款(嘉庆五年)	傅鼐	(清)董鸿勋纂修〔光绪〕《古丈坪厅志》十六卷,清光绪三十三年铅印本,卷七建置
古丈坪均屯经久章程纪略	佚名	(清)董鸿勋纂修〔光绪〕《古丈坪厅志》十六卷,清光绪三十三年铅印本,卷七建置
奏复修理屯田纪略	佚名	(清)董鸿勋纂修〔光绪〕《古丈坪厅志》十六卷,清光绪三十三年铅印本,卷七建置
古丈坪豁减屯租纪略	佚名	(清)董鸿勋纂修〔光绪〕《古丈坪厅志》十六卷,清光绪三十三年铅印本,卷七建置
奏复古丈坪屯田不能附近碉卡	佚名	(清)董鸿勋纂修〔光绪〕《古丈坪厅志》十六卷,清光绪三十三年铅印本,卷七建置
节录古丈坪修建苗仓详	佚名	(清)董鸿勋纂修〔光绪〕《古丈坪厅志》十六卷,清光绪三十三年铅印本,卷七建置
禀丈收古丈坪苗缴占田(嘉庆十一年)	傅鼐	(清)董鸿勋纂修〔光绪〕《古丈坪厅志》十六卷,清光绪三十三年铅印本,卷七建置
会筹开屯防边疏	书麟、祖之望	(清)黄鸿勋纂修〔宣统〕《永绥厅志》三十卷,清宣统元年铅印本,卷二十七艺文门

续表

题名	作者	出处
屯田渐次就绪酌裁乡勇苗兵口粮疏	吴熊光、马慧裕	(清)黄鸿勋纂修〔宣统〕《永绥厅志》三十卷,清宣统元年铅印本,卷二十七艺文门
复奏苗疆办理均田屯勇系属舆情踊跃	高杞	(清)黄鸿勋纂修〔宣统〕《永绥厅志》三十卷,清宣统元年铅印本,卷二十七艺文门
苗疆均屯告蒇会筹经久章程疏	阿林保	(清)黄鸿勋纂修〔宣统〕《永绥厅志》三十卷,清宣统元年铅印本,卷二十七艺文门
部复前案经久章程八条	佚名	(清)黄鸿勋纂修〔宣统〕《永绥厅志》三十卷,清宣统元年铅印本,卷二十七艺文门
筹议均屯未尽事宜酌拟完备章程七条	景安	(清)黄鸿勋纂修〔宣统〕《永绥厅志》三十卷,清宣统元年铅印本,卷二十七艺文门
请添设屯守备及增设屯把部外委以资经理而裨屯政	景安	(清)黄鸿勋纂修〔宣统〕《永绥厅志》三十卷,清宣统元年铅印本,卷二十八艺文门
查明苗疆均屯田土酌量减租节用并捐赔储备银谷非奏明不得擅动	广厚	(清)黄鸿勋纂修〔宣统〕《永绥厅志》三十卷,清宣统元年铅印本,卷二十八艺文门
屯田补旱欠租,奏恳分别蠲缓	庆保、李尧栋	(清)黄鸿勋纂修〔宣统〕《永绥厅志》三十卷,清宣统元年铅印本,卷二十八艺文门
奏屯田被旱征租不足并带征无完经费短缺请先借款支给俟带征归款	李尧栋	(清)黄鸿勋纂修〔宣统〕《永绥厅志》三十卷,清宣统元年铅印本,卷二十八艺文门
屯防经费不敷拟在漕粮节省项下筹款发给	骆秉章	(清)黄鸿勋纂修〔宣统〕《永绥厅志》三十卷,清宣统元年铅印本,卷二十九艺文门
士民公呈举办均屯永远守边	佚名	(清)黄鸿勋纂修〔宣统〕《永绥厅志》三十卷,清宣统元年铅印本,卷二十九艺文门
丈收永绥屯田及苗占民田	佚名	(清)黄鸿勋纂修〔宣统〕《永绥厅志》三十卷,清宣统元年铅印本,卷二十九艺文门
苗备捐田完纳各寨苗人每年应征额粮	朱绍曾、傅萧	(清)黄鸿勋纂修〔宣统〕《永绥厅志》三十卷,清宣统元年铅印本,卷二十九艺文门
屯田说(上、下)	刘贞会	(清)刘贞会撰《子文先生文集》,清光绪抄本(藏花垣县档案局)

清代颂德类

题名	作者	出处
雍正十二年镇筸总兵杨凯奏报苗疆嘉禾产双穗至四五穗不等，又侍郎蒋奏报高台县属粟谷丛生五六穗不等，并呈谷本图样	巴尔图等	（清）黄应培修，（清）孙均铨纂〔道光〕《凤凰厅志》二十卷，清道光四年刻本，卷十九艺文志
抚苗碑铭（并序）	鄂海	（清）黄应培修，（清）孙均铨纂〔道光〕《凤凰厅志》二十卷，清道光四年刻本，卷十九艺文志
拟苗疆纳土归流谢表	陈长镇	（清）黄鸿勋纂修〔宣统〕《永绥厅志》三十卷，清宣统元年铅印本，卷三十艺文门
摩崖铭赋	龚立海	（清）黄鸿勋纂修〔宣统〕《永绥厅志》三十卷，清宣统元年铅印本，卷三十艺文门
拟上指授方略绥靖苗疆，恩威并济，南服百蛮，无不洗心向化，纳土归流群臣贺表	陈长镇	（清）罗汝怀编纂《湖南文征》，岳麓书社，2008 年 9 月出版，第三册，1371 页

清代教育类

题名	作者	出处
遵议抚瑶新章并吁加学额疏（光绪七年）	李明墀	（清）葛士浚撰《清经世文续编》，清光绪石印本，卷八十兵政十九苗防
学宫记	赵申乔	（清）黄应培修，（清）孙均铨纂〔道光〕《凤凰厅志》二十卷，清道光四年刻本，卷十九艺文志
敬修书院记	永贵	（清）黄应培修，（清）孙均铨纂〔道光〕《凤凰厅志》二十卷，清道光四年刻本，卷十九艺文志
部议苗疆士子苗生乡试另编字号取中疏	礼部	（清）蒋琦溥修，（清）林书勋续修〔光绪〕《乾州厅志》十六卷，清同治十一年修、清光绪三年续修本，卷四学校志
桑植县客童应考详（乾隆二十六年）	张天如	（清）张天如纂修，（清）魏式曾增修〔同治〕《永顺府志》十二卷，清同治十二年刻本，卷十一檄示

续表

题名	作者	出处
官山拨充书院膏火禀详	张天如	(清)林继钦修,(清)袁祖绥纂〔同治〕《保靖县志》十二卷,清同治十年刻本,卷十一檄示
教训苗人子弟札(乾隆十四年)	开泰	(清)张天如纂修,(清)魏式曾增修〔同治〕《永顺府志》十二卷,清同治十二年刻本,卷十一檄示
《教训苗人子弟》又札	开泰	(清)张天如纂修,(清)魏式曾增修〔同治〕《永顺府志》十二卷,清同治十二年刻本,卷十一檄示
奏设古丈坪屯义学及苗义各馆条折(嘉庆十二年部复)	佚名	(清)董鸿勋纂修〔光绪〕《古丈坪厅志》十六卷,清光绪三十三年铅印本,卷八建置
奏裁屯苗义学续添各馆	裕泰、陆费瑔	(清)董鸿勋纂修〔光绪〕《古丈坪厅志》十六卷,清光绪三十三年铅印本,卷八建置
节录古丈坪拨田收租加增义学经费详	佚名	(清)董鸿勋纂修〔光绪〕《古丈坪厅志》十六卷,清光绪三十三年铅印本,卷八建置
节录古丈坪修建义学房屋□	佚名	(清)董鸿勋纂修〔光绪〕《古丈坪厅志》十六卷,清光绪三十三年铅印本,卷八建置
捐建钟英义塾通禀(光绪十年又五月)	吕近阳	(清)董鸿勋纂修〔光绪〕《古丈坪厅志》十六卷,清光绪三十三年铅印本,卷八建置
请准苗童以民籍应试疏	潘宗洛	(清)吕宣曾修,(清)张开东纂〔乾隆〕《靖州志》十四卷,清乾隆三十一年刻本,卷十三艺文志
部议凤乾永保四厅县士子苗生乡试另编字号取中疏	礼部	(清)黄鸿勋纂修〔宣统〕《永绥厅志》三十卷,清宣统元年铅印本,卷二十七艺文门
拨田收租加增各厅县书院义学经费	朱绍曾、傅鼐	(清)黄鸿勋纂修〔宣统〕《永绥厅志》三十卷,清宣统元年铅印本,卷二十九艺文门
拨给苗疆教职学田	朱绍曾、傅鼐	(清)黄鸿勋纂修〔宣统〕《永绥厅志》三十卷,清宣统元年铅印本,卷二十九艺文门
添设最深苗寨义馆	傅鼐	(清)黄鸿勋纂修〔宣统〕《永绥厅志》三十卷,清宣统元年铅印本,卷二十九艺文门
苗疆教职毋许向新进生员勒索规礼	傅鼐	(清)黄鸿勋纂修〔宣统〕《永绥厅志》三十卷,清宣统元年铅印本,卷二十九艺文门
拨田收租给苗疆生童试资	朱绍曾	(清)黄鸿勋纂修〔宣统〕《永绥厅志》三十卷,清宣统元年铅印本,卷二十九艺文门

续表

题名	作者	出处
增建书院义学书塾并修明伦堂序	程际泰	(清)方传质修,(清)龙凤翥纂〔同治〕《绥宁县志》四十卷,清同治六年刻本,卷三十六艺文志
新建赤板道南义学记	吴绪荣	(清)程际泰修,(清)幸超士纂〔乾隆〕《绥宁县志》二十卷,清乾隆十九年刻本,卷十八古迹
苗生边卷宜别号舍疏	常大淳	(清)罗汝怀编纂《湖南文征》,岳麓书社,2008 年 9 月出版,第三册,1298 页
详设义学	王钦命	(清)林继钦修,(清)袁祖绶纂〔同治〕《保靖县志》十二卷,清同治十年刻本,卷十二艺文志

清代宗教类

题名	作者	出处
三王杂识	严如熤	(清)蒋琦溥修,(清)林书勋续修〔光绪〕《乾州厅志》十六卷,清同治十一年修清光绪三年续修本,卷四典礼志
三王杂识又	张汉槎	(清)蒋琦溥修,(清)林书勋续修〔光绪〕《乾州厅志》十六卷,清同治十一年修、清光绪三年续修本,卷四典礼志
三神降神纪闻	张家正	(清)蒋琦溥修,(清)林书勋续修〔光绪〕《乾州厅志》十六卷,清同治十一年修、清光绪三年续修本,卷四典礼志
三神归神纪闻	张先达	(清)蒋琦溥修,(清)林书勋续修〔光绪〕《乾州厅志》十六卷,清同治十一年修、清光绪三年续修本,卷四典礼志
天王考	刘贞会	(清)刘贞会撰《子文先生文集》,清光绪抄本(藏花垣县档案局)
拨田收租为各庙岁修时祭之用	朱绍曾、傅萧	(清)黄鸿勋纂修〔宣统〕《永绥厅志》三十卷,清宣统元年铅印本,卷二十九艺文门

清代考源类

题名	作者	出处
苗蛮辨	孙均铨	（清）黄应培修，（清）孙均铨纂〔道光〕《凤凰厅志》二十卷，清道光四年刻本，卷十一苗防志
苗源说	俞益谟	（清）蒋琦溥修，（清）林书勋续修〔光绪〕《乾州厅志》十六卷，清同治十一年修、清光绪三年续修本，卷十四艺文志
上司更名上弇纪	和琳	（清）董鸿勋纂修〔光绪〕《古丈坪厅志》十六卷，清光绪三十三年铅印本，卷七建置
张氏裔炽沿革论	张裔炽	（清）邱育泉修，（清）何才焕纂〔同治〕《安化县志》三十四卷，清同治十年刻本，卷二沿革
张氏裔炽梅山论	张裔炽	（清）邱育泉修，（清）何才焕纂〔同治〕《安化县志》三十四卷，清同治十年刻本，卷二沿革
驳晁补之开梅山诗论	陶澍	（清）邱育泉修，（清）何才焕纂〔同治〕《安化县志》三十四卷，清同治十年刻本，卷二沿革

清代风俗类

题名	作者	出处
苗俗画册引	张修府	（清）林继钦修，（清）袁祖绶纂〔同治〕《保靖县志》十二卷，清同治十年刻本，卷十二艺文志
徭俗记	谭震	〔民国〕雷飞鹏纂〔民国〕《蓝山县图志》三十五卷，民国二十二年刻本，卷十四徭俗
纪红苗事	戴名世	（清）戴名世撰《南山集》，清光绪二十六年刻本，卷十二杂著

清代兵事类

题名	作者	出处
修边	傅鼐	（清）贺长龄撰《清经世文编》，清光绪十二年思补楼重校本，卷八十八兵政十九

续表

题名	作者	出处
练勇	傅鼐	(清)贺长龄撰《清经世文编》,清光绪十二年思补楼重校本,卷八十八兵政十九
陈剿抚古州苗匪疏	鄂尔泰	(清)贺长龄撰《清经世文编》,清光绪十二年思补楼重校本,卷八十八兵政十九
进剿义宁逆苗条议	杨锡绂	(清)贺长龄撰《清经世文编》,清光绪十二年思补楼重校本,卷八十八兵政十九
湖南苗防录叙	魏源	(清)贺长龄撰《清经世文编》,清光绪十二年思补楼重校本,卷八十六兵政十七蛮防上
乙丙湖贵征苗记	魏源	(清)贺长龄撰《清经世文编》,清光绪十二年思补楼重校本
道光湖粤平瑶记	魏源	(清)葛士浚撰《清经世文续编》,清光绪石印本,卷八十兵政十九苗防
八排兵事考	汤彝	(清)葛士浚撰《清经世文续编》,清光绪石印本,卷八十兵政十九苗防
平瑶议	陈起诗	(清)葛士浚撰《清经世文续编》,清光绪石印本,卷八十兵政十九苗防
断龙	陈起书	(清)葛士浚撰《清经世文续编》,清光绪石印本,卷八十兵政十九苗防
请调沅州镇移驻镇筸疏	郭琇	(清)席绍葆等修,(清)谢鸣谦、谢鸣盛纂〔乾隆〕《辰州府志》五十卷,清乾隆三十年刻本,艺文纂第一
边墙议	刘应中	(清)席绍葆等修,(清)谢鸣谦、谢鸣盛纂〔乾隆〕《辰州府志》五十卷,清乾隆三十年刻本,艺文纂第一
平苗记	刘应中	(清)席绍葆等修,(清)谢鸣谦、谢鸣盛纂〔乾隆〕《辰州府志》五十卷,清乾隆三十年刻本,艺文纂第一
防苗说	佚名	(清)席绍葆等修,(清)谢鸣谦、谢鸣盛纂〔乾隆〕《辰州府志》五十卷,清乾隆三十年刻本,艺文纂第一
备边用兵略	佚名	(清)黄应培修,(清)孙均铨纂〔道光〕《凤凰厅志》二十卷,清道光四年刻本,卷十一苗防志
复总督百龄书	傅鼐	(清)黄应培修,(清)孙均铨纂〔道光〕《凤凰厅志》二十卷,清道光四年刻本,卷十一苗防志

续表

题名	作者	出处
请展镇筸城垣疏	特成额	（清）黄应培修,（清）孙均铨纂〔道光〕《凤凰厅志》二十卷,清道光四年刻本,卷十九艺文志
平定勾补苗人纪略	王家宾	（清）黄应培修,（清）孙均铨纂〔道光〕《凤凰厅志》二十卷,清道光四年刻本,卷十九艺文志
平苗要策	佚名	（清）蒋琦溥修,（清）林书勋续修〔光绪〕《乾州厅志》十六卷,清同治十一年修、清光绪三年续修本,卷七苗防
运粮法	佚名	（清）蒋琦溥修,（清）林书勋续修〔光绪〕《乾州厅志》十六卷,清同治十一年修、清光绪三年续修本,卷七苗防
营地说	佚名	（清）蒋琦溥修,（清）林书勋续修〔光绪〕《乾州厅志》十六卷,清同治十一年修、清光绪三年续修本,卷七苗防
抚辑乾州永保苗人疏	毕沅	（清）蒋琦溥修,（清）林书勋续修〔光绪〕《乾州厅志》十六卷,清同治十一年修、清光绪三年续修本,卷七苗防
苗疆修城筑堡驻兵疏	鄂辉、姜晟	（清）蒋琦溥修,（清）林书勋续修〔光绪〕《乾州厅志》十六卷,清同治十一年修、清光绪三年续修本,卷七苗防
新建乾州土垣记	黄凤翔	（清）蒋琦溥修,（清）林书勋续修〔光绪〕《乾州厅志》十六卷,清同治十一年修、清光绪三年续修本,卷十四艺文志
乙卯纪难	郑文甲	（清）蒋琦溥修,（清）林书勋续修〔光绪〕《乾州厅志》十六卷,清同治十一年修、清光绪三年续修本,卷十四艺文志
饶生传	邓枝麟	（清）蒋琦溥修,（清）林书勋续修〔光绪〕《乾州厅志》十六卷,清同治十一年修、清光绪三年续修本,卷十四艺文志
东乡御苗记	张先达	（清）蒋琦溥修,（清）林书勋续修〔光绪〕《乾州厅志》十六卷,清同治十一年修、清光绪三年续修本,卷十四艺文志

续表

题名	作者	出处
关隘说	严如熤	(清)姜钟琇修,(清)刘士先纂〔同治〕《新修麻阳县志》十四卷,清同治十三年刻本,卷一星野志
纪同治七年正二月黔苗两窜麻境直逼城垣官绅守城击贼及乡村被扰各事	王振玉	(清)姜钟琇修,(清)刘士先纂〔同治〕《新修麻阳县志》十四卷,清同治十三年刻本,卷十三兵防志
新筑西山碉楼记	阎广居	(清)姜钟琇修,(清)刘士先纂〔同治〕《新修麻阳县志》十四卷,清同治十三年刻本,卷十艺文志
平苗题名记	王世隆	(清)姜钟琇修,(清)刘士先纂〔同治〕《新修麻阳县志》十四卷,清同治十三年刻本,卷十艺文志
西山御苗记	杨登训	(清)姜钟琇修,(清)刘士先纂〔同治〕《新修麻阳县志》十四卷,清同治十三年刻本,卷十艺文志
滕竹轩兄弟列传	杨登训	(清)姜钟琇修,(清)刘士先纂〔同治〕《新修麻阳县志》十四卷,清同治十三年刻本,卷十一艺文志
赵守备死事纪略	杨登训	(清)姜钟琇修,(清)刘士先纂〔同治〕《新修麻阳县志》十四卷,清同治十三年刻本,卷十一艺文志
奏报古丈坪边工完竣片(嘉庆十年)	佚名	(清)董鸿勋纂修〔光绪〕《古丈坪厅志》十六卷,清光绪三十三年铅印本,卷六建置
节录古丈坪修建屯弁官房及军装火药局详	佚名	(清)董鸿勋纂修〔光绪〕《古丈坪厅志》十六卷,清光绪三十三年铅印本,卷六建置
修葺碉卡(道光六年)	嵩孚、康绍镛	(清)董鸿勋纂修〔光绪〕《古丈坪厅志》十六卷,清光绪三十三年铅印本,卷七建置
行事诸略	俞益谟	(清)董鸿勋纂修〔光绪〕《古丈坪厅志》十六卷,清光绪三十三年铅印本,卷十五艺文志
总论苗境事宜务为筑堡议	严如熤	(清)董鸿勋纂修〔光绪〕《古丈坪厅志》十六卷,清光绪三十三年铅印本,卷十五艺文志
近苗疆各邑筑堡议	佚名	(清)董鸿勋纂修〔光绪〕《古丈坪厅志》十六卷,清光绪三十三年铅印本,卷十五艺文志
奖励义勇议(乙卯十月上毕姜两大人)	严如熤	(清)董鸿勋纂修〔光绪〕《古丈坪厅志》十六卷,清光绪三十三年铅印本,卷十五艺文志
请设黄桑营详文	周正	(清)吕宣曾修,(清)张开东纂〔乾隆〕《靖州志》十四卷,清乾隆三十一年刻本,卷十三艺文志

续表

题名	作者	出处
两司会议设黄桑营详文	佚名	(清)吕宣曾修,(清)张开东纂〔乾隆〕《靖州志》十四卷,清乾隆三十一年刻本,卷十三艺文志
会筹苗疆修城筑堡驻兵疏	姜晟	(清)黄鸿勋纂修〔宣统〕《永绥厅志》三十卷,清宣统元年铅印本,卷二十五艺文门
奏请照旧安设三厅标兵以资差遣	毕沅、姜晟	(清)黄鸿勋纂修〔宣统〕《永绥厅志》三十卷,清宣统元年铅印本,卷二十五艺文门
苗疆添设营泛官兵一切事宜	毕沅	(清)黄鸿勋纂修〔宣统〕《永绥厅志》三十卷,清宣统元年铅印本,卷二十五艺文门
据报黔苗滋事楚省现在约束防堵情形	马慧裕	(清)黄鸿勋纂修〔宣统〕《永绥厅志》三十卷,清宣统元年铅印本,卷二十五艺文门
奏永绥厅协移驻花园茶洞并改设营泛清民苗界址	祖之望	(清)黄鸿勋纂修〔宣统〕《永绥厅志》三十卷,清宣统元年铅印本,卷二十五艺文门
都议移驻永绥厅协安营设泛各事宜	佚名	(清)黄鸿勋纂修〔宣统〕《永绥厅志》三十卷,清宣统元年铅印本,卷二十六艺文门
上总统刘策名书	陈文言	(清)方传质修,(清)龙凤翥纂〔同治〕《绥宁县志》四十卷,清同治六年刻本,卷三十六艺文志
长安苗峒记	董宏远	(清)盛镒源修,(清)戴联璧纂〔同治〕《城步县志》十卷,民国十九年活字印本,卷十艺文志下
沅州荣宫保祠记	席宝田	(清)张官五纂修,(清)吴嗣仲续修〔同治〕《沅州府志》四十卷,清同治十二年增刻乾隆本,卷三十九
西路麻缨团死义壮丁记	邱大燕	(清)盛庆绂修,(清)盛一棵纂〔同治〕《芷江县志》六十四卷,清同治九年刻本,卷五十三艺文
议设营兵防御地方文	王元寿	〔民国〕雷飞鹏纂〔民国〕《蓝山县图志》三十五卷,民国二十二年刻本,卷十四瑶俗
多龙堡记	陈学	(清)程际泰修,(清)幸超士纂〔乾隆〕《绥宁县志》二十卷,清乾隆十九年刻本,卷十八古迹
上永顺府筹建堡寨并练团事宜状	朱克敬	(清)符为霖修,(清)刘沛纂〔光绪〕《龙山县志》十六卷,清同治九年修、光绪四年续修刻本,卷十六艺文
壬辰征瑶记	汤彝	(清)罗汝怀编纂《湖南文征》,岳麓书社,2008 年 9 月出版,第四册,2247 页

续表

题名	作者	出处
陈麻阳筑堡议	严如熤	(清)严如熤撰,冯岁平、张西虎整理《乐园文钞》,三秦出版社,2015 年 8 月出版,155 – 157 页
浦市请募乡勇议	严如熤	(清)严如熤撰,冯岁平、张西虎整理《乐园文钞》,三秦出版社,2015 年 8 月出版,157 – 158 页
复浦市周通判询苗路筑堡书	严如熤	(清)严如熤撰,冯岁平、张西虎整理《乐园文钞》,三秦出版社,2015 年 8 月出版,158 – 160 页

清代政论类

题名	作者	出处
论边省苗蛮事宜书	蓝鼎元	(清)贺长龄撰,《清经世文编》,清光绪十二年思补楼重校本,卷八十六兵政十七
治苗	傅鼐	(清)贺长龄撰《清经世文编》,清光绪十二年思补楼重校本,卷八十八兵政十九
与尹制府论绥理苗疆书	晏斯盛	(清)贺长龄撰《清经世文编》,清光绪十二年思补楼重校本,卷八十八兵政十九
议边疆事宜四款疏	鄂尔泰	(清)贺长龄撰《清经世文编》,清光绪十二年思补楼重校本,卷八十八兵政十九
正疆界定流土疏	鄂尔泰	(清)贺长龄撰《清经世文编》,清光绪十二年思补楼重校本,卷八十六兵政十七
招抚生苗以安三省疏	鄂尔泰	(清)贺长龄撰《清经世文编》,清光绪十二年思补楼重校本,卷八十六兵政十七
陈绥定苗疆方略札子	杨名时	(清)贺长龄撰《清经世文编》,清光绪十二年思补楼重校本,卷八十八兵政十九
湖南按察使赠巡抚傅鼐传	魏源	(清)贺长龄撰《清经世文编》,清光绪十二年思补楼重校本,卷八十八兵政十九
防苗	魏源	(清)贺长龄撰《清经世文编》,清光绪十二年思补楼重校本,卷八十八兵政十九
苗疆敕建巡抚祠碑铭	魏源	(清)魏源撰《古微堂集》,清宣统元年国学扶轮社本,外集卷四

续表

题名	作者	出处
请除苗弩毒药疏	高其倬	(清)贺长龄撰《清经世文编》,清光绪十二年思补楼重校本,卷八十八兵政十九
陈解弩毒药方疏	李绂	(清)贺长龄撰《清经世文编》,清光绪十二年思补楼重校本,卷八十八兵政十九
治瑶	陈起书	(清)葛士浚撰《清经世文续编》,清光绪石印本,卷八十兵政十九苗防
复陈汉苗土司各情疏(道光十九年正月)	贺长龄	(清)葛士浚撰《清经世文续编》,清光绪石印本,卷八十兵政十九苗防
缕陈湖南苗疆情形疏	贺熙龄	(清)葛士浚撰《清经世文续编》,清光绪石印本,卷八十兵政十九苗防
奏陈苗疆善后事宜片	林肇元	(清)葛士浚撰《清经世文续编》,清光绪石印本,卷八十兵政十九苗防
招抚猓目请予土职各缘由疏	岑毓英	(清)葛士浚撰《清经世文续编》,清光绪石印本,卷八十兵政十九苗防
苗边九款疏	赵申乔	(清)席绍葆等修,(清)谢鸣谦、谢鸣盛纂〔乾隆〕《辰州府志》五十卷,清乾隆三十年刻本,艺文纂第一
题明六里苗民归镇溪所乾州同知抚管疏	赵申乔	(清)席绍葆等修,(清)谢鸣谦、谢鸣盛纂〔乾隆〕《辰州府志》五十卷,清乾隆三十年刻本,艺文纂第一
六里善后事宜疏	赵宏恩	(清)席绍葆等修,(清)谢鸣谦、谢鸣盛纂〔乾隆〕《辰州府志》五十卷,清乾隆三十年刻本,艺文纂第一
敬陈苗地情形宜加整饬疏	冯光裕	(清)席绍葆等修,(清)谢鸣谦、谢鸣盛纂〔乾隆〕《辰州府志》五十卷,清乾隆三十年刻本,艺文纂第一
治苗十三条	赵申乔	(清)黄应培修,(清)孙均铨纂〔道光〕《凤凰厅志》二十卷,清道光四年刻本,卷十一苗防志
戒苗条约(康熙四十二年)	俞益谟	(清)黄应培修,(清)孙均铨纂〔道光〕《凤凰厅志》二十卷,清道光四年刻本,卷十一苗防志
晓谕苗人告示	俞益谟	(清)蒋琦溥修,(清)林书勋续修〔光绪〕《乾州厅志》十六卷,清同治十一年修、清光绪三年续修本,卷七苗防
收缴苗枪并禁椎牛通禀	傅鼐	(清)黄应培修,(清)孙均铨纂〔道光〕《凤凰厅志》二十卷,清道光四年刻本,卷十一苗防志

题名	作者	出处
平苗议	严如熤	(清)黄应培修,(清)孙均铨纂〔道光〕《凤凰厅志》二十卷,清道光四年刻本,卷十一苗防志
抚苗记	黄中理	(清)蒋琦溥修,(清)林书勋续修〔光绪〕《乾州厅志》十六卷,清同治十一年修、清光绪三年续修本,卷十四艺文志
抚苗条款(乾隆二十四年)	冯铃	(清)张天如纂修,(清)魏式曾增修〔同治〕《永顺府志》十二卷,清同治十二年刻本,卷十一檄示
慎重苗疆檄(乾隆八年)	阿尔赛	(清)张天如纂修,(清)魏式曾增修〔同治〕《永顺府志》十二卷,清同治十二年刻本,卷十一檄示
保护土司坟墓檄(雍正十三年)	王柔	(清)张天如纂修,(清)魏式曾增修〔同治〕《永顺府志》十二卷,清同治十二年刻本,卷十一檄示
札保护土司向氏祠墓	张天如	(清)周来贺修,(清)卢元勋纂〔同治〕《桑植县志》八卷,清同治十二年刻本,卷七
详革土司积弊略(雍正八年)	袁承宠	(清)张天如纂修,(清)魏式曾增修〔同治〕《永顺府志》十二卷,清同治十二年刻本,卷十一檄示
马贩经由苗地禀(乾隆二十六年)	陈惠畴	(清)张天如纂修,(清)魏式曾增修〔同治〕《永顺府志》十二卷,清同治十二年刻本,卷十一檄示
民苗不许结亲疏(乾隆二十五年)	严有禧	(清)张天如纂修,(清)魏式曾增修〔同治〕《永顺府志》十二卷,清同治十二年刻本,卷十二艺文志
禁陋习四条(乾隆七年)	王伯麟	(清)黄德基修,(清)关天申纂〔乾隆〕《永顺县志》四卷,清乾隆五十八年刻本,卷四风俗志
示禁短衣赤足	王钦命	(清)林继钦修,(清)袁祖绶纂〔同治〕《保靖县志》十二卷,清同治十年刻本,卷十二艺文志
示禁婚嫁褙负	王钦命	(清)林继钦修,(清)袁祖绶纂〔同治〕《保靖县志》十二卷,清同治十年刻本,卷十二艺文志
示禁白布包头	王钦命	(清)林继钦修,(清)袁祖绶纂〔同治〕《保靖县志》十二卷,清同治十年刻本,卷十二艺文志
示禁火床同居	王钦命	(清)林继钦修,(清)袁祖绶纂〔同治〕《保靖县志》十二卷,清同治十年刻本,卷十二艺文志
示禁衙役索诈	王钦命	(清)林继钦修,(清)袁祖绶纂〔同治〕《保靖县志》十二卷,清同治十年刻本,卷十二艺文志

续表

题名	作者	出处
详定保甲	王钦命	（清）林继钦修，（清）袁祖绶纂〔同治〕《保靖县志》十二卷，清同治十年刻本，卷十二艺文志
详免雇夫	王钦命	（清）林继钦修，（清）袁祖绶纂〔同治〕《保靖县志》十二卷，清同治十年刻本，卷十二艺文志
详定赋税	王钦命	（清）林继钦修，（清）袁祖绶纂〔同治〕《保靖县志》十二卷，清同治十年刻本，卷十二艺文志
部复苗疆紧要善后事宜咨	佚名	（清）蒋琦溥修，（清）林书勋续修〔光绪〕《乾州厅志》十六卷，清同治十一年修、清光绪三年续修本，卷七苗防
雍正五年兵部议准奏	傅敏	（清）潘曙修，（清）杨盛芳纂〔乾隆〕《凤凰厅志》二十三卷，清刻本，卷二十艺文志
奏抚苗事宜	蒋溥	（清）潘曙修，（清）杨盛芳纂〔乾隆〕《凤凰厅志》二十三卷，清刻本，卷二十艺文志
通禀各宪禁革积弊五端并赍碑文稿	佚名	（清）侯晟修，（清）黄河清纂〔光绪〕《凤凰厅续志》十六卷，清光绪十八年刻本，卷十六杂述志
酌定拔补苗弁章程饬知（道光二年）	张应蛟	（清）董鸿勋纂修〔光绪〕《古丈坪厅志》十六卷，清光绪三十三年铅印本，卷七建置
奏复考拔苗弁章程纪略	贺熙龄	（清）董鸿勋纂修〔光绪〕《古丈坪厅志》十六卷，清光绪三十三年铅印本，卷七建置
苗备弁给札章程（道光二十八年督抚奏准资复）	佚名	（清）董鸿勋纂修〔光绪〕《古丈坪厅志》十六卷，清光绪三十三年铅印本，卷七建置
苗官升补章程纪略	佚名	（清）董鸿勋纂修〔光绪〕《古丈坪厅志》十六卷，清光绪三十三年铅印本，卷七建置
苗夫当差定章	赵文在	（清）董鸿勋纂修〔光绪〕《古丈坪厅志》十六卷，清光绪三十三年铅印本，卷七建置
通禀筹款设立救婴局（光绪十九年三月）	汪明善	（清）董鸿勋纂修〔光绪〕《古丈坪厅志》十六卷，清光绪三十三年铅印本，卷八建置
请更定苗疆章程议	佚名	（清）董鸿勋纂修〔光绪〕《古丈坪厅志》十六卷，清光绪三十三年铅印本，卷十五艺文志
详清疆界	王钦命	（清）林继钦修，（清）袁祖绶纂〔同治〕《保靖县志》十二卷，清同治十年刻本，卷十二艺文志

续表

题名	作者	出处
苗案请照苗例完结疏	高杞	（清）黄鸿勋纂修〔宣统〕《永绥厅志》三十卷，清宣统元年铅印本，卷二十五艺文门
苗疆善后章程六条	和琳	（清）黄鸿勋纂修〔宣统〕《永绥厅志》三十卷，清宣统元年铅印本，卷二十五艺文门
请改凤乾永三厅为直隶厅并改巡检为经历兼管司狱添设县丞巡检	明亮、姜晟	（清）黄鸿勋纂修〔宣统〕《永绥厅志》三十卷，清宣统元年铅印本，卷二十五艺文门
移边墙以内失业贫民赴来凤县承耕入官叛土	毕沅、姜晟	（清）黄鸿勋纂修〔宣统〕《永绥厅志》三十卷，清宣统元年铅印本，卷二十五艺文门
抚苗论	高登云	（清）黄鸿勋纂修〔宣统〕《永绥厅志》三十卷，清宣统元年铅印本，卷二十六艺文门
剿苗论	杨瑞珍	（清）黄鸿勋纂修〔宣统〕《永绥厅志》三十卷，清宣统元年铅印本，卷二十六艺文门
奏苗人枪械悉已呈缴并严禁椎牛祭鬼	景安	（清）黄鸿勋纂修〔宣统〕《永绥厅志》三十卷，清宣统元年铅印本，卷二十七艺文门
筹议苗疆事宜六条	左辅、陈若霖	（清）黄鸿勋纂修〔宣统〕《永绥厅志》三十卷，清宣统元年铅印本，卷二十八艺文门
陈奏苗疆事宜	张映汉	（清）黄鸿勋纂修〔宣统〕《永绥厅志》三十卷，清宣统元年铅印本，卷二十八艺文门
查明苗疆事宜循照旧章实力整顿	嵩孚、康绍镛	（清）黄鸿勋纂修〔宣统〕《永绥厅志》三十卷，清宣统元年铅印本，卷二十九艺文门
筹议苗疆善后宜事十条	裕泰、陆费瑔	（清）黄鸿勋纂修〔宣统〕《永绥厅志》三十卷，清宣统元年铅印本，卷二十九艺文门
改土拨粮纪略（乾隆十八年）	马世煃	（清）周来贺修，（清）卢元勋纂〔同治〕《桑植县志》八卷，清同治十二年刻本，卷二赋役志
改土归流奏疏（雍正五年七月初九日署理湖广总督傅敏密陈）	傅敏	（清）周来贺修，（清）卢元勋纂〔同治〕《桑植县志》八卷，清同治十二年刻本，卷一疆域志
驭苗论	佚名	（清）盛镒源修，（清）戴联璧纂〔同治〕《城步县志》十卷，民国十九年活字印本，卷九艺文志

续表

题名	作者	出处
杨孝子通俗详文	永奉	(清)蔡象衡修,(清)李逢生纂〔嘉庆〕《通道县志》十卷,民国二十年石印本,卷九艺文志
张公抚瑶纪略	陈五典	(清)张扶翼纂,(清)王光电续纂〔雍正〕《黔阳县志》十卷,清雍正十一年增刻本,卷八文论
详府江道公牍	谭惟一	(清)周鹤修,(清)王缵纂〔康熙〕《永明县志》十四卷,清康熙四十八年刻本,卷十二艺文
申详本道府公牍	谭惟一	(清)周鹤修,(清)王缵纂〔康熙〕《永明县志》十四卷,清康熙四十八年刻本,卷十二艺文
复详府江道公牍	谭惟一	(清)周鹤修,(清)王缵纂〔康熙〕《永明县志》十四卷,清康熙四十八年刻本,卷十二艺文
转详院宪公牍	张□□	(清)周鹤修,(清)王缵纂〔康熙〕《永明县志》十四卷,清康熙四十八年刻本,卷十二艺文
控驭北瑶总谕	石光陛	(清)张大煦修,(清)欧阳泽闿纂〔光绪〕《宁远县志》八卷,清光绪元年刻本,卷二建置
谕安插城步绥宁徭妇子女(乾隆四年)	佚名	(清)黄宅中修,(清)邓显鹤纂〔道光〕《宝庆府志》一百四十三卷,清道光二十七年修、民国二十三年重印本,卷二诏谕
谕苗民杂处地方稽查汉奸(乾隆四十一年)	佚名	(清)黄宅中修,(清)邓显鹤纂〔道光〕《宝庆府志》一百四十三卷,清道光二十七年修、民国二十三年重印本,卷二诏谕
峒粮碑记	佚名	(清)盛镒源修,(清)戴联璧纂〔同治〕《城步县志》十卷,民国十九年活字印本,卷九艺文
壬辰防瑶五论	唐鉴	(清)罗汝怀编纂《湖南文征》,岳麓书社,2008 年 9 月出版,第三册,1743 页
平苗善后事宜议	严如煜	(清)严如煜撰,冯岁平、张西虎整理《乐园文钞》,三秦出版社,2015 年 8 月出版,140 – 148 页
浦市善后事宜议	严如煜	(清)严如煜撰,冯岁平、张西虎整理《乐园文钞》,三秦出版社,2015 年 8 月出版,160 – 162 页

民国时期历史类

题名	作者	出处
苗夷民族在国史上活跃的展望	梁聚五	《贵州民意》1949 年第 5 卷第 3 期,20 - 28 页
湖南苗史述略	盛襄子	《新亚细亚》1937 年第 13 卷 4 期,61 - 79 页
明史上夷苗民族变乱之原因	梁聚五	《新夷族》1936 年第 1 卷第 1 期,16 - 19 页
苗人起源传说之研究	王文萱	《新政治》1938 年第 1 卷第 2 期,72 - 77 页
苗人来源及其迁徙区域(上)	江应樑	《边政公论》1944 年第 3 卷第 4 期,17 - 30 页
苗人来源及其迁徙区域(下)(附图)	江应樑	《边政公论》1944 年第 3 卷第 5 期,27 - 35 页
苗人中开天辟地之传说	Samnal B. Clark 著;李茂郁译	《新中华》1945 年复 3 卷,第 6 期,96 - 103 页
苗族考	杨万选	《贵州文献季刊》1938 年创刊号,113 - 126 页
苗族考	罗荣宗	《国师季刊》1939 年第 5 期,49 - 52 页
苗族考略	幼稚之予	《湘西农村建设月刊》1934 年第 1 卷第 1 期,195 - 197 页
苗族开辟传说	罗荣宗	《史地教育特刊》1942 年 10 月,6 页
苗族之迁徙	佚名	《江西学务官报》1909 年第 10 期,1 页
苗族来源的传说	孙诞先	《旅行杂志》1944 年第 18 卷第 12 期,77 - 82 页
边区风土记:五溪苗族兵事	陈心传	《边声月刊》1940 年第 1 卷第 4 期,4 - 8 页
五溪苗族兵事(续一)	陈心传	《边声月刊》1940 年第 1 卷第 5 期,1 - 6 页
五溪苗族兵事(续二)	陈心传	《边声月刊》1940 年第 1 卷第 6 期,1 - 6 页
五溪苗族兵事(续完)	陈心传	《边声月刊》1940 年第 1 卷第 7 期,2 - 15 页
苗族洪水故事与伏羲女娲的传说	芮逸夫	《国立中央研究院历史语言研究所人类学集刊》1938 年第 1 卷第 1 期,155 - 203 页
民族问题:"瑶獞即今之客族"说驳议	陈隆吉	《逸经》1937 年第 24 期,34 - 35 页
苗瑶之起源神话:附图	马长寿	《民族学研究集刊》1940 年第 2 期,235 - 253 页
西南民族起源的神话:盘瓠	余永梁	《国立中山大学语言历史学研究所周刊》1928 年第 3 卷第 35/36 期,11 - 17 页
盘瓠和廪君	次君	《北京大学四川同乡会会刊》1934 年创刊号,23 - 29 页
近代湖南人中之蛮族血统:附表	谭其骧	《史学年报》1938 年第 2 卷第 5 期,231 - 254 页

续表

题名	作者	出处
跋复溪州铜柱记拓本	田名瑜	《南社湘集》1936 年第 6 期,52 – 53 页
武陵蛮与夜郎夷	张镜影	《新中华》1945 年复 3 卷第 1 期,98 – 102 页
历史上中国民族之观察	中国之新民	《新民丛报》1905 年 3 月第 65 号
苗族名称的递变	凌纯声	《民国年间苗族论文集》,贵州省民族研究所,1983 年 12 月内部印刷,1 – 14 页
生苗的人祖神话	陈国钧	《民国年间苗族论文集》,贵州省民族研究所,1983 年 12 月内部印刷,156 – 164 页
古代苗民刑法之研究:五刑制度及流刑制度	董光孚	《政治评论》1934 年第 105 期,33 – 38 页

民国时期风俗与生活类

题名	作者	出处
苗人的婚俗	黄石	《妇女杂志》1930 年第 16 卷第 11 期,37 – 44 页
苗人婚礼	罗敏士	《学生杂志》1947 年第 24 卷第 3/4 期,96 – 99 页
跳月:苗人之婚礼:及时跳舞以求配偶	佚名	《大观园》1939 年第 1 卷第 10 期,297 页
苗民的婚恋生活	王鹏皋	《宇宙风》1936 年 23 期,563 – 565 页
苗胞生活	陈裕惠	《妇女新运》1942 年第 4 卷第 8 期,46 – 73 页
永绥苗民风俗	颜镇国	《时论》1948 年第 2 卷第 3 期,13 页
湖南苗民风俗志	佚名	《社会杂志》1932 年第 4 卷第 1 期,21 页
苗民的房屋	曾奕	《图画周刊》1933 年第 9 卷第 24 期,4 页
苗民的家庭	曾奕	《图画周刊》1933 年第 9 卷第 10 期,4 页
苗民的服饰	曾奕	《图画周刊》1933 年第 9 卷第 17 期,4 页
苗民的结婚	曾奕	《图画周刊》1933 年第 8 卷第 20 期,4 页
苗民的风俗	寿	《江苏广播周刊》1936 年第 6 期,78 页
苗民的风俗(续)	寿	《江苏广播周刊》1936 年第 8 期,104 页
苗民的恋爱	向林	《妇女杂志(北京)》1944 年第 5 卷第 9 期,23 页
苗民之生活谈	植翁	《大夏大学预科同学会会刊》1930 年 3 月,91 – 93 页
民俗:苗民之风俗	伯经	《民智月报》1932 年第 7 期,13 – 14 页
苗民的恋爱生活	武林丁	《妇女杂志(北京)》1941 年第 2 卷第 1 期,80 页
苗民的迷信风俗	王鹏皋	《谈风》1937 年第 11 期,496 – 500 页

续表

题名	作者	出处
湖南永绥的苗民	师康	《公教白话报》1940 年第 23 卷第 15 期,230 页
湘西苗民之结婚与离婚	佚名	《边声月刊》1938 年第 1 卷第 2 期,77 页
湘西苗民之丧礼与祭礼	佚名	《边声月刊》1938 年第 1 卷第 1 期,7 页
国内杂碎:孕然后娶之苗民	石公	《时时周报》1931 年第 2 卷第 14 期,216 页
记述:苗民蒙民生活的比较	谦	《兴华》1924 年第 21 卷第 3 期,9 - 12 页
记述:苗民蒙民生活的比较(续)	谦	《兴华》1924 年第 21 卷第 4 期,12 - 15 页
夷苗民众的生活	高玉柱、蔡有常	《中兴》1937 年第 2 卷第 1 期,55 - 58 页
苗人婚嫁	高培泽	《妇女杂志(北京)》1941 年第 2 卷第 4/5 期,68 - 69 页
苗人的跳月	黄石	《开展》1931 年第 10/11 期,1 - 23 页
苗人的蛊毒	柳固	《文化月刊》1935 年第 12 期,103 - 106 页
湘西:苗人的生活	定	《新东方杂志》1940 年第 1 卷第 5 期,91 - 93 页
苗人的生活	王文萱	《新政治》1939 年第 2 卷第 5 期,88 - 95 页
苗人的朝王舞	佚名	《第一军月刊》1933 年第 5 卷第 4 期,104 页
苗人妙事(附照片)	承慈	《芝兰画报》1946 年第 3 期,7 页
湘西苗族的青年生活(附照片)	佚名	《现代青年(北平)》1936 年第 3 卷第 2 期,24 - 25 页
各地风光:苗人生活	子平	《人事周报》1936 年第 1 卷第 3 期,11 页
奇风异俗:湘西苗人生活(一)	安国柱	《礼拜六》1934 年第 570 期,397 - 398 页
奇风异俗:湘西苗人生活(二)	安国柱	《礼拜六》1934 年第 571 期,420 页
"苗人的生活"的补充	实果	《人力周刊》1937 年第 13 期,9 页
苗人的婚丧礼俗	王文萱	《时代精神》1939 年第 1 卷第 2 期,107 - 112 页
苗人的婚丧礼俗小志	旅人	《大观园》1940 年第 2 卷第 1 期,5 页
苗人的家族与婚姻习俗琐记	胡鉴民	《国立四川大学校刊》1946 年第 18 卷第 3 期,1 - 5 页
风土谈:苗人之三种恋爱方式:住猪圈、比腰带、强委禽	佚名	《四方》1934 年创刊号,11 - 12 页
苗族的婚姻	罗荣宗	《国师季刊》1941 年第 9 期,33 - 38 页
谈苗族的歌舞	光	《社会研究》1941 年第 28 期,1 页
苗族生活及风习	许仕仁	《新贵师》1948 年第 3 卷,15 - 17 页
苗族生活视察记	映吾	《真实半月刊》1936 年第 1 卷第 2 期,1 - 10 页
记湘西的苗族	欧阳械	《申报月刊》1943 年复刊号,102 - 105 页
苗族放蛊的故事	李希今	《社会研究》1941 年第 23 期,1 页
关于苗族民歌	方殷	《边事研究》1942 年第 13 卷第 1/2 期,43 - 45 页

续表

题名	作者	出处
内地风光:苗族的婚姻	林建七	《实报半月刊》1935 年第 4 期,78 - 79 页
苗族的土俗一束	何建民	《国立中山大学语言历史学研究所周刊》1928 年第 3 卷第 35/36 期,39 - 43 页
新亚乐园:苗族的婚姻制度	卓然	《新亚》1944 年第 10 卷第 2 期,6 - 7 页
狗年谈狗:"狗"与苗族的关系	狗友	《学生(北平)》1946 年第 1 卷第 2 期,5 - 6 页
内地风光:苗族风俗考略	谭廷献	《实报半月刊》1936 年第 6 期,78 - 79 页
瑶民婚姻素描	小莺	《南星月刊》1941 年第 3 卷第 10 期,68 - 69 页
风土人情:瑶民生活	鉴因	《礼拜六》1933 年第 516 期,332 - 333 页
长沙通信:苗瑶的生活线	寄梅	《春秋》1934 年第 77 期,7 - 9 页
瑶民的奇俗夺妻决斗	冰河	《星华》1936 年第 1 卷第 26 期,17 页
各地婚丧礼俗特辑:瑶人的奇异婚俗	陶人	《新运导报》1937 年第 1 期,90 - 91 页
湖南阳明区之瑶民生活:附照片	萧国英	《申报每周增刊》1936 年第 1 卷第 15 期,358 - 359 页
有趣的瑶歌和风俗(社会)(附照片)	魏志澄	《儿童世界(上海 1922)》1939 年第 42 卷第 5 期,25 - 29 页
自由论谈:湘苗风俗琐谭	佚名	《广播无线电》1941 年第 12 期,14 - 17 页
苗瑶风俗谈	汪德昭	《礼拜六》第 158 期,12 - 13 页
生苗的食俗	陈赤子	《社会研究》1941 年第 38 期,1 页
红苗见闻录	卫聚贤	《说文月刊》1940 年第 1 卷,629 - 631 页
僮族的歌谣概况	韦全孝	《公余生活》1940 年第 3 卷第 8—9 期,82 页
上编政事门:纪闻:中国部:湖南:永顺苗民烧人之恶俗	佚名	《广益丛报》1909 年第 198 期,5 页
徭俗轶闻录	钟才濂	〔民国〕雷飞鹏纂〔民国〕《蓝山县图志》三十五卷,民国二十二年刻本,卷十四瑶俗
西山徭见闻杂记	蒲铣	〔民国〕雷飞鹏纂〔民国〕《蓝山县图志》三十五卷,民国二十二年刻本,卷十四瑶俗
苗族之娱乐	罗荣宗	《国师季刊》1942 年第 14 期,43 - 52 页
摇马郎	梁瓯第	《文讯》1944 年第 5 卷,第 1 期,32 - 39 页
苗族吃牯脏的风俗	陈国钧	《民国年间苗族论文集》,贵州省民族研究所,1983 年 12 月内部印刷,298 - 300 页

续表

题名	作者	出处
苗族的放蛊	陈国钧	《民国年间苗族论文集》,贵州省民族研究所,1983 年 12 月内部印刷,365 – 366 页
苗族放蛊的故事	李植人	《民国年间苗族论文集》,贵州省民族研究所,1983 年 12 月内部印刷,367 – 368 页
谈放蛊	胡耐安	《新中华》1943 年第 1 卷第 8 期,82 – 87 页
蛊的存在及其族属的商榷	李德芳	《边铎月刊》1948 年第 2 卷第 1 期,24 – 38 页
苗寨中的乡规	陈国钧	《民国年间苗族论文集》,贵州省民族研究所,1983 年 12 月内部印刷,329 – 330 页
苗族之丧葬	罗荣宗	《民国年间苗族论文集》,贵州省民族研究所,1983 年 12 月内部印刷,331 – 336 页
生苗的丧俗	陈国钧	《民国年间苗族论文集》,贵州省民族研究所,1983 年 12 月内部印刷,337 – 340 页

民国时期女性类

题名	作者	出处
苗徭妇女的生活	木铎	《中国妇女》1940 年第 1 卷第 4 期,19 – 21 页
苗徭妇女的生活(续)	木铎	《中国妇女》1940 年第 1 卷第 5 期,14 – 16 页
苗夷妇女的生产劳动与社会地位	璩诗方	《妇女生活(上海 1935)》1939 年第 7 卷第 2 期,13 – 14 页
苗族妇女生活碎片	张镜影	《中国女青年》1944 年第 4 卷第 1/2 期,17 页
徭民妇女的社会地位	唐兆民	《建设研究》1941 年第 4 卷第 6 期,62 – 65 页
苗瑶妇女的概况	梁敦诗	《妇女杂志(上海)》1928 年第 14 卷第 10 期,4 – 6 页
大花苗妇女的经济地位与婚姻	杨汉先	《华文月刊》1943 年第 2 卷第 2/3 期,44 – 46 页
苗族妇女的特质	陈国钧	《民国年间苗族论文集》,贵州省民族研究所,1983 年 12 月内部印刷,363 – 364 页

民国时期时政类

题名	作者	出处
最近湖南的苗民开化运动	盛襄子	《新亚细亚》1937 年第 13 卷第 1 期,51 – 66 页

续表

题名	作者	出处
边疆研究:夷苗概况及夷苗代表来京请愿运动(附表)(未完)	贺伯烈	《边事研究》1937 年第 5 卷第 2 期,24 - 32 页
边疆研究:夷苗概况及夷苗代表来京请愿运动(续)	贺伯烈	《边事研究》1937 年第 5 卷第 5 期,15 - 26 页
行宪与边民	芮逸夫	《边政公论》1947 年第 6 卷第 3 期,1 - 7 页
行宪与边疆地方自治	芮逸夫	《边政公论》1948 年第 7 卷第 1 期,1 - 3 页
边疆建设与民族平等的边疆地方自治	芮逸夫	《中国边疆建设集刊》1948 年创刊号,3 页
劝告五溪同胞书	陈心传	(明)沈瓒编撰,(清)李涌重编,陈心传补编,伍新福校《五溪蛮图志》,岳麓书社,2012 年 3 月出版,210 - 213 页
瑶民造反	凌纯声	《时代公论(南京)》1933 年第 56 期,24 - 25 页
从苗瑶社会的现状说到举办苗瑶教育	叔先	《教育旬刊》1935 年第 1 卷第 14 期,13 - 28 页

民国时期精神信仰类

题名	作者	出处
湘西苗民的信仰	杨力行	《西南边疆》1940 年第 11 期,35 - 42 页
苗族之祖先崇拜	罗荣宗	《国师季刊》1941 年第 10 期,59 - 66 页
盘瓠传说与傜畲的图腾崇拜(未完)	岑家梧	《责善半月刊》1941 年第 2 卷第 7 期,2 - 8 页
盘瓠传说与傜畲的图腾崇拜(续)	岑家梧	《责善半月刊》1941 年第 2 卷第 8 期,9 - 15 页
盘瓠神话与图腾崇拜:中国图腾主义之一章	陈志良	《说文月刊》1940 年第 2 卷第 4 期,57 - 72 页

民国时期医药卫生类

题名	作者	出处
湘西苗民卫生习惯调查	陈瘦农	《西南医学杂志》1941 年第 1 卷第 1 期,50 页

民国时期语言类

题名	作者	出处
苗族之语言	罗荣宗	《边疆研究》1940 年第 1 期,94 - 95 页
苗族的语言(附图)	罗荣宗	《国师季刊》1940 年第 7/8 期,56 - 60 页
论述:苗族之语言	罗荣宗	《边疆服务》1946 年第 12 期,5 - 9 页

民国时期综论类

题名	作者	出处
湖南之苗瑶	盛襄子	《新亚细亚》1934 年第 8 卷第 4 期,57 - 67 页
湖南苗瑶问题考述	盛襄子	《新亚细亚》1935 年第 10 卷第 5 期,11 - 23 页
湘西苗民的过去和风俗	立波	《中国文化》1940 年第 1 卷第 5 期,12 - 17 页
湘省乾凤古绥区苗民概况(上)	余范传	《边疆》1936 年第 1 卷第 2 期,7 - 10 页
湘省乾凤古绥区苗民概况(下)	余范传	《边疆》1936 年第 1 卷第 3 期,25 - 28 页
苗族状况的概略(未完)	刘骧	《京报副刊》1924 年第 14 期,3 页
苗族状况的概略:二、苗民种类的名称	刘骧	《京报副刊》1924 年第 15 期,4 - 6 页
苗族状况概略(续)	刘骧	《京报副刊》1924 年第 16 期,5 - 6 页
苗族状况的概略:(续):C、纯汉化苗族的风俗	刘骧	《京报副刊》1924 年第 17 期,3 - 4 页
苗族状况的概略:七、苗族有经济发展的可能性	春台	《京报副刊》1924 年第 18 期,3 - 4 页
苗族状况的概略:(续本月二十二日)	刘骧	《京报副刊》1924 年第 23 期,3 - 4 页
苗人概况	文	《自修》1941 年第 160 期,15 - 17 页
论述:湘西的苗人	孙家俭	《边疆服务》1947 年第 13 期,3 - 7 页
苗人的真实现状	唐夷	《宇宙风》1937 年第 41 期,229 - 231 页
西南民族中苗徭考略	刘熙	《蒙藏月报》1937 年第 6 卷第 6 期,1 - 8 页
苗族概况	佚名	《科学世界(南京)》1933 年第 2 卷第 8 期,570 页
苗族考略	殷顺泌	《史学杂志(成都)》1929 年第 1 期,133 - 141 页
湘西的苗族	王云路	《新民族》1939 年第 3 卷第 20 期,11 - 15 页

续表

题名	作者	出处
苗族述略(附表)	愈兄	《新亚细亚》1937 年第 13 卷第 3 期,43 – 57 页
漫谈湘黔苗族	张镜影	《边政旬刊》1940 年第 31 期,496 – 498 页
湘边苗瑶杂记(一)	寿茹	《新人周刊》1935 年第 1 卷第 37 期,755 页
湘边苗瑶杂记(二)	寿茹	《新人周刊》1935 年第 1 卷第 38 期,775 页
湘边苗瑶杂记(三)	寿茹	《新人周刊》1935 年第 1 卷第 39 期,795 页
湘边苗瑶杂记(续完)	寿茹	《新人周刊》1935 年第 1 卷第 40 期,815 页
湘边苗瑶杂记:旧游忆述:(一)憧憬	秋风	《说话》1946 年第 1 卷第 1 期,9 页
湘边苗瑶杂记:旧游忆述:(二)苗	秋风	《说话》1946 年第 1 卷第 2 期,14 页
湘边苗瑶杂记:旧游忆述:(二)苗	秋风	《说话》1946 年第 1 卷第 3 期,8 – 9 页
湘边苗瑶杂记:旧游忆述:(三)瑶	秋风	《说话》1946 年第 1 卷第 6 期,10 – 11 页
内外时报:苗族考略	佚名	《东方杂志》1917 年第 14 卷第 11 期,177 – 180 页
湘西苗族考(录余专员出巡日记)	余专员	《警察月刊(长沙)》1936 年第 14 期,18 – 20 页
湘南的瑶族	孙麦秋	《晨报副刊》1924 年 7 月 8 日,1 – 2 页
湘南的瑶族:三、语言与风俗	孙麦秋	《晨报副刊》1924 年 7 月 9 日,2 页
湘南的瑶族(续)	孙麦秋	《晨报副刊》1924 年 7 月 10 日,2 页
湘南的瑶族(续)	孙麦秋	《晨报副刊》1924 年 7 月 12 日,1 – 2 页
湘南的瑶族(续)	孙麦秋	《晨报副刊》1924 年 7 月 13 日,2 页
说瑶:一、瑶有主客之分,二、瑶非犬种辨	翁春雪	《逸经》1937 年第 36 期,48 – 50 页
瑶獞丛谭	朱少崇	《民航空运队半月刊》1949 年第 2 卷第 11 期,11 页
湖南乾城汉苗风土调查记	侯厚宗	《社会杂志(上海 1931)》1931 年第 1 卷第 3 期,1 – 10 页
边情纪述:苗民的分布现状及其类别(附表)	王文萱	《边声月刊》1938 年第 1 卷第 3 期,22 – 36 页
苗族的地理分布	凌纯声	《民族学研究集刊》1946 年第 5 期,40 – 44 页
苗蛮黎	丘玉麟	《四中周刊》1928 年第 7 期,14 – 20 页
苗蛮黎(二续)	丘玉麟	《四中周刊》1928 年第 8 期,17 – 26 页

续表

题名	作者	出处
苗蛮黎(续完)	丘玉麟	《四中周刊》1928 年第 10 期,20 – 31 页
湘黔边区苗人情况拾零	王靖寰	《边疆服务》1943 年第 9 期,28 – 35 页
湘西苗疆之设治及其现状	盛襄子	《民国年间苗族论文集》,贵州省民族研究所,1983 年 12 月内部印刷,47 – 71 页

附录二　新中国成立以来湖南少数民族专著目录

历史、地理类

题名	主要责任者	出版者	出版年
湖南少数民族	湖南省民族研究所编		1985
湖南省志·民族志	湖南省地方志编纂委员会编	湖南人民出版社	1997
湖南地方志少数民族史料	湖南省少数民族古籍办公室主编	岳麓书社	1991
巾帼风流——湖南少数民族群芳谱	湖南省民族事务委员会编	湖南科学技术出版社	1995
湖南少数民族	曹学群编著	湖南教育出版社	1998
湖南少数民族史	游俊,李汉林著	民族出版社	2001
湖南民族关系史	伍新福著	民族出版社	2006
湖南少数民族	曹承明主编;湖南省民族事务委员会编	湖南人民出版社	2009
湖南民族关系史	伍新福著	湖南人民出版社	2010
湖南少数民族服饰	何湘频,阳盛海著	湖南美术出版社	2010
湖南民族探秘	吴万源著	人民出版社	2011
湖南省志·民族志(1978—2002)	湖南省地方志编纂委员会编	线装书局	2013
湖南少数民族风情	徐克勤主编	岳麓书社	2014
中国西南民族研究学会建会30周年精选学术文库·湖南卷	罗康隆,瞿州莲主编	民族出版社	2014
湖南少数民族	《湖南少数民族》编写组编辑		
湖南世居少数民族风俗习惯简介	湖南省民族事务委员会政法处编		

续表

题名	主要责任者	出版者	出版年
湖南少数民族家庭婚姻	湖南省少数民族经济研究会,湖南省民族研究所编		
土家族简史简志合编	中国科学院民族研究所,湖南少数民族社会历史调查组编		1963
土家族简史	《土家族简史》编写组编	湖南人民出版社	1986
土家族土司史录	湖南省少数民族古籍办公室主编	岳麓书社	1991
湖南土家族社会历史调查资料精选	彭继宽选编	岳麓书社	2002
神奇的土家族	湖南省永顺县民族事务委员会编		2003
土家族婚俗与婚礼歌	陈廷亮,彭南均著	民族出版社	2005
土家族简史	《土家族简史》编写组编	民族出版社	2009
土家族研究资料汇编	吉首大学图书馆信息部编		[2008]
土家女儿田心桃	谭徽在,胡祥华主编	民族出版社	2009
土家族渔猎	罗士松著	中央民族大学出版社	2009
湖南土家族风情	梁先学,庹年玖著	岳麓书社	2010
中国土家族婚俗考	彭剑秋著	岳麓书社	2015
田心桃和土家族	罗士松主编	岳麓书社	2015
湖南苗族历史资料汇编	湖南省民族事务委员会民族研究所编		1981
乾嘉苗民起义史稿	吴荣臻著	贵州人民出版社	1985
五溪苗族古今生活集	陈心传编		1985
近代武陵苗族斗争史	龙伯亚著	贵州民族出版社	1994
湖南苗疆史料	杨铭华编	中国文史出版社	2006
清代中衰之战——乾嘉苗民起义研究	盛天宁著	湖南人民出版社	2007
楚南苗志	伍新福校点	岳麓书社	2008

续表

题名	主要责任者	出版者	出版年
苗族研究资料汇编	吉首大学图书馆信息部编		［2009］
《苗防备览·风俗考》研究	杨庭硕主编	贵州人民出版社	2010
湖南苗族风情	李显福编	岳麓书社	2012
湖南侗族百年	王建荣主编	岳麓书社	1998
湖南侗族风情	吴祥雄主编	岳麓书社	2003
湖南侗族史料:节俗	李根富,史文志编著	线装书局	2007
侗族研究资料汇编	吉首大学图书馆信息部编		［2010］
此景只应天上有——原味侗乡	刘芝凤著	上海锦绣文章出版社	2012
湖南侗族村寨调查简报	孙华,王红光编	巴蜀书社	2017
湖南瑶族社会历史调查	广西壮族自治区编辑组编	广西民族出版社	1986
湖南瑶族百年	田伏隆主编	岳麓书社	2000
湖南瑶族源流	李本高编撰	岳麓书社	2001
湖南瑶族风情	郑德宏,任涛,郑艳琼主编	岳麓书社	2009
湖南瑶族社会历史调查	《中国少数民族社会历史调查资料丛刊》修订编辑委员会编	民族出版社	2009
湖南瑶族奏铛田野调查	李祥红,郑艳琼主编	岳麓书社	2010
湖南瑶族	《湖南瑶族》编写组编	民族出版社	2011
湖南瑶族服饰文化	李彦编	湖南美术出版社	2013
湖南瑶族抖筛田野调查	李祥红,郑艳琼主编	岳麓书社	2014
湖南白族风情	谷中山主编;钟以轩等撰稿	岳麓书社	2006
湖南回族	马亮生主编	湖南人民出版社	1988
湖南回族人物录	马亮生主编;湖南省民族事物委员会编	湖南出版社	1993
湖南回族史料辑要	马亮生主编	湖南出版社	1995
湖南回族百年	马亮生主编	岳麓书社	2000
湖南维吾尔族	陈遵望,见闻著	岳麓书社	1994

续表

题名	主要责任者	出版者	出版年
湖南维吾尔族（维吾尔文）	陈遵望,见闻著;阿布来提,居玛洪译	新疆人民出版社	1998
客观文化、主观认同与民族意识——来自湖南维吾尔族的调查与分析	佟春霞著	中央民族大学出版社	2011
湖南维吾尔族的社会变迁与文化调适	黄丽著	世界图书出版公司	2014
湘西苗族调查报告	凌纯声,芮逸夫编	商务印书馆	1950
湘西苗族自治区	张凡等编著	湖南通俗出版社	1953
湘西土家族苗族自治州		民族出版社	1958
湘西土司辑略	谢华编著	中华书局	1959
湘西土家族苗族自治州地图	湘西土家族苗族自治州革委会,省测绘局编制		1977
湘西土家族苗族自治州土家族历史讨论会论文集	湘西土家族苗族自治州民族事务委员会编		1983
湘西土家族苗族自治州苗族历史讨论会论文集	湘西土家族苗族自治州民族事务委员会编		1983
湘西土家族苗族自治州概况	《湘西土家族苗族自治州概况》编写组编	湖南人民出版社	1985
湘西苗族革屯史录	贵州省民族研究所编		1985
湘西苗族实地调查报告	石启贵著	湖南人民出版社	1986、2002、2008
湘西苗民革屯抗日辑略	雷安平主编	中南工业大学出版社	1987
湘西民族画册:1957—1987	湘西土家苗族自治州民族事务委员会编	中央民族学院出版社	1987
湘西剿匪	王中杰主编	湖南人民出版社	1989
湘西溪州铜柱与土家族历史源流	彭武一著	中央民族学院出版社	1989
湘西名优特产集锦	向碧波主编	湖南科学技术出版社	1991
解放湘西	中共湖南省湘西土家族苗族自治州委党史办编;田茂德,李道文主编	中国文史出版社	1992

续表

题名	主要责任者	出版者	出版年
湘西民俗文化	刘黎光主编	中央民族学院出版社	1993
湘西土家族苗族自治州大事记(1949—1985)	蒉定华,周芳柏主编;湘西土家族苗族自治州档案馆编	贵州民族出版社	1993
湖南省湘西自治州工商旅游交通图	对外经贸时报社编绘	测绘出版社	1994
明清时期湘西苗族史论集	石邦彦著	中央民族大学出版社	1994
湘西探秘	谢心宁著	贵州民族出版社	1994
湘西城镇与土建筑	魏挹澧等编	天津大学出版社	1995
湘西苗族婚俗	湖南省少数民族古籍办公室主编;田仁利编著	岳麓书社	1996
中国湘西(中英文对照)	向大万主编	五洲传播出版社	1996
百年湘西百位人杰	张建永主编		1997
回归自然与追寻历史——沈从文与湘西	向成国著	湖南师范大学出版社	1997
走向辉煌的湘西	田景安,苏璇主编	湖南人民出版社	1997
湘西秀士——名人笔下的沈从文 沈从文笔下的名人	凌宇编	东方出版中心	1998
湘西之子·沈从文	徐荣街著	山东画报出版社	1998
民族志	湘西土家族苗族自治州民族事务委员会《民族志》编纂小组编	湖南人民出版社	1999
传说的湘西	刘黎光编著		1999
湘西简史	廖报白编著	湖南人民出版社	1999
湘西苗民革屯史考	刘善述著	中国文联出版社	1999
湘西民族风情	张应和等编	岳麓书社	1999
湘西土家族苗族自治州交通地图册		湖南地图出版社	1999
婚俗中的人伦:湘西各族婚俗的透视	姚金泉著	贵州民族出版社	2000
湘西地名文化	石水生著	香港天马出版社	2001
湘西统领陈渠珍	鲁岚著	中国文联出版社	2001
一个家族的时空域:对瞿氏宗族的个例分析	瞿州莲著	贵州民族出版社	2002
跨越半个世纪的湘西自治州:1949—2000	陈功信主编		2002
神秘湘西旅游指南	游晓等编著	湖南地图出版社	2002
湘西游记	叶蔚林著	云南人民出版社	2002

续表

题名	主要责任者	出版者	出版年
湘西州	武吉海主编	民族出版社	2002
发现湘西古夜郎	刘芝凤著	南方日报出版社	2003
湘西第一	杜崇烟主编	学苑出版社	2003
湘西苗族调查报告	凌纯声,芮逸夫著	民族出版社	2003
中国西部开发信息百科·湖南湘西卷	湖南省湘西自治州发展计划委员会编	湖南科学技术出版社	2003
走进沈从文的家乡:品读湘西	龙迎春著	广东旅游出版社	2003、2005
人杰地灵醉湘西	全华山编著	中国文联出版社	2004
湘西百名百岁寿星传奇	王伏虎,彭司礼主编	湖南教育出版社	2004
湘西风景之旅	何重义著	新世界出版社	2004
湘西风情	向大万编著	青海人民出版社	2004
湘西画卷	柴焕波著	岳麓书社	2004
湘西奇女莫淑珍	叶辛著	上海人民出版社	2004
湘西人家	吴友云,孙建华著	中国摄影出版社	2004
湘西双龙:苗族文化生态游	皮少怀等主编	贵州民族出版社	2004
武陵山区考古纪行	柴焕波著	岳麓书社	2004
大湘西旅游交通地图册	湖南地图出版社编	湖南地图出版社	2005
可爱的湘西——土家族苗族民族特点	梁远邦主编;田仁利总纂	湖南人民出版社	2005
湘西旅游	刘路平主编	湖南人民出版社	2005
湘西名产	刘路平主编	湖南人民出版社	2005
湘西名人	刘路平主编	湖南人民出版社	2005
湘西生态与旅游研究	曾庆祥,解宗印主编	青海人民出版社	2005
中国湘西	刘路平主编	湖南人民出版社	2005
中国湘西古镇洗车河	唐荣沛主编	贵州民族出版社	2005
凝固的文明	周明阜等编著	青海人民出版社	2006
诗性的湘西:湘西审美文化阐释	陈素娥著	民族出版社	2006
湘西赶尸	陆群著	民族出版社	2006
湘西古城——县溪	杨少波主编	长征出版社	2006
湘西落洞	陆群著	民族出版社	2006
湘西民俗映像	向民航著	东方出版中心	2006

续表

题名	主要责任者	出版者	出版年
中国湘西·风光卷	湖南湘西自治州文学艺术界联合会编	湖南美术出版社	2006
中国湘西·风貌卷	湖南湘西自治州文学艺术界联合会编	湖南美术出版社	2006
湘西土家族苗族自治州概况	《湘西土家族苗族自治州概况》编写组编	民族出版社	2007
乱世湘西风云录	政协湘西土家族苗族自治州委员会文史学习委员会编	湖南人民出版社	2007
神秘湘西	老江编著	中国电力出版社	2007
湘西苗疆志	龙庆和撰	天马出版有限公司	2007
行走湘西	龙颂江主编	湖南文艺出版社	2008
湘西北少数民族文化与旅游发展研究	田金霞,余勇,姜红莹著	对外经济贸易大学出版社	2008
湘西经典旅游	王承荣主编	青海人民出版社	2008
湘西历史与文化	熊晓辉,向东著	民族出版社	2008
湘西旅游圣经	王晓雨著	山东友谊出版社	2008
湘西人事	蒙生著	文化艺术出版社	2008
湘西事变	宋涛著	内蒙古人民出版社	2008
走玩大湘西	李康学著	民族出版社	2008
醉行湘西	龙颂江主编	湖南文艺出版社	2008
湘西苗族百年实录	石建华,伍贤佑主编	方志出版社	2009
喊礼:湘西神秘婚丧礼俗考察记	贾绍兴著	学苑出版社	2009
民国时期湘西苗族调查实录	石启贵著	民族出版社	2009
神秘湘西	秦国文主编	五洲传播出版社	2009
湘西当代民族文化传人录	田仁利编	中央民族大学出版社	2009
湘西土家族历史文化资料	阳盛海编	湖南人民出版社	2009
湘西土家族苗族自治州工人运动简史	孙剑霖主编	湖南人民出版社	2009
湘西英杰唐力臣	石建华,伍贤佑主编	贵州民族出版社	2009
大湘西百年风云	周明阜著	方志出版社	2010
民国湘西苗乡纪实	隆名骥著	北京燕山出版社	2010

续表

题名	主要责任者	出版者	出版年
文化人类学的湘西文本——土家族苗族历史文化研究	杨选民,杨昌鑫著	湖南人民出版社	2010
湘西"土皇帝"陈渠珍传	杨学东著	湖南人民出版社	2010
湘西叙事	聂元松著	湖南人民出版社	2010
沈从文:湘西之蛊	陶方宣著	中国民主法制出版社	2011
大湘西热土的活雷锋	龙德忠主编	中国戏剧出版社	2011
魅力湘西	汪发国编著	星球地图出版社	2011
侠骨儒心——湘西人杰陈渠珍	田俐,田冰,田汀编著	湖南文艺出版社	2011
湘西大会战 1945	龚晓虹著	贵州人民出版社	2011
湘西读本	陈潇主编	湖南人民出版社	2011
湘西风云五十年	向昌德著	社会科学文献出版社	2011
湘西祭祖习俗	张子伟著	湖南师范大学出版社	2011、2015
湘西民族文化简读	湘西土家族苗族自治州国土资源局编		[2011]
五溪蛮图志	伍新福校点	岳麓书社	2012
抗战时期湘西现代化进程研究	刘鹤著	光明日报出版社	2012
湘西风土志	周明阜,胡晨,胡炳章著	中央民族大学出版社	2012
湘西护法军总司令——张学济	梁建昆编著	中国文史出版社	2012
湘西剿匪	刘春,向宏庆编著	中国档案出版社	2012
湘西苗疆珍稀民族史料集成	谭必友,贾仲益主编	学苑出版社	2013
湘西民俗大观	李苑,梁源辉编著	湖南地图出版社	2013
湘西圣俗世界研究	杨求发著	中国文史出版社	2013
湘西史前遗存与中国古史传说	贺刚著	岳麓书社	2013
湘西最后的古村落	阳明明著	花城出版社	2013
大湘西生态文化旅游圈旅游发展规划:2011—2020	湖南省旅游局,北京博雅方略旅游景观规划设计院编著	中国旅游出版社	2014
老司城与湘西土司文化研究	雷家森著	岳麓书社	2014
湘西	《湘西》编委会编	湖南美术出版社	2014
湘西,依然是边城	李瑾著	中国铁道出版社	2014

续表

题名	主要责任者	出版者	出版年
湘西事变	宋涛著	湖南人民出版社	2014
湘西土著学者论文集	龙文玉编	黄河出版社	2014
明史明实录湘西自治州史料钩沉	游俊,吕华明编撰	湖南人民出版社	2015
神秘湘西	周云主编	湖南人民出版社	2015
探访·湘西传统村落	武吉海著	湖南美术出版社	2015
湘西苗族地区堂根文化研究	麻美垠著	湖南人民出版社	2015
湘西苗族银饰审美文化研究	田爱华著	华南理工大学出版社	2015
湘西民族文化外译理论与实践研究	刘汝荣著	复旦大学出版社	2015
湘西土家族苗族自治州金石通纂	田仁利主编	湖南人民出版社	2015
湘西州土家族辞典	彭司礼主编	湖南人民出版社	2015
旗飘雪峰山:湘西会战影像全纪录	李海青著	长城出版社	2015
走玩湘西	范诚著	昆仑出版社	2015
地道风物·湘西	范亚昆主编	中信出版社	2016
明实录湘西史料钩沉	吕华明,游俊编撰	湖南人民出版社	2016
明史湘西史料钩沉	游俊,吕华明编撰	湖南人民出版社	2016
湘西传统聚落景观图谱研究	邓运员,刘沛林,郑文武著	光明日报出版社	2016
湘西会战	蒋耘著	航空工业出版社	2016
湘西民族文化	包太洋主编	湖南教育出版社	2016
湘西民族文化常识	包太洋主编	湖南教育出版社	2016
国家在场与文化调适:湘西苗族文化的百年变迁研究	崔榕著	中国社会科学出版社	2017
认同与偏见:湘西土家族苗族族群关系的文化表达	李然著	中国社会科学出版社	2017
湘西苗民革屯史录	刘善述撰;中共湘西自治州党史办公室编		
吉首县地图	吉首县革委会,省测绘局编制		1977
湖南省吉首市地名录	吉首市人民政府编		1982
吉首风景风情集	刘金山编著	中国旅游出版社	1989
湖南省吉首民族师范学校志	吴广平主编	岳麓书社	1993

续表

题名	主要责任者	出版者	出版年
吉首市党史大事年表(1949.10—1992.12)	中国共产党吉首市委党史办编	贵州民族出版社	1994
辉煌吉首:湖南省吉首市成立二十周年纪念	孟宪政主编	香港西迪商务出版公司	2002
凤飞千仞:吉首大学形象与精神阐释	游俊,张建永主编	高等教育出版社	2006
回眸吉首	刘家富主编	湖南人民出版社	2012
印象吉首	时荣芬主编	湖南人民出版社	2012
吉首市民族志	《吉首市民族志》编纂领导小组编	方志出版社	2015
湖南省吉首市地籍调查资料汇编	湖南省吉首市国土管理局编		
崛起的吉首:1949—1999	李雄野主编;中共吉首市委党史征集办公室编		
泸溪县地图	泸溪县革委会编制		1974
湖南省泸溪县地名录	泸溪县人民政府编印		1983
泸溪民俗拾贝	杨昌家,龚仁俊编著	中央民族大学出版社	2009
南部方言区土家族族群性研究:武水流域一个土家族社区的实证研究	陈心林著	民族出版社	2010
泸溪县民族志	泸溪县史志办,泸溪县民族事务局编	方志出版社	2013
泸溪巾帼风采	侯自佳主编;泸溪县文联,泸溪县妇联编		
泸溪民俗文化	陈春芳主编;张永家编著		
心系泸溪	湖南省委驻泸溪社教工作队编		
凤凰县民族志	凤凰县民族志编写组编	中国城市出版社	1997

续表

题名	主要责任者	出版者	出版年
凤凰土家族史话	田广著;政协凤凰县委员会,凤凰县民族事务委员会编		1999
凤凰县民族风情录	陈启贵编著	中央民族大学出版社	2000
湘西凤凰旅游实用图册	马滨滨编著	广东旅游出版社	2003
湖南凤凰	刘凤玖著	中国旅游出版社	2006
感受边城	石维刚,张应和主编	中央民族大学出版社	2009
边城篁军	滕跃进著	岳麓书社	2014
花垣县地图	花垣县革委会编制		1977
湖南省花垣县地名录	花垣县人民政府编		1982
花垣苗族	花垣县民族事务委员会,花垣县政协文史委员会编		1993
花垣回忆录	宋有周主编	天津社会科学院出版社	1996
湖南省花垣县排碧乡黄岩村苗族的椎牛祭	张子伟,张子元著	(台湾)财团法人施合郑民俗文化基金会	2000
花垣情怀	中共花垣县委党史研究室编	青海人民出版社	2004
活力花垣	廖静仁主编		2007
沸腾的花垣	张顺清主编		
故园情:国立八中校友与花垣的往事	中共花垣县委,花垣县人民政府编		
花垣解放	宋有周主编		
花垣民中校志	石宗正,吴显周,卢香泽主编		
中共花垣党史大事记	中共花垣县委党史办编		
保靖县地图	保靖县革委会,省测绘局编制		1977
湖南省保靖县地名录	保靖县人民政府编		1982
保靖妇运史	保靖县妇联主编		1983

续表

题名	主要责任者	出版者	出版年
保靖当代名萃	白廷湘主编		1995
保靖档案史料	向顺利主编;湖南省保靖县档案馆编	中国档案出版社	2006
保靖县档案史料	湖南省保靖县档案馆编	中国档案出版社	2006
诗画保靖	保靖县诗词学会编	湖南人民出版社	2009
保靖往事	彭秀莲编	黄河出版社	2014
保靖县民族志	彭美桃主编	民族出版社	2015
保靖英烈	田兴中编辑;中共保靖县委党史办公室,保靖县人民政府民政局编		
故事集:保靖县农民运动	保靖县农民运动调查和文物征集办公室编		
贺龙路经保靖	保靖县农工农民运动调查和文物征集办公室编		
湖南省保靖县土地详查数据集	保靖县国土局编		
湘西自治州保靖县少数民族广播电视回忆录	湘西自治州保靖县广播电视局编		
古丈县地图	古丈县革委会,省测绘局编制		1977
湖南省古丈县地名录	古丈县人民政府编		1982
古丈老干回忆录	中共古丈县委党史办编		1988
古丈县民族志	王发兴主编		1991
解放古丈史记	彭南岳主编		1994
古丈山水人物文	萧离,颜家文文字;石可君,向午平摄影	香港大道出版社	2005
天生古丈:摄影集	邓东亮摄影、撰文	中国文史出版社	2006
茶乡古丈概览	向帮金主编		
古丈县土家族民俗	古丈县非物质文化遗产保护中心编		

续表

题名	主要责任者	出版者	出版年
中共古丈县历史大事记:1917—2005 年	彭思旷主编;中共古丈县委党史研究室编		
羊峰山上的奇迹:介绍永顺县羊峰乡人民消灭旱灾的英雄事迹	中共湖南省委农村工作部编	湖南人民出版社	1958
湘西土家族苗族自治州永顺县凤栖寨调查报告	中国科学院民族研究所湖南少数民族社会历史调查组编		1964
湖南省永顺县地名录	永顺县人民政府编		1982
溪州栋梁	中国永顺县委组织部编		1991
永顺土家族	彭勃编写		1992
永顺县土家族	湖南省永顺县民族事务委员会编		1992
溪州铜柱及其铭文考辨	彭武文著诠	岳麓书社	1994
溪州名胜拾萃	萧卓夫编著	民族出版社	1997
永顺之最	全修安主编;中共永顺县委员会编		1997
湖南省永顺民族师范学校志(1938—1989)			[1997]
永顺五十年	中共永顺县委办公室,永顺县人民政府办公室,永顺县史志办公室编		1999
溪州土司八百年	湖南省永顺县民族事务委员会主编;彭剑秋编著	民族出版社	2001
土家族:湖南永顺县双凤村调查	马翀炜,陆群主编	云南大学出版社	2004
溪州土司尽风流	彭剑秋著	人民日报出版社	2006
永顺县民族志	永顺县民族事务局组编	四川民族出版社	2009
中国少数民族现状与发展调查研究丛书.永顺县土家族卷	郝时远,任一飞主编	民族出版社	2008
土司城的文化景观——永顺老司城遗址核心区域景观生态学研究	田红,石群勇,罗康隆著	民族出版社	2013

续表

题名	主要责任者	出版者	出版年
土司城的文化透视——永顺老司城遗址核心价值研究	龙先琼著	民族出版社	2013
永顺老司城——八百年溪州土司的踪迹	柴焕波撰文、摄影	岳麓书社	2013
老司城遗址周边遗存调查报告	龙京沙,张小河,吴燕周主编	岳麓书社	2013
金石铭文中的历史记忆——永顺土司金石铭文整理研究(一)	瞿州莲,瞿宏州著	民族出版社	2014
永顺老司城	湖南省文物考古研究所编著	科学出版社	2014
永顺土司金石录	鲁卫东著	岳麓书社	2015
永顺县土家族丧葬习俗	罗士松著	岳麓书社	2015
溪州铜柱论文辑录	罗士松主编	岳麓书社	2015
司城春秋	王禾芒著	长江文艺出版社	2015
奋进中的永顺:献给建国40周年	全修安主编		
湖南省少数民族长沙联谊会永顺籍会员通讯录			
湖南省永顺县第一中学百年庆典纪念			
溪州巨变:记永顺解放六十周年	王祝明主编;中国永顺县委办公室编		
湘西北春雷:永顺解放纪实	全修安主编;胡文江副主编		
永顺诗词书画协会二十年史略	永顺县诗词书画协会编		
湘西土家族苗族自治州龙山县草果社调查报告	中国科学院民族研究所湖南少数民族社会历史调查组编		1964
龙山风云——龙山县解放纪实	苏良才编	国防科技大学出版社	1989
湖南省龙山县内溪乡岩力村土家族的还土王愿	张子伟著	(台湾)财团法人施合郑民俗文化基金会	1998

续表

题名	主要责任者	出版者	出版年
里耶古城	龙山县里耶管理区管委会编	青海人民出版社	2003
古镇里耶	伍贤佑主编;政协湘西土家族苗族自治州委员会文史资料委员会编	岳麓书社	2004
红军战斗在龙山	中共龙山县党史联络组,中共龙山县委党史研究室编	中共党史出版社	2007
龙山春秋	石舒波著	大象出版社	2008
走向辉煌——新中国60年龙山发展纪实	向明星主编	湖南人民出版社	2009
中国土家源:龙山	刘昌儒主编	湖南地图出版社	2012
龙山	刘倡儒主编;中共龙山县委,龙山县委人民政府编		
龙山旅游指南:中国美地　画廊龙山	龙山县旅游局编		
城步苗族自治县地图	城步苗族自治县革委会编制		1977
城步解放之前夜	《城步苗族自治县概况》编写组编		1982
城步苗族自治县概况	《城步苗族自治县概况》编写组编	湖南人民出版社	1984
城步姓氏录	湖南省城步苗族自治县人口普查领导小组办公室编		[1992]
城步苗族自治县民族工作调查资料汇编	城步苗族自治县民族事务委员会编		[1993]
红军长征过城步	肖尊田主编		1994
城步苗族简史初稿	刘志阶编撰		[1999]
城步苗族自治县概况	《城步苗族自治县概况》编写组编	民族出版社	2009
城步苗族聚居地乡土景观研究	曾庆华著		2010

续表

题名	主要责任者	出版者	出版年
城步苗族	于鹏杰著	社会科学文献出版社	2013
邵阳市、城步、绥宁调研材料汇编	湖南省民族工作领导小组办公室编		[2014]
城步解放与剿匪	肖尊田主编		
城步旅游	杨常青,肖尊田编著		
城步英烈	肖尊田主编		
绿色诸葛城:城步城镇之光	城步苗族自治县人民政府办公室城镇组编		
神韵苗乡:纯美城步	城步苗族自治县编		
生态城步·魅力苗乡			
天下城步	中共城步苗族自治县委城步苗族自治县人民政府编;李百祥摄影、撰文		
战斗在麻阳的中共地下组织	中共麻阳县委党史资料征集研究办公室编		1986
麻阳苗族自治县概况	《麻阳苗族自治县概况》编写组编	湖南人民出版社	1990
麻阳姓氏	政协麻阳苗族自治县委员会文史资料研究委员会编		1994
麻阳民族志	谭子美,李宜仁主编	民族出版社	1998
麻阳苗族自治县概况	《麻阳苗族自治县概况》编写组编	民族出版社	2008
麻阳苗族	张干太主编	中国文化出版社	2008
麻阳风情	徐建华主编	作家出版社	2010
揭秘长寿之乡——走进生态麻阳	刘黔阳,冯本,黄军等编著	湖南大学出版社	2011
麻阳	陆晓鹏主编;《麻阳》画册编委会编		[2012]

续表

题名	主要责任者	出版者	出版年
麻阳乡亲录	谭子美,彭少连编;政协麻阳苗族自治县委员会编		
新晃侗族自治县地图	新晃县革委会,省测绘局编制		1977
湖南省新晃侗族自治县地名录	新晃侗族自治县人民政府		1982
新晃侗族自治县概况	《新晃侗族自治县概况》编写组编	湖南人民出版社	1985
新晃侗族自治县民族志	新晃侗族自治县民族事务委员会编	贵州民族出版社	1995
新晃侗族自治五十周年大写意	江月卫编	博雅出版社	2006
湖南新晃侗族自治县县庆史料	张超,陈锡智编著	线装书局	2007
新晃侗族自治县概况	《新晃侗族自治县概况》编写组编	民族出版社	2008
新晃之鹰	姚茂常,姚茂洪主编	大众文艺出版社	2010
湖南新晃红色旅游	姚茂垄编著	作家出版社	2011
大革命时期新晃侗乡英烈追记:1921—1927	《大革命时期新晃侗乡英烈追记》编委会编		
芷江县地图	芷江县革委会,省测绘局编制		1977
湖南省芷江县地名录	芷江县人民政府编		1982
芷江剿匪	中共芷江县委党史资料征集办公室编		1984
芷江侗族自治县概况	《芷江侗族自治县概况》编写组编	湖南人民出版社	1987
一纸降书出芷江	孔介夫主编	湖南出版社	1993
芷江:抗日战争胜利的见证	徐万君主编	湖南文艺出版社	1995
芷江民族志	芷江侗族自治县民族事务委员会编	新华出版社	1997
芷江民族风情	补臣,向国双编	岳麓书社	1997

续表

题名	主要责任者	出版者	出版年
芷江受降	向国双主编	岳麓书社	1997
名城芷江五十年回眸	芷江侗族自治县党史联络组,史志办公室编		1999
芷江当代人物辞典	补臣,向国双主编	天马出版社	2001
抗战胜利受降芷江纪事	张自元主编;张良伞,傅湘云副主编		2002
飞虎队在芷江	唐成云主编	民族出版社	2003
和平芷江	廖静仁总编	湖南教育出版社	2005
芷江	杨全武主编;杨全武,蒙友富撰稿	中央民族大学出版社	2005
芷江侗族	芷江县民宗委编著	民族出版社	2005
中国芷江旅游手册	胡扬帆编	湖南地图出版社	2005
陈纳德将军在芷江	张自元主编		2006
芷江侗族自治县概况	《芷江侗族自治县概况》编写组编	民族出版社	2007
芷江和平文化资源的整合与研究	芷江和平文化研究所编	中国社会科学出版社	2009
游在芷江	芷江侗族自治县人大主编	中国民族摄影艺术出版社	2010
胜利荣光:芷江受降	李松编	北方文艺出版社	2015
红军长征芷江纪事	唐成云编	中国言实出版社	2016
芷江旅游指南	湖南省芷江侗族自治县旅游外事侨务局编		
湖南省通道侗族自治县成立画刊	湖南省人民政府民族事务委员会编		1954
通道侗族自治县地图	通道县革委会,省测绘局编制		1977
湖南省通道侗族自治县地名录	通道侗族自治县人民政府编		1984
通道侗族自治县概况	《通道侗族自治县概况》编写组编	湖南人民出版社	1986

续表

题名	主要责任者	出版者	出版年
通道侗族自治县民族志	通道侗族自治县民族宗教事务局编	民族出版社	2004
古今通道	潘爱华编	长城出版社	2004
做客大观	陆中午,吴炳升主编	民族出版社	2004
饮食大观	陆中午,吴炳升主编	民族出版社	2006
通道县情简明读本	吴文志主编	中国国际文艺出版社	2006
湖南通道侗乡风情史料	杨秀涛,杨旭昉编著	线装书局	2007
通道侗族自治县概况	《通道侗族自治县概况》编写组编	民族出版社	2008
读懂通道	石佳能,米舜撰文	中国戏剧出版社	2011
大美通道	印宇鹰,赵旭东主编	湖南人民出版社	2014
通道文化遗产图典	张建国,杨少勇主编	湖南人民出版社	2015
红色印迹:红军长征过通道	杨晓黎,李才锦主编	湖南人民出版社	2016
侗乡山水画中来:中国湖南通道民族生态游	龙鲁岳主编		
欢乐侗乡:通道侗族自治县旅游指南	通道侗族自治县旅游外事侨务局编		
美丽的通道欢迎您	中共通道侗族自治县委,通道侗族自治县人民政府编		
通道剿匪	姚奉彪主编;中共通道侗族自治县委党史办编		
通道民族广播电视史资料	通道广播电视史编写组编		
靖州英烈	靖州苗族侗族自治县民政局编		1988
靖州苗族侗族自治县概况	《靖州苗族侗族自治县概况》编写组编	湖南出版社	1991
靖州苗族侗族自治县民族志	靖州苗族侗族自治县民族事务委员会编	湖南人民出版社	1997
靖州苗族侗族自治县概况	《靖州苗族侗族自治县概况》编写组编	民族出版社	2009

续表

题名	主要责任者	出版者	出版年
风景正好看靖州	靖州苗族侗族自治县十年大庆办公室编		
靖州党史故事回忆录集锦	靖州苗族侗族自治县党史办公室编		
靖州苗族侗族自治县成立二十周年史料:1987—2007	胡宏林主编;靖州苗族侗族自治县人民政府编		
湖南省江华瑶族自治县地名录	江华瑶族自治县人民政府编		1982
江华瑶族自治县概况	《江华瑶族自治县概况》编写组编	湖南人民出版社	1985
江华八十年记事	江华瑶族自治县党史与地方志征集编纂办公室编	天马图书有限公司	2003
江华瑶族自治县清塘壮族乡成立二十周年庆典活动资料汇编	清塘壮族乡人民政府编印		[2004]
江华瑶族	李祥红主编	民族出版社	2005初版、2010二版
锦绣江华	财富地理杂志社编辑	湖南教育出版社	2005
江华瑶族自治县概况	《江华瑶族自治县概况》编写组编	民族出版社	2008
神州瑶都:江华	张国权,王金梁著	作家出版社	2012
中国共产党江华瑶族自治县历史	江华瑶族自治县党史与地方志征集编纂办公室著	中共党史出版社	2014
大革命时期江华农民运动	中共江华瑶族自治县委党史资料征集办公室编		
江华	《中国·江华》画册编辑委员会编		
新世纪新江华	刘湘军,王孟义编辑		

续表

题名	主要责任者	出版者	出版年
瑶都江华热烈庆祝江华瑶族自治县成立 50 周年	江华瑶族自治县委宣传部编		
中国瑶族第一县:江华	荣曦明,赵荣编		
张家界市民族风情	戴楚洲编著	岳麓书社	1997
张家界民族风情游	覃代伦,李康学主编;罗兆勇等摄影;覃葛等撰文	民族出版社	2004
张家界土家族民俗风情旅游开发研究	杨秀珍著		[2010]
张家界市武陵源区概况	《张家界市武陵源区概况》编写组编	民族出版社	2012
张家界市永定区概况	《张家界市永定区概况》编写组编	民族出版社	2013
张家界土家语地名诠释	尚立昆,尚立晰编著	民族出版社	2016
张家界土家族文化	楚任杰,杨智主编	湖南科学技术出版社	2016
大庸土家族	大庸市民族事务委员会编		1985
桑植县民家人资料(汇集)	省、州、县联合调查组编		1983
桑植白族史	向光清,贺兴科,胡绵蛟主编	光明日报出版社	2005
桑植民俗礼仪大全	向光清,贺兴科,胡绵蛟主编	光明日报出版社	2005
桑植民族史	向光清,贺兴科,胡绵蛟主编	光明日报出版社	2005
桑植土家族史	向光清,贺兴科,胡绵蛟主编	光明日报出版社	2005
桑植土司史	胡绵蛟编		[2006]
散杂居背景下的族群认同:湖南桑植白族研究	张丽剑著	民族出版社	2009
桑植白族风情	谷俊德编	民族出版社	2011
桑植白族博览	谷利民编	民族出版社	2012

续表

题名	主要责任者	出版者	出版年
桑植县概况	本社编	民族出版社	2012
桑植民族人物	胡绵蛟,向光清主编		
桑植少数民族	刘永述主编		
怀化侗族苗族	杨秀涛主编	大众文艺出版社	2006
湖南怀化民俗史料	赵小鹏,杨文基,梁海欧编著	线装书局	2007
古苗疆绥宁	吴荣臻等著	四川民族出版社	1993
绥宁民族志	刘柏生,刘宗平,袁公湘主编	中央民族大学出版社	2008
绥宁县概况	《绥宁县概况》编写组编	民族出版社	2012
江永瑶族史	政协江永县文史委员会编		1991
江永县概况	《江永县概况》编写组编	民族出版社	2013
慈利县土家族史料汇编	吴远干等选编		2002
慈利县概况	《慈利县概况》编写组编	民族出版社	2012
会同县概况	《会同县概况》编写组编	民族出版社	2012
石门县概况	《石门县概况》编写组编	民族出版社	2013
沅陵县概况	《沅陵县概况》编写组编	民族出版社	2013

宗教类

题名	主要责任者	出版者	出版年
盘瓠研究与传说	泸溪县民族事务委员会编		1988
民间思想的村落:苗族巫文化的宗教透视	陆群著	贵州民族出版社	2000

续表

题名	主要责任者	出版者	出版年
苗族祭仪"送猪"神辞	吴晓东搜集、翻译	民族出版社	2007
梯玛	刘能朴著	中央民族大学出版社	2009
湘西傩文化之谜	张子伟主编	湖南师范大学出版社	1991
湘西苗族鬼神崇拜探幽	吕养正著	中国文联出版社	2001
湘西巫蛊	陆群著	民族出版社	2006
神秘的湘西——湘西原始宗教文化研究资料汇编	吉首大学图书馆信息部编		[2006]
湘西苗师通书诠释	张子伟,石寿贵著	湖南师范大学出版社	2012、2015
湘西苗族椎牛祭	张子伟,张子元著	湖南师范大学出版社	2012、2015
湘西土家族还土王愿	张子伟著	湖南师范大学出版社	2012、2015
湘西原始宗教艺术研究	陆群编	民族出版社	2012
湘西原始宗教文化论	郑英杰著	湖南人民出版社	2014
湖南省花垣县团结镇岩坝塘村董马库乡大洞冲村苗族道场科仪本汇编	张子伟编	(台湾)新文丰出版公司	2008
保靖县宗教资料汇编	湖南省保靖县公安局编		[1990]
湖南省永顺县和平乡双凤村土家族的毛古斯仪式	张子伟著	(台湾)财团法人施合郑民俗文化基金会	1996
永顺道教	张德润主编		[2013]
中国内陆最大的妈祖庙——芷江天后宫	湖南芷江妈祖文化联谊会,县老年大学编;张自元主编;黄才健,杨长军副主编		
信仰大观	陆中午,吴炳升主编	民族出版社	2006
乡民们的庆典:湖南桑植县土家族民间宗教"还傩愿"仪式实录	陈正慧等编著	中央民族大学出版社	2009
愿傩回归:当代还傩愿重建研究——以湘西用坪为个案	刘兴禄著	中国社会科学出版社	2014

政治、法律类

题名	主要责任者	出版者	出版年
湖南散居少数民族发展问题研究	石光明主编	湖南人民出版社	2014
向着伟大的领袖和导师斯大林同志指示的方向前进　湖南湘西版	中共湘西苗族自治区地委宣传部编		1953
湘西土家族苗族自治州民族民间文化遗产保护条例	湘西土家族苗族自治州人大法制委员会,湘西土家族苗族自治州文化局编制		2006
清代湘西苗疆多民族社区的近代重构	谭必友著	民族出版社	2007、2009
贫穷的政治学——湘西与广西民族地区的贫困问题	石之瑜著	(台湾)翰芦图书出版有限公司	2008
丈量——和谐湘西的发展之道	何煜著	内蒙古人民出版社	2010
精神的力量——湘西精神文明建设巡礼	陈潇主编	湖南人民出版社	2010
西部乡村民间公众利益表达引导机制研究——以湘西地区为例	石伶亚著	华中师范大学出版社	2012
湘西州科学发展实证研究——中共湘西州委党校60周年校庆论文集	彭民健著	湖南人民出版社	2012
农民、公民权与国家:1949—2009年的湘西农村	张英洪著	中央编译出版社	2013
湘西州、龙山、泸溪调研材料汇编	湖南省民族工作领导小组办公室编		[2014]
辉煌吉首:湖南省吉首市成立二十周年纪念	孟宪政主编	香港西迪商务出版公司	2002
思考与探索:吉首组织工作集锦	中共吉首市委组织部编		
泸溪的社会大变革	中共泸溪县委党史办编		
泸溪县移民工作汇报材料	泸溪县移民开发局编		[2011]
古丈县移民工作绩效考核情况汇报			[2011]
土司王朝	向盛福著	内蒙古人民出版社	2008
土司家族的世代传承——永顺彭氏土司谱系研究	成臻铭著	民族出版社	2014

续表

题名	主要责任者	出版者	出版年
土司研究新论——多重视野下的土司制度与民族文化	游俊主编	民族出版社	2014
土司制度与彭氏土司历史文献资料辑录	罗维庆,罗中编	民族出版社	2014
从溪州铜柱到德政碑——永顺土司历史地位研究	田清旺著	民族出版社	2014
柘溪水库移民在城步	城步苗族自治县人民政府移民办编		1996
芷江侗族自治县成立20周年县庆筹备工作汇报材料	中共芷江侗族自治县委,芷江侗族自治县人民政府编		
芷江土地改革	中共芷江县委党史资料征集办公室编		

军事类

题名	主要责任者	出版者	出版年
湘西的好民兵	湖南省吉首军区政治部编	湖南吉首湘西土家族自治州人民出版社	1960
湘西州军事志	中国人民解放军湖南省吉首军分区编	湖南人民出版社	2002
平苗纪略研究	马国君编著	贵州人民出版社	2008

经济类

题名	主要责任者	出版者	出版年
论湖南少数民族地区的经济优势	彭官章著		1982
湖南少数民族经济研究文集	湖南省民族事务委员会		1986
湖南少数民族地区经济发展概论	田官平,李泽南主编	贵州民族出版社	1996
共建和谐——湖南少数民族地区小康建设研究	汪金敖,曹承明主编	湖南人民出版社	2005
湖南少数民族县域经济发展研究	邓微,易可君主编	国家行政学院出版社	2009

续表

题名	主要责任者	出版者	出版年
湘西苗族自治区商业资料汇编	中南行政委员会民政事务委员会编		1954
湘西屯田调查及巴县实习日记	刘汉源著	成文出版社,(美国)中文资料中心	1977
湘西武陵山区农业资源综合开发利用研究	中国科学院长沙农业现代化研究所,湘西山区农业资源开发利用研究组编	湖南科学技术出版社	1988
湘西自治州第三产业普查资料	湘西自治州第三产业普查办公室编		1994
湘西南山区经济发展实证研究	张虹主编	社会科学文献出版社	1996
湘西自治州发展市场经济对策研究	喜一珍主编	湖南人民出版社	1998
湘西州经济发展思路选择	武吉海著	中国社会出版社	1999
世纪决战:湘西自治州扶贫攻坚纪实	湘西自治州新闻办主编	五洲传播出版社	2000
潜网中的企求:湘西贫困与反贫困的理性透视	游俊,龙先琼著	贵州民族出版社	2001
民族振兴与湘西州发展论析	彭一珍著	贵州民族出版社	2002
湘西民营经济研究	彭对喜,武吉海主编	青海人民出版社	2002
湘西州应对"入世"策略探索	王承荣主编		2002
中华第一旅游长廊——湘西旅游开发资料选编	吉首大学图书馆信息部编		[2005]
湘西三带理论	胡章胜主编	中国文史出版社	2006
湘西学者环境资源研究	张永康著	中国文史出版社	2006
湘西学者区域经济研究	曾梦宇著	中国文史出版社	2006
湘西学者新农村建设理论与实践	龙立明主编	中国文史出版社	2006
湘西学者新农村研究	吴才湖编	中国文史出版社	2006
新农村建设"湘西模式":退人还山	曾震亚主编	民族出版社	2006
现代文明离我们有多远——为湘西的经济与管理把脉	彭学明著	中国言实出版社	2007
区域经济发展研究:对湘西地区的实证分析	游新彩著	中南大学出版社	2008
黄金旅游又一区——大湘西旅游经济协作区高峰论坛文选	叶培明,罗忠义主编	中国旅游出版社	2009

续表

题名	主要责任者	出版者	出版年
抉择——湘西扶贫开发若干问题思考	刘昌刚主编	湖南人民出版社	2009
民族地区保险企业竞争战略研究——以湘西平安人寿保险竞争为例	蒋才芳著	中南大学出版社	2009
湘西州农村改革开放 30 年	吴彦承主编	湖南人民出版社	2009
湘西州域经济与产业发展	鲁明勇著	国防科技大学出版社	2009
湘西山区企业物流成本控制模式研究	敖天平著	西南财经大学出版社	2010
湖南新农村建设发展报告:湘西	吴彦承主编	湖南地图出版社	2011
大湘西之问	石光明编著	湖南人民出版社	2012
民族地区流通产业发展研究——以湘西地区为例	向佐谊著	经济科学出版社	2013
大湘西旅游文化带构建研究	刘艳芳著	知识产权出版社	2013
近代湘西开发史研究——以区域史为视角	龙先琼著	民族出版社	2014
湘西地质旅游资源群旅游发展的空间效应及整合开发模式研究	袁尧清著	湖南人民出版社	2014
产权视野下我国自然文化遗产开发保护研究:以湘西为例	汤自军著	国防科技大学出版社	2015
民族落后地区同步小康之路——湘西农发行支持乡镇发展调研报告	彤新春主编	中国社会科学出版社	2015
民族贫困地区扶贫开发战略创新研究:基于湘西土家族苗族自治州扶贫开发实践的思考	张永亮著	湖南人民出版社	2015
逐梦·湘西扶贫纪事	龙宁英著	湖南文艺出版社	2015
大湘西民族特色主题酒店投资与经营	袁敏编著	湘潭大学出版社	2016
武陵山片区特色农业适度规模经营效率与实现路径研究:以湖南省湘西自治州椪柑生产为例	蒋辉著	中南大学出版社	2016
湖南省吉首市芭蕉村农村社会经济典型调查材料汇编	湘西土家族苗族自治州农村社会经济典型调查组编		[1985]
湘西土家族苗族自治州吉首地区民族工业荟萃	湖南省吉首市税务局编		[1991]
湖南省吉首市民族自治地方改革开放试验区文件汇编	吉首市民族自治地方改革开放试验区领导小组办公室编		[1996]

续表

题名	主要责任者	出版者	出版年
湖南省湘西自治州吉首市寨阳、矮寨土地整理项目规划设计报告	湖南省土地开发整理储备中心,湖南省国土资源规划院编		[2005]
展望吉首	王跃主编	湖南人民出版社	2012
通向最具民生幸福感乡镇之路——湖南省吉首市河溪镇经济社会发展调研报告	李仁贵著	中国社会科学出版社	2015
历史的跨越:吉首市乾州新区开发纪实	政协湖南省吉首市委员会编		
湖南吉首经济开发区土地集约利用评价报告	吉首市国土资源局,湖南吉首经济开发区管委会,湖南万源评估咨询有限公司[编]		
吉首市土地利用现状调查报告	吉首市土地详查办公室编		
泸溪县域经济发展探讨	张安武主编	湖南人民出版社	2006
泸溪县椪柑营销策略研究	李向萍撰写		[2012]
泸溪县国土开发与整治规划报告	湖南省泸溪县人民政府编		
泸溪县武溪工业园环境影响报告书	长沙有色冶金设计研究院编		
湖南省泸溪县土地利用现状调查报告	泸溪县土地详查办公室编		
第三空间的文化意义生产研究——以湘西凤凰的旅游传播为个案	罗新星著	岳麓书社	2013
旅游迷思研究:关于湘西凤凰古城的个案分析	彭丹著	旅游教育出版社	2016
湖南省花垣县国土规划综合报告	花垣县人民政府制		
湖南省花垣县花垣镇土地整理项目设计图册	长沙市汇杰科技开发咨询有限公司编		
花垣投资指南	花垣县人民政府编		

续表

题名	主要责任者	出版者	出版年
八百里绿色行动——在花垣	花垣县"八百里绿色行动"造林绿化指挥部办公室编		
湖南省保靖县立体农业区划报告集	保靖县农业区划委员会编		1983
保靖县国土规划综合报告:1986—2000	湖南省保靖县人民政府编		1986
山区能源开发利用问题——以武陵山区保靖县为例	湖南经济地理研究所编		1986
湖南省保靖县工业集中区发展规划:2011—2020	湖南省保靖县人民政府编		[2012]
保靖腾飞的五十年:1949—1999	向邦宪主编;保靖县统计局编		
沐浴春风换新颜:省政府办公厅驻保靖县清水乡河边村建设扶贫工作剪影			[2014]
保靖招商指南	湖南省保靖县商务局,湖南省保靖县招商局编		
田家洞村调查:土家族	李长友,于印辉,马琴主编	中国经济出版社	2014
茶乡等你来:古丈县投资指南	中共古丈县委员会,古丈县人民政府编		
古丈投资指南	古丈县人民政府编		
武陵山片区区域发展与扶贫攻坚永顺县实施规划 2011—2020	永顺县发展和改革局,永顺县扶贫开发办公室编		[2012]
尘封的曲线——溪州地区社会经济研究	胡炳章著	民族出版社	2014
湖南省永顺县油料大县项目中期评估资料汇编	永顺县人民政府编		
龙山投资指南	龙山县人民政府编		1993

续表

题名	主要责任者	出版者	出版年
湖南·城步项目投资指南	湖南省城步苗族自治县人民政府编		
中国湖南省武陵山区扶贫项目城步苗族自治县综合开发工程可行性研究报告	湖南省国际工程咨询公司编		
麻阳投资指南	中共麻阳苗族自治县委,麻阳苗族自治县人民政府主编		
苗乡启航:麻阳农村综合改革实践探索	黄民品主编		[2010]
长河·中华文化博览园:中国·麻阳	千里长河文化有限公司编		[2011]
新晃黄牛肉地理标志产品保护会议材料	新晃县人民政府编		[2007]
崛起中的南方牛肉业——怀化新晃古夜郎牛肉发展史	徐万君主编	光明日报出版社	2005
眺望与前瞻——芷江社会经济发展的思考	田均权,李绍文编著	人民日报出版社	2006
国际和平城中国·芷江投资指南	芷江侗族自治县人民政府编		
芷江侗族自治县武陵山片区区域发展与扶贫攻坚实施规划:2011—2020年	芷江侗族自治县发展和改革局,芷江侗族自治县扶贫开发办公室编		
旅游业驱动民族地区经济社会发展研究——以张家界为例	麻学锋著	电子科技大学出版社	2011
通道侗族自治县未成林地干旱灾害损失情况自查报告	通道侗族自治县林业局编		[2013]
江华瑶族自治县森林资源资料	湖南省江华瑶族自治县林业局编		[1985]
江华瑶族自治县县域村庄规划资料汇编	江华瑶族自治县人民政府,永州市规划设计院编		[2007]
江华投资指南	江华瑶族自治县人民政府编		

续表

题名	主要责任者	出版者	出版年
开发水电兴江华	江华瑶族自治县人民政府编		
湖南省江华瑶族自治县农业区划图集	江华瑶族自治县农业区划委员会编		
石堰坪村调查:土家族	冯彦明主编	中国经济出版社	2015
大园古苗寨调查:苗族	冯彦明主编	中国经济出版社	2010
塘坊村调查:瑶族	李书锋主编	中国经济出版社	2014

文化类

题名	主要责任者	出版者	出版年
苗族文化论丛	吉首市人民政府民族事务委员会,湖南省社会科学院历史研究所编	湖南大学出版社	1989
湖南白族传统文化小百科	谷利民主编		[2014]
湖南瑶族传统文化小百科	任涛主编	岳麓书社	2017
当代湘西民族文化探微	杨铭华,向东著		1998
湘西墟场文化	麻根生著	湖南师范大学出版社	1999
文化的伦理剖析:湘西伦理文化论	郑英杰著	贵州民族出版社	2000
湘西文化大辞典	马本立主编	岳麓书社	2000
湘西文化揭秘	刘路平著	作家出版社	2006
湘西学者傩文化研究	刘冰清著	中国文史出版社	2006
湘西古文化钩沉	柴焕波著	岳麓书社	2007、2010
湘西非物质文化遗产资料汇编	吉首大学图书馆信息部编		[2007]
西湘探幽	彭南均著	光明日报出版社	2008
苗疆边墙——南方长城历史及民俗文化揭秘	吴曦云,吴厚生,吴善淙编著	中央民族大学出版社	2009
湘西文化	于丹,王柬编著	吉林文史出版社	2009
湘西特色饮食	田仁利,伍秉纯编著	中央民族大学出版社	2009

续表

题名	主要责任者	出版者	出版年
守护民族精神家园——湘西少数民族非物质文化遗产研究	陈廷亮著	世界图书出版公司	2013
傩与盘古文化探微	刘冰清,王文明著	世界图书出版公司	2013
神秘湘西:湘西文化特色与形态	李丹丹编著	现代出版社	2015
湘西形象的生产与再生产研究	胡显斌著	经济管理出版社	2017
吉首市民族文化创意产业规划	吉首大学风雅颂文化创意工作室编		[2012]
保靖揽珍	邹利佳主编	湖南人民出版社	2013
土家文化的圣殿——永顺老司城历史文化研究	游俊等著	民族出版社	2014
永顺县非物质文化遗产集萃	卢瑞生,彭善有著	岳麓书社	2015
新晃侗族自治县档案馆指南	新晃县档案局编		
芷江罗山文化	黄烈银,张必清编著		[2014]
第二届中国芷江·国际和平文化节工作手册	第二届中国芷江·国际和平文化节筹备工作委员会办公室编		
瑶都宝藏江华文化遗产志	周德新编	大众文艺出版社	2009
桑植土家文化大观	向光清编著	中国文联出版社	2014

教育类

题名	主要责任者	出版者	出版年
湖南民族教育五十年:1949—1999	朱俊杰,马昌忠主编;湖南省教育委员会,湖南省民族事务委员会编	湖南教育出版社	1999
湖南民族教育现状与发展研究	朱俊杰主编	湖南教育出版社	2003
湖南民族教育发展研究	杨昌江,屈景森著	湖南科学技术出版社	2012
湖南民族教育工作	湖南省教育委员会民族教育处编		
湘西民族教育研究	孟铸群,陈红涛主编	中央民族学院出版社	1988
春华秋实:湘西自治州农村社教工作纪实	颜长钊主编		1992

续表

题名	主要责任者	出版者	出版年
跨世纪的奠基礼——湘西州教育综合改革研究	周纯禄主编;湖南湘西州教育委员会编	成都科技大学出版社	1993
湘西学者教育学研究	储学德著	中国文史出版社	2006
美在湘西	周洛军,吕晓红著	海南出版社	2014
湘西民族地区高中创新课堂教学模式	张长梅主编	西南交通大学出版社	2014
湘西土家族苗族自治州苗文课本	湘西自治州民族教育科学研究院编	湖南人民出版社	2014
社会资源禀赋视域下湘西教育精准扶贫路径研究	张澧生著	北京理工大学出版社	2017
湘西苗语课本初编　语文系　苗语班	中央民族学院语文系第四教研组编		
吉首大学志	吉首大学志编辑委员会编	黄山书社	1994
吉首学中多俊彦——校外媒体上的吉首大学	吉首大学党委宣传部编	青海人民出版社	2003
夜里挑灯	李端生著	青海人民出版社	2003
民族地区高校产学研合作服务地方经济建设的理论与实践——以吉首大学为例	李民著	中南大学出版社	2010
永远跟党走:吉首大学离退休同志庆祝建党90周年专辑	吉首大学离退休工作处党总支,吉首大学离退休工作处编		[2011]
湖南省吉首市一中创建省现代化教育技术实验学校汇报材料			
吉首大学校友录			
吉首经济贸易学校四十周年校庆纪念:1959—1999	王齐之编		
亲切的关怀　巨大的鼓舞:朱镕基总理视察吉首大学剪影	熊文斌编辑;吴洪波等摄影		
他山之石——吉首大学大学生思想政治教育工作优秀案例集	田筱鸿主编		
文昌阁:吉首大学师范学院建院五年暨开办师范教育七十周年院庆专刊	吉首大学师范学院编		

续表

题名	主要责任者	出版者	出版年
医学殿堂光影录:吉首大学医学院建校50周年纪念册	吉首大学医学院校志编辑委员会编		
情注保靖:湖南省人民政府办公厅一九九五年至一九九九年驻保靖县建整扶贫支教工作纪实	湖南省人民政府办公厅编		[1999]
永顺县素质教育优秀论文选	向琳主编		
芷江民族中学百年大庆纪念册:1889—1996	李泽民主编		
芷江县立简易乡村师范学校同学录:1943—1950	杨国新主编		

体育类

题名	主要责任者	出版者	出版年
湘西体育风采	秦可国,彭慧等编	人民体育出版社	1987
湘西传统节日体育研究	田祖国著	国防科技大学出版社	2009
湘西民族传统体育	秦可国,李小平编著	中央民族大学出版社	2009
体育大观	陆中午,吴炳升主编	民族出版社	2006
张家界民族武术	黄德君,秦可国著	湖南人民出版社	2014

语言类

题名	主要责任者	出版者	出版年
土家语简志	田德生编著	民族出版社	1986
土家语汉语词典	张伟权编著	贵州民族出版社	2002
土家语常用口语半月通	叶德书著	民族出版社	2003
民族文化传承的危机与挑战——土家语濒危现象研究	邓佑玲著	民族出版社	2006
土家语言纪实暨歌谣	孟祥福著	岳麓书社	2015
苗文方案草案(湘西方言)		贵州民族出版社	1959
苗文(湘西方言)	湘西土家族苗族自治州民族事务委员会编		1984
现代湘西苗语语法	罗安源著	中央民族学院出版社	1990

续表

题名	主要责任者	出版者	出版年
汉苗词典（湘西方言）	中国社会科学院民族研究所主编；向日征编著	四川民族出版社	1992
湖南省湘西土家族苗族自治州土家语课本试用	叶德书编	湖南教育出版社	1992
苗汉汉苗词典	石如金编著	岳麓书社	1997
苗语东部方言土语比较	杨再彪著	民族出版社	2004
湘西南汉语方言语音研究	胡萍著	湖南师范大学出版社	2007
湘西瓦乡话风俗名物彩图典	伍云姬著	湖南师范大学出版社	2007
湖南西部四种濒危语言调查	杨再彪著	民族出版社	2011
苗家欢迎您（湘西方言）	吴沛常主编	贵州民族出版社	2011
湘西矮寨苗语参考语法	余金枝著	中国社会科学出版社	2011
湘西民间歇后语与谚语集萃	孟宪政主编	湖南师范大学出版社	2011、2015
湘西地区少数民族语言态度研究	瞿继勇著	民族出版社	2017
吉首方言研究	李启群著	民族出版社	2002
泸溪土家语	李敬忠著	中央民族大学出版社	2000
湖南泸溪梁家潭乡话研究	陈晖著	湖南师范大学出版社	2016
湖南省凤凰县汉语方言与苗语的调查和比较	贺福凌著	湖南师范大学出版社	2009
吉卫苗语研究	向日征著	四川民族出版社	1999
保靖县土家语实录	向魁益编	湖南师范大学出版社	2012
仙仁土家语研究	戴庆厦,田静著	中央民族大学出版社	2005
湘西古丈瓦乡话调查报告	伍云姬,沈瑞清著	上海教育出版社	2010
湖南城步青衣苗人话	李蓝著	中国社会科学出版社	2004
新晃侗语语词	赵小鹏主编	岳麓书社	2012
通道侗语研究	杨通银著	民族出版社	2009
通道侗语词语	石愿兵著	湖南人民出版社	2014
通道侗语300句	石愿兵,林良斌,吴文志主编	湖南人民出版社	2014
桑植白族民家腔口语词典	谷利民编	民族出版社	2011
湖南绥宁关峡苗族平话研究	胡萍著	湖南师范大学出版社	2016

文学类

题名	主要责任者	出版者	出版年
山水·风情·希望路——湖南少数民族地区纪行	湖南省民族事务委员会,湖南人民广播电台编	湖南大学出版社	1987
中国少数民族戏剧丛书·湖南卷	《中国少数民族戏剧丛书·湖南卷》编委会编	中国戏剧出版社	1990
湖南少数民族文学史	彭继宽主编	湖南教育出版社	2001
民族民间文学资料	湖南省民族事务委员会民族民间文学整理组,中国民研会湖南省分会民族民间文学整理组编		
锦鸡:土家族民间叙事诗	田二娃,田茂中口述;罗辑整理	湖南人民出版社	1958
盘王大歌	郑德宏整理译释	岳麓书社	1987
苗族历代诗选	湖南省少数民族古籍办公室主编;张应和,龙庆翔选注	岳麓书社	1990
历代土家族文人诗选	湖南省少数民族古籍办公室主编;彭勃等辑录;祝注先选注	岳麓书社	1991
梯玛神歌	彭秀槑搜集整理	人民日报出版社	2006
盘王大歌	郑德宏,郑艳琼汉译	湖南人民出版社	2015
湘西苗族人民的新时代	曹先捷撰	中南人民文学艺术出版社	1954
常青树的故事:湘西苗族民间传说	汤炜整理	湖南通俗读物出版社	1954
花妹的故事:湘西苗族民间传说、故事	汤炜整理	湖南人民出版社	1957
湘西苗族民间故事	贵州省民族语文指导委员会研究室编	贵州民族出版社	1958
春哥与锦鸡(湖南省 1959 年优秀剧本选·湘西阳戏)	保靖文工团改编;龙德聪等执笔	湖南人民出版社	1960

续表

题名	主要责任者	出版者	出版年
擒魔记(湘西剿匪回忆录)	周赤萍著	云南人民出版社	1962
湘西土家族的文学艺术	湖南省民族事务委员会民族研究所编		1982
最后一战——湘西雪峰山会战	曾凡华著	湖南文艺出版社	1983
湘西短笛	颜家文著	湖南文艺出版社	1986
湘西剿匪故事选(第一集)	中共湘西土家族苗族自治州委党史办公室编	贵州民族出版社	1986
湘西剿匪记	邵国明著	湖南文艺出版社	1987
湘西剿匪故事选(第二集)	中共湘西土家族苗族自治州委党史办公室编	贵州民族出版社	1988
湘西两黄诗——黄道让　黄右昌诗合集	黄宏荃编	岳麓书社	1988
在湘西剿匪的日子里	中共怀化地委党史办编	湖南人民出版社	1988
中国民间故事集成湖南卷:湘西苗族土家族自治州分卷	刘黎光主编		1989
湘西歌谣大观	刘黎光主编;《湘西歌谣大观》编委会编	湖南文艺出版社	1990
倾斜的湘西	孙健忠著	花城出版社	1991
湘西苗族民间文学概要	麻树兰编著	中央民族学院出版社	1992
板塘苗歌选	湖南省少数民族古籍办公室主编;刘自齐,赵丽明选译	岳麓书社	1992
湘西寻梦	叶梦著	广西民族出版社	1992
最后一战——中日湘西雪峰山会战纪实	曾凡华著	湖南文艺出版社	1993、2012
荡匪大湘西——湘西剿匪纪实	曾凡华,侯健飞著	湖南文艺出版社	1993
湘西谚语荟萃	刘黎光,张耀本编注	贵州民族出版社	1993
走向光明:湘西匪首四十年改造纪实	田兴华著	海潮出版社	1993
我的湘西	沈苇著	百花文艺出版社	1995
湘西散文选	郭曼文选	湖南文艺出版社	1997

续表

题名	主要责任者	出版者	出版年
小背篓·湘西女人	田金凤著	中国工商联合出版社	1997
湘西大剿匪	曾凡华,侯健飞著	解放军文艺出版社	1998、2010、2015
湘西三大土匪	钟连城著	广州出版社	2000
一个女孩的湘西孤旅	史零著	二十一世纪出版社	2000
发现明清古商城:湘西洪江探幽	刘芝凤著	南方日报出版社	2002
苗族东部方言情歌选	龙生庭编译	云南民族出版社	2002
湘西情	陈秀实著	湖南人民出版社	2002
大湘西演义	李康学撰文;罗兆勇摄影;覃代伦配图	民族出版社	2003
永远的湘西	田金凤著	湖南文艺出版社	2003
沈从文与湘西	刘一友著	青海人民出版社	2003
乡土流脉与文化选择——沈从文与湘西少数民族作家群研究	包晓玲著	重庆出版社	2003
栀子花儿开:湘西系列散文	姚雅琼著	当代中国出版社	2003
扎根湘西——我在民族地区工作五十年	游组智主编		2003
湘西,我的精神家园	孙岱毅著	民族出版社	2004
大湘西匪殇	李康学撰文;罗兆勇摄影;覃代伦配图	民族出版社	2004
花缀湘西	黄宝维著	中国文史出版社	2004
湘西的风景:张建湘散文集	张建湘著	湖南教育出版社	2004
湘西诗情	谭滔著	中国戏剧出版社	2004
湘西谣	邓玉香著	人民文学出版社	2004
大湘西土司	李康学撰文;罗兆勇摄影;覃代伦配图	民族出版社	2005
号角声中的湘西	江世琰著	中国文史出版社	2005
经典湘西	彭世贵著	文化艺术出版社	2005
流情湘西	龙顺成著	文化艺术出版社	2005
情满青山绿水间:湘西土家族苗族自治州建整扶贫写真	邱贤智主编	湖南科学技术出版社	2005
湘西,那水边的风景	杨铭华编著	青海人民出版社	2005

续表

题名	主要责任者	出版者	出版年
湘西情匪	杨飞著	作家出版社	2005
湘西趣闻	欧湘浦编著	青海人民出版社	2005
湘西诗草	武陵氓著	中国戏剧出版社	2005
湘西物语	黄光耀著	文化艺术出版社	2005
湘西学者文学研究	杨通云著	中国文史出版社	2006
民间湘西	龙迎春著	广东旅游出版社	2007
生命的原色——一位政协委员的湘西散记	李经中著	文汇出版社	2007
湘西盗墓王	戚小双著	重庆出版社	2007
湘西获奖剧作精选	张子伟主编	青海人民出版社	2007
湘西旅游诗词选	夏志禹主编	青海人民出版社	2007
湘西苗族传统丧葬文化《招魂词》	石如金搜集、翻译	民族出版社	2007
湘西情缘	罗应奉著	大众文艺出版社	2007
湘西的凤凰与麻雀	熊幽著	大众文艺出版社	2007
拥抱湘西	宋永清著	百花文艺出版社	2007
灵感湘西	姚元森著	青海人民出版社	2008
木船去湘西	罗朝晖著	上海文化出版社	2008
湘西异事之十二悬门	陈凯著	珠海出版社	2008
湘西逸事	夏海春著	中原农民出版社	2008
血色湘西	黄晖著	东方出版社	2008
走进五溪大湘西	夏长阳著	百花文艺出版社	2008
溪州土家族文人竹枝词注解	彭南均编著	光明日报出版社	2008
神秘湘西:魅力小溪	符云亮主编	中国戏剧出版社	2009
我的乡土——庆祝共和国成立60周年湘西州优秀文学作品选	张心平主编	海南出版社	2009
我的湘行散记	刘鑫著	新世界出版社	2009
湘西1949	倪进,朱新开著	新世界出版社	2009
湘西小栖	王旷生编著	湖南人民出版社	2009
野性湘西	杨双奇著	广西人民出版社	2009
能滩吊桥风云	邓亚平著	人民日报出版社	2009
湘西苗族理词	石如金搜集、译注	民族出版社	2010
大湘西系列作品集	李康学著	中国书籍出版社	2011
诗韵湘西	湘西自治州诗词楹联学会编	阳光出版社	2011

续表

题名	主要责任者	出版者	出版年
湘西景物千秋岁	何泽中著	岳麓书社	2011
湘西秘史	李怀荪著	作家出版社	2011、2014
湘西秘咒	疯子唐著	湖南人民出版社	2011
血色苍茫:湘西1949	倪进,朱新开著	金城出版社	2011
歌途上的湘西	向邦平著	湖南人民出版社	2012
脚尖上的湘西	石继丽编著	中国文联出版社	2012
龙虎镇:一个湘西土匪的真实传奇人生	蒲钰著	译林出版社	2012、2015
湘西诡事	燕小八著	西苑出版社	2012
湘西鬼事之蛊毒镇	杨标著	古吴轩出版社	2012
湘西苗族巴代古歌	龙宁英,石寿贵,石寿山编著	湖南人民出版社	2012
一个人的湘西辞典	彭学明著	人民文学出版社	2012
韵味湘西:"湘泉·锦绣潇湘民族情"征文优秀作品选	湖南省民族团结进步行动组委会编	湖南人民出版社	2012
大湘西	周雄主编	湖南人民出版社	2013
决战湘西	糜永校著	知识产权出版社	2013
魔幻湘西	孙健忠著	湖南文艺出版社	2013
湘西往事:黑帮的童话	浪翻云编	百花洲文艺出版社	2013
阅读湘西	范诚著	湖南教育出版社	2013
清清的皮渡河——湘西桂塘优秀文学作品选	梁厚能主编	湖南人民出版社	2014
情证湘西	姚京佑著	团结出版社	2014
我的千年湘西——大湘西酒乡地理文化解读	夏长阳,易遵华著	湖南人民出版社	2014
下一刻就到湘西	石继丽,邓奕琳著	线装书局	2014
湘西土司王	张景龙著	湖南文艺出版社	2014
湘西往事	李学亮著	团结出版社	2014
湘西侠客记	周拥军著	团结出版社	2014
湘西异闻	李非凡著	北京时代华文书局	2014
一个90后眼里的大湘西	汪洋兮著	团结出版社	2014
神秘大湘西——民俗散文撷萃	龙燕怡,龙民怡著	线装书局	2015
铁血湘西	邓宏顺著	作家出版社	2015
湘西记忆	聂元松著	中南大学出版社	2015

续表

题名	主要责任者	出版者	出版年
湘西剿匪纪实	张家裕编著	中国国际文化出版社	2015
湘西童年	刘大程著	白山出版社	2015
湘西想象的民族特征与文化精神	张建安著	湖南人民出版社	2015
湘西谣	田二文著	现代出版社	2015
传奇不奇:沈从文构建的湘西世界	赵学勇著	商务印书馆	2016
湘西童年	刘大程著	安徽文艺出版社	2016
吊脚楼上的湘西	彭梁心著	北岳文艺出版社	2017
山水湘西	翟非著	作家出版社	2017
湘西纪	文西著	四川文艺出版社	2017
风雨银杏五十年:吉首市一中校庆文集	武吉蓉主编		2005
吉首档案	谭凯文著	群言出版社	2011
吉首如诗	吉首市文艺界联合会,吉首市诗词楹联学会编		2012
我爱吉首	时荣芬主编	湖南人民出版社	2012
吉首民间文学选	吉首县文化馆编		
诗书吉首	杨昌顺主编;吉首市诗词楹联学会编		
岁月如歌:吉首大学师范学院附属小学校庆70周年征文集	吉首大学师范学院附属小学编		
中国歌谣集成湖南卷:吉首市资料本	吉首市民间文学集成办公室编;郭曼文主编		
中国民间故事集成湖南卷:吉首市资料本	吉首市民间文学集成办公室编;郭曼文主编		
中国谚语集成湖南卷:吉首资料本	吉首市民间文学集成办公室编;郭曼文主编		
中国谚语集成湖南卷:泸溪县资料本	侯自佳主编		[1987]
泸溪诗词对联集	泸溪县诗词楹联学会编;张永家,张时农主编		1995
历代文人咏泸溪诗词选	刘朝玲,张时农选编	中国文联出版社	2002

题名	主要责任者	出版者	出版年
诗韵联语话泸溪	刘朝玲主编;泸溪县创建诗词楹联之县领导小组办公室,泸溪县诗词楹联学会编		[2012]
中国民间谚语集成湖南卷:花垣县资料本	花垣县三套集成编委会编		[1990]
花垣诗词	宋有周主编		2001
花垣山歌集	花垣县文联,花垣县苗歌山歌协会编		[2005]
倒写青天文笔峰:花垣县生态文化旅游诗词联集萃	刘昌刚等主编	湖南人民出版社	2015
保靖	宋宗江主编	湖南师范大学出版社	2011
英雄大战断龙山:古丈断龙山人民劈山引水的英雄事迹	田润章写	湖南人民出版社	1958
中国歌谣集成湖南卷:古丈县资料本	古丈县民间文学集成办公室编		
中国谚语集成湖南卷:古丈县资料本	古丈县民间文学集成办公室编		
中国民间歌谣集成湖南卷:永顺县资料本	刘善福主编		1987
中国民间故事集成湖南卷:永顺县资料本	陆德炎主编		1987
中国民间谚语集成湖南卷:永顺县资料本	陆德炎主编		1987
溪州古诗选录	彭勃主编		1989
老司城民间故事集锦	向盛福著	岳麓书社	2015
别样湘西——永顺县小溪完小义教日记	仲宝平著	湖南大学出版社	2016
龙山民间故事集	邱雄飞主编;余华达副主编	大众文艺出版社	2007
湘西龙山民间三棒鼓词	何启仕著	黄河出版社	2014
城步苗族风俗歌集	城步苗族自治县民族事务委员会编译	岳麓书社	1996
城步吟:古今诗人咏城步	张正清主编		
中国民间歌谣谚语集成湖南卷:麻阳苗族自治县资料本	麻阳苗族自治县民间文学集成办公室编		1990

续表

题名	主要责任者	出版者	出版年
中国民间故事集成湖南卷:麻阳苗族自治县资料本	麻阳苗族自治县民间文学三套集成办公室编		1990
晃县小记:湖南新晃旅游风情散文精选	舒维秀,江月卫主编	中国戏剧出版社	2005
湖南新晃·古夜郎民间故事选	黄志清主编	中国文化出版社	2009
山明水秀受降城	补臣,向国双主编	当代中国出版社	1999
芷江传说故事	田均权,戴业大主编	珠海出版社	2002
聚焦芷江	唐成云主编	民族出版社	2003
名人与芷江	邱云桂主编	中国文联出版社	2003
丰碑——芷江剿匪纪实	杨全武主编	中央民族大学出版社	2005
飞虎雄鹰在芷江	芷江侗族自治县人大主编	中国民族摄影艺术出版社	2010
千年芷江	芷江侗族自治县人大主编	中国民族摄影艺术出版社	2010
芷江保卫战	芷江侗族自治县人大主编	中国民族摄影艺术出版社	2010
芷江剿匪实录	芷江侗族自治县人大主编	中国民族摄影艺术出版社	2010
芷江民俗风情	芷江侗族自治县人大主编	中国民族摄影艺术出版社	2010
芷江受降	芷江侗族自治县人大主编	中国民族摄影艺术出版社	2010
芷江民间故事精粹	芷江侗族自治县人大主编	中国民族摄影艺术出版社	2010
芷江散文精选	芷江侗族自治县人大主编	中国民族摄影艺术出版社	2010
芷江诗韵	芷江侗族自治县人大主编	中国民族摄影艺术出版社	2010
日落芷江	舒绍平著	中国文史出版社	2011
芷江1945	米海兵绘	湖南文艺出版社	2015
芷江日落	罡风著	清华大学出版社	2015
芷江侗乡民歌	龙之沛搜集整理		

续表

题名	主要责任者	出版者	出版年
中国民间歌谣谚语集成·湖南卷:通道县资料本	王家权,李静主编		[1990]
中国农民第一家:通道侗族农民欧俊楼一家央视《神州大舞台》夺魁记	舒绍平,石佳能著	中国戏剧出版社	2008
毛泽东在通道	谈笑,杨少波,吴言编剧		
靖州百家对联精萃	明泽桂编		
靖州歌谣	蒋湘俊主编		
情醉梅乡:靖州杨梅红文学创作笔会专辑	蒋央国主编		
中国谚语集成·湖南卷:江华瑶族自治县资料本	赵登厚编		1988
江华历代诗文选	李祥红主编	珠海出版社	2003
江华民族民间歌谣集	彭式昆编	大众文艺出版社	2009
江华民族民间谚语集	王孟庆编	大众文艺出版社	2009
江华诗词总第二期	江华瑶族自治县诗词协会编		
江华文艺新作选	王孟义主编;湖南江华瑶族自治县文学艺术界联合会编		
中国民间歌谣集成·湖南卷:桑植县资料本	李康学主编		[1987]
中国民间谚语集成·湖南卷:桑植县资料本	李康学主编		[1987]
桑植民间文学精选	胡绵蛟主编		
桑植民族诗词精选	胡绵蛟,向光清主编		
五溪风俗揽胜	龙燕怡,龙民怡著	湖南文艺出版社	2004

艺术类

题名	主要责任者	出版者	出版年
湖南少数民族图案集	湖南省民族事务委员会编	湖南人民出版社	1957

续表

题名	主要责任者	出版者	出版年
湖南民族民间舞蹈集成	《中国民族民间舞蹈集成》湖南省卷编辑部湘西自治州编写组编		1984
摆手歌	湖南省少数民族古籍办公室主编	岳麓书社	1989
中国民族民间舞蹈集成·湖南卷	中国民族民间舞蹈集成编辑部编	中国舞蹈出版社	1991
哭嫁歌	彭继宽,彭勃整理译释	岳麓书社	1993
中国民族民间器乐曲集成·湖南卷	《中国民族民间器乐曲集成》全国编辑委员会,《中国民族民间器乐曲集成·湖南卷》编辑委员会编	中国 ISBN 中心	1996
平地瑶歌选	奉大春等编注	岳麓书社	1998
湖南民族民间舞蹈集成	湖南省文化厅编	湖南文艺出版社	2009
湖南民族民间器乐曲集成	湖南省文化厅编	湖南文艺出版社	2010
湖南少数民族文化艺术印象	廖静仁主编	湖南人民出版社	2011
湖南地区少数民族民间舞和湖南地区汉族民间舞	金秋,莎日娜编著	蓝天出版社	2015
湘西兄弟民族的山歌	楚奇,艺军辑	中南人民出版社	1951
湘西民间舞蹈选	湘西土家族苗族自治州歌舞团编	湖南人民出版社	1959
湘西民间歌曲选	湘西土家族苗族自治州文化馆编	湖南人民出版社	1960
湖南民间歌曲集(湘西土家族苗族自治州分册)	《中国民间歌曲集成》湖南卷编委会编		1980
画家黄永玉湘西写生	黄永玉编	湖南美术出版社	1982
湘西土家族的语言和风习	湖南省民族事务委员会民族研究所编		1982
肖惠祥湘西速写	肖惠祥绘	湖南美术出版社	1982
萧东祥湘西速写	萧东祥绘	湖南美术出版社	1982

续表

题名	主要责任者	出版者	出版年
湘西土家族苗族民间歌曲乐曲选	湘西土家族苗族自治州党委宣传部编	上海文艺出版社	1983
论湘西苗歌的艺术规律和特征	吴荣发著	上海文艺出版社	1984
湘西苗族唢呐浅说	洪滔,运超著		1984
湘西民间纹样集	田顺新编	湖南美术出版社	1986
湘西民族器乐	唐方科编著	贵州民族出版社	1993
儿童采风速写集——20 双眼睛看湘西	杨景芝主编	农村读物出版社	1994
湘西地方戏音乐	唐方科编著	贵州民族出版社	1996
湘西孩子笔下的世界:儿童速写集	徐一方,李昀蹊编	湖南美术出版社	1997
湘西金曲	苏璇主编	湖南文艺出版社	1998
湘西风情:总谱	杨乃林等编	人民音乐出版社	1999
绿色笔头·画湘西	黄祥清,黄山编著	湖北美术出版社	2001
锉刀下的风景:湘西苗族剪纸的文化探寻	田茂军著	贵州民族出版社	2002
湘西土著音乐丛话	熊晓辉著	中国文史出版社	2004
感受大湘西:湖南省百名文艺家大湘西采风作品集	谭谈,罗成琰主编	湖南文艺出版社	2005
湘西民间工艺	刘路平主编	湖南人民出版社	2005
湘西美术作品集:庆祝湘西土家族苗族自治州成立五十周年	吴正义,袁晋勇主编	中国画报出版社	2007
湘西民间工艺美术精粹	湘西土家族苗族自治州民族工艺美术研究所,湘西土家族苗族自治州民族文化遗产保护中心编	学苑出版社	2007
湘西民族工艺文化	龙湘平著	辽宁美术出版社	2007
湘西情歌	向民志编	贵州民族出版社	2008
苗族数纱:湘西民族艺术实地考察	章长干,姚本奎编著	湖南美术出版社	2009
湘西苗族民歌与鼓舞	潘存奎编著	湖南大学出版社	2010
湘西山水画集	许业延著	中国戏剧出版社	2010
湘西苗族银饰锻制技艺	田特平,田茂军,陈启贵,石群勇著	湖南师范大学出版社	2011、2015
书法湘西	梁厚能著	湖南人民出版社	2011

续表

题名	主要责任者	出版者	出版年
湘西风情	田明绘画、撰文	学苑出版社	2011
湘西民族音乐艺术表象初论	舒达著	黑龙江教育出版社	2011
湘西土家族毛古斯舞	张子伟著	湖南师范大学出版社	2011、2015
湘西土家族织锦技艺	田明,张心平,田大年,黄青松著	湖南师范大学出版社	2011、2015
梦里湘西	湘西州民族歌舞团组织编写	湖南人民出版社	2012
奇石湘西	张述彪,张太元编著	湖南科学技术出版社	2012
湘西苗族古老歌话	张子伟编	湖南师范大学出版社	2012、2015
湘西木叶情歌	向民志收集	贵州民族出版社	2012、2014
传承湘西民间技艺	武吉海编	湖南美术出版社	2013
湘西民间艺术概论	田特平著	湖南师范大学出版社	2013
湘西民间竹编工艺教程	张应军编	西南交通大学出版社	2013
弄离:于轶文在湘西	于轶文著	湖南美术出版社	2014
湘西地区传统民俗家具研究	张秋梅著	湖南美术出版社	2014
非遗保护与湘西打溜子研究	吴春福著	苏州大学出版社	2015
非遗保护与湘西土家族毛古斯舞研究	王颖著	苏州大学出版社	2015
湘西会战:湖南抗战历史连环画	肖中仁主编	湖南人民出版社	2015
湘西苗族刺绣	张明霞主编	湖南大学出版社	2015
湘西苗族鼓舞	石丽萍编著	湖南大学出版社	2015
田野中的艺术呈现——湘西土家族传统音乐文化的多维视角研究	陈东著	吉林大学出版社	2016
图解湘西苗族民间印染	柴颂华著	西南交通大学出版社	2016
湘西傩戏杠菩萨	李怀荪编校	上海大学出版社	2017
走进湘西:浙江画院采风集	孙永主编	浙江人民美术出版社	2017
2013吉首国际鼓文化节	中共吉首市委,吉首市人民政府编		[2013]
2013中国(吉首)国际鼓文化节鼓文化与大湘西文化旅游高峰论坛论文集	吉首大学编		[2013]

续表

题名	主要责任者	出版者	出版年
世界鼓舞·鼓舞世界——吉首鼓文化节高峰论坛文集	龚迎春,邓联繁主编	知识产权出版社	2016
湖南省泸溪县辰河高腔目连全传	张子伟主持发掘	(台湾)财团法人施合郑民俗文化基金会	1999
泸溪民歌拾萃	陈春芳主编		2001
盘瓠与辛女:中国泸溪踏虎凿花	姚传山编绘	湖南美术出版社	2009
泸溪县民间唱词			[2013]
泸溪记忆	龙赞才著	湖南人民出版社	2014
泸溪记忆:龙赞才纪实摄影作品	龙赞才著	湖南人民出版社	2015
凤凰县非物质文化遗产探源	凤凰县民族文化保护中心编	中国文史出版社	2011
2014 湖南花垣苗绣研讨会论文集	吉首大学历史与文化学院,花垣蚩尤文化研究会编		[2014]
中国歌谣集成·湖南卷:保靖县资料本	保靖县民间文学集成办公室编		
古丈跃进山歌选	中共古丈县委宣传部编		1960
湖南古丈红石林国家地质公园科学画册	江涛主编		[2007]
古丈	向邦金著	湘潭大学出版社	2012
湖南古丈红石林国家地质公园风光摄影集	湖南省国土资源厅编		
中国民族民间器乐曲集成·湖南卷:永顺县资料本	永顺县文化局群众文化馆编		1990
龙山民间三棒鼓词选编	陈亚丽编	大众文艺出版社	2007
龙山民间花鼓词选编	陈亚丽主编	大众文艺出版社	2007
龙山民间花鼓词选编·肖泽贵专辑	陈亚丽主编	大众文艺出版社	2009
城步山歌拾萃	中共城步苗族自治县委宣传部编		[2014]
麻阳跃进民歌选	向俊理著;中共麻阳县委宣传部编		1958
麻阳花灯曲集	湖南省麻阳县文化馆编		
麻阳现代民间绘画			

续表

题名	主要责任者	出版者	出版年
古夜郎湖南新晃侗族	新晃县民族宗教委员会编	民族出版社	2006
新晃侗族歌谣集锦	杨琼辉,姚明光主编;政协新晃侗族自治县委员会学习文史委员会编	中国医学出版社	2007
非遗保护与新晃傩戏研究	池瑾璟,吴远华著	苏州大学出版社	2015
魅力芷江	芷江侗族自治县人大主编	中国民族摄影艺术出版社	2010
芷江歌曲一百首	芷江侗族自治县人大主编	中国民族摄影艺术出版社	2010
芷江(傩)采风纪实	芷江侗族自治县图书馆编		
芷江情韵:中国画家画芷江作品集	杨国平编		
通道侗族民歌	湖南省文化馆编		1980
侗歌大观	陆中午,吴炳升主编	民族出版社	2004
侗戏大观	陆中午,吴炳升主编	民族出版社	2006
非遗保护与通道侗戏研究	杨和平著	苏州大学出版社	2015
非遗保护与通道侗族芦笙研究	朱咏北著	苏州大学出版社	2015
通道侗族歌曲器乐曲集	湖南省侗族文化艺术调查组编		
画意靖州	刘刚主编	中国视觉艺术出版社	2013
靖州苗族歌鼟选	吴恒冰主编	岳麓书社	2013
非遗保护与靖州苗族歌鼟研究	杨和平著	苏州大学出版社	2017
靖州苗族歌鼟简易教材	靖州县文化局主编;靖州县教育局协编		
江华瑶族民歌	湖南省文化馆编		1980
江华民族民间舞蹈	江华县文化馆编		1985
大庸阳戏研究	周志家著	中国文史出版社	2011
桑植傩戏演本	湖南省少数民族古籍办公室编	岳麓书社	1998
桑植民歌	钟以轩等整理	岳麓书社	2000

续表

题名	主要责任者	出版者	出版年
桑植白族民歌选	陈金钟,王子荣主编	云南美术出版社	2003
桑植民歌精选	胡绵蛟编		[2006]
桑植阳戏精选	向光清主编		[2009]
守望精神家园:走近桑植非物质文化遗产	陈俊勉,侯碧云主编	九州出版社	2012
桑植民歌选唱	向光清主编		[2013]
赴州会演桑植民歌资料	湖南省桑植县文化馆编		
湖南省桑植民歌演唱会演唱资料选	桑植县文化馆编		
桑植民间器乐精选	胡绵蛟,向光清主编		

地球科学类

题名	主要责任者	出版者	出版年
湖南省湘西北桑植、大庸、永顺、龙山、保靖五县铁、煤、铝矿产普查检查报告	史之权编		1958
湘西低温汞、锑、金矿床成矿作用地球化学研究	何江等著	地质出版社	1998
保靖县且溪科矿区铅锌矿附表	湖南省地质矿产勘查开发局四〇五队编		
湘西北地区古丈县地质灾害详细调查报告	湖南省地质环境监测总站编		2012
湖南省通道侗族自治县地质灾害调查成果报告	湖南省地质环境监测总站编		[2008]

医药类

题名	主要责任者	出版者	出版年
湖南民族医药发展史	徐万君主编	光明日报出版社	2005
湖南世居少数民族医药宝典	邓星煌,萧成纹,刘逢吉,罗康隆主编	光明日报出版社	2005
湖南民族医学史	田华咏编著	中医古籍出版社	2009
湖南瑶族医药研究	刘育衡主编	湖南科学技术出版社	2002
湖南瑶族医药	赵辛保主编	岳麓书社	2012

续表

题名	主要责任者	出版者	出版年
湘西苗药汇编	湖南少数民族古籍办公室,湖南省凤凰县民族事务委员会主编;欧志安编著	岳麓书社	1990
湘西药用植物概览	谷中村等编著	青海人民出版社	2004
湘西药用植物资源开发利用研究	陈功锡主编	湖南科学技术出版社	2005
湘西土家族医药调查与临床研究	潘永华著	科学技术文献出版社	2013
湘西药用植物资源开发与可持续利用	陈功锡编著	西南交通大学出版社	2015
湘西主要特色药用植物栽培与利用	田启建,陈继富主编	西南交通大学出版社	2015
花垣县人民医院疾病护理常规	花垣县人民医院护理部编		
保靖县地方性甲状腺防治资料汇编:1980—1986	湖南省保靖县卫生防疫站编		[1986]
永顺县中医院院志	李才源主编		
侗药大观	陆中午,吴炳升主编	民族出版社	2006
湖南省江华瑶族自治县地甲病资料汇编	江华瑶族自治县卫生防疫站编		[1987]
张家界地区常用民族药物	黄惠勇,李路丹主编	湖南科学技术出版社	2014

农业科学类

题名	主要责任者	出版者	出版年
湘西自治州农业文献选编	龙世谱选编	中国农业出版社	2003
湘西北海拔高度与烤烟品质关系的研究	简永兴著		2005
湘西地区常见植物鉴别	刘世彪等编著	湖南科学技术出版社	2006
湘西野生桂花群落研究	雷瑞虎著		2008
农村可再生能源发展战略——基于湘西山区的实证研究	高文化著	中国水利水电出版社	2013
五溪神木	彭钧著	新华出版社	2014
吉首大学校园植物志	邓涛编著	湖南科学技术出版社	2006
泸溪葡萄桐栽培技术	吴楚材,吴章文编著	湖南科学技术出版社	1985

续表

题名	主要责任者	出版者	出版年
花垣县农业气候	湖南省湘西土家族苗族自治州气象局编		[1981]
花垣农业区划报告集	农业区划工作队编辑委员会编		1982
花垣—凤凰岩溶山原畜牧业考察报告	中国科学院长沙农业现代化研究所编		
花垣县农田水利基本建设重点工程简介	花垣县水利建设指挥部编		
湖南保靖白云山自然保护区总体规划	湖南省林业调查规划设计院编		[2005]
湖南保靖酉水国家湿地公园相片集	湖南省农林工业勘察设计研究总院编		[2015]
保靖黄金茶揭秘	彭继光著		
古丈县茶叶产业化建设资料汇编	古丈县人民政府编		[1998]
古丈茶经	李忠友,伍秉纯主编	中央民族大学出版社	2009
古丈茶乡奇山丽水	中共古丈县委宣传部编		
湖南省古丈县茶叶良种繁育基地初步设计与概算			
肉牛养殖技术:新晃县扶贫开发实用技术培训资料	新晃县畜牧水产局,新晃县扶贫开发办编		
芷江白蜡(放蜡、繁殖蜡虫的经验)	芷江林业局编著	中国林业出版社	1960
芷江白蜡(虫)生产	刘世悌著		
芷江侗族自治县古树名木调查统计表	芷江侗族自治县绿化办编		
湖南省通道县龙底沟谷森林生态系统自然保护区自然资源研究	张海浪等主编	湖南科学技术出版社	2003
杨梅良种与优质高效栽培新技术——江南第一梅·靖州杨梅	周东生,黄汉松,吴长春编著	金盾出版社	2010
湖南省江华插条杉木树木生长量汇编	林业部中南林业调查规划大队编		1983

建筑科学类

题名	主要责任者	出版者	出版年
湘西民居	何重义著	中国建筑工业出版社	1995
湘西民居	赵振兴著	湖南美术出版社	1995
湘西苗族建筑文化	龙杰著	青海人民出版社	2007
湘西历史城镇、村寨与建筑	向世林,柳肃主编	中国建筑工业出版社	2008
湘西民居	柳肃编著	中国建筑工业出版社	2008
湘西土家族建筑与文化	刘俊著	辽宁美术出版社	2008
湘西风土建筑	魏挹澧,方咸孚,王齐凯等编著	华中科技大学出版社	2010
湘西苗侗族乡土建筑与装饰艺术研究	罗明金著	世界图书出版公司	2013
湘西土家族建筑演变的适应性机制	周婷著	清华大学出版社	2015
吉首市城区现状图	吉首市人民政府编制		[1990]
湖南省泸溪县浦市历史文化名镇保护规划	湖南省城市规划研究设计院编		[2010]
土司城的建筑典范——永顺老司城遗址建筑布局及功能研究	成臻铭著	民族出版社	2014
永顺城镇总体规划图			
侗寨大观	陆中午,吴炳升主编	民族出版社	2004
建筑大观	陆中午,吴炳升主编	民族出版社	2006
通道皇都侗文化村建筑保护规划			

生物科学类

题名	主要责任者	出版者	出版年
永顺县老司城遗址生物多样性综合考察与研究	姜灿荣,付达夫,邓学建主编	湖南科学技术出版社	2015
湖南省通道侗族自治县生物多样性调查与研究	李星照,陆奇勇,袁正科主编	湖南科学技术出版社	2010
江华植物名录	祁承经著		1963

综合类

题名	主要责任者	出版者	出版年
湘西土家族苗族自治州苗族古籍总目提要	张应和,田仁利编	中央民族大学出版社	2009
湘西土家族苗族自治州土家族古籍总目提要	田仁利编	中央民族大学出版社	2009

后　记

　　文献的产生、流转和保存，其实质是文化的演变发展。文献产生和传播的过程，与政治、经济、社会及历史环境息息相关。文献产生以后，又有着相当的社会影响力。所以，对区域文献的研究在某种程度上可以成为区域文化与社会发展变化研究的基础。

　　目前，有关湖南少数民族的文献汗牛充栋，但至今缺乏一部系统论述湖南少数民族文献的著述，为此，湖南图书馆决定开展此项目。

　　这是至今为止第一部系统介绍湖南少数民族文献的类型、特征、历史及现状的著作，也是一部各类型湖南少数民族重要文献的书目汇编。每一种文献的产生都非空中楼阁，它们承载了丰富的时代变化与深厚的历史背景。与文献有关的内容都可以成为文献研究的对象，但本书主要关注湖南少数民族文献的产生、留存和整理，可以为湖湘领域内的其他研究提供基础与参考。同时，本书比较集中地反映了湖南境内各少数民族的文献成果，对区域内的民族交流和文化研究等也具有积极意义。

　　该项目由王旭明统筹全局并最终审稿，第一章由宁阳撰写，第二章、第六章、第九章由寻霖撰写，第三章由李娇撰写，第四章由龚雨璐撰写，第五章由刘雪平撰写，第七章由许志云撰写，第八章由夏雨雨撰写，第十章由侯永慧撰写，附录一由龚雨璐编纂，附录二由李娇编纂。撰写及编纂过程中，湖南图书馆学术委员会、国家图书馆出版社也针对该项目提出了许多修改意见，在此一并表示感谢！

　　需要说明的是，湖南地区的少数民族发展历史绵长、文献数量繁多，但囿于视野与材料的掌握，书中遗漏、讹误不可避免，尚祈各位专家不吝指正。

湖南图书馆

2019 年 5 月